本书获得辽宁师范大学教育学"双一流"学科建设资金资助

大学文化治理：
嵌入逻辑与行动方略

牛军明◎著

九州出版社
JIUZHOUPRESS

图书在版编目（CIP）数据

大学文化治理：嵌入逻辑与行动方略 / 牛军明著
. -- 北京：九州出版社，2023.9
ISBN 978-7-5225-2158-9

Ⅰ．①大… Ⅱ．①牛… Ⅲ．①高等学校－文化管理－
研究－中国 Ⅳ．① G647

中国国家版本馆 CIP 数据核字 (2023) 第 175213 号

大学文化治理：嵌入逻辑与行动方略

作　　者　牛军明　著
责任编辑　黄明佳
出版发行　九州出版社
地　　址　北京市西城区阜外大街甲 35 号 (100037)
发行电话　（010）68992190/3/5/6
网　　址　www.jiuzhoupress.com
印　　刷　三河市龙大印装有限公司
开　　本　710 毫米 ×1000 毫米　16 开
印　　张　17.5
字　　数　230 千字
版　　次　2024 年 1 月第 1 版
印　　次　2024 年 1 月第 1 次印刷
书　　号　ISBN 978-7-5225-2158-9
定　　价　88.00 元

前　言

　　大学治理是一项复杂的系统性工程，从不同的视角来审视大学治理，就会形成不同的治理假设、立足点和倾向性，影响大学治理的行为选择与治理绩效。目前，学界关于大学治理的研究主要集中于相关经验借鉴、制度设计和技术应用等，而对大学文化的关注则较为欠缺，这影响了大学治理结构的完善和大学治理能力的进一步提升。我们认为，大学是特别需要文化治理的现代组织，这既源于大学本身是一种特殊的文化存在，也源于大学治理与大学文化是一种天然的嵌入关系。大学文化治理的本质通过文化嵌入来绘制治理的意义，促使个体形成共同的角色认知与治理期望等，进而形成大学治理的集体行动。大学文化治理要解决的关键问题是：如何将大学文化有效嵌入在大学治理的过程之中，形成治理的共享观念和集体意识，进而优化大学治理效能。

　　本研究从文化嵌入的视角，运用多种研究方法，揭示了大学文化治理的思维规律与实践方略。首先，本研究从"文化嵌入"的视角解析了大学文化治理的本质、机制、载体与功能，揭示了大学文化治理的内涵与行动机理。文化本身就具有治理性，这是文化之所以能够作用于治理的逻辑前提。大学文化也具有治理性，大学文化的治理性是大学文化在嵌入大学治理的过程中所彰显和释放的特殊治理功能。在大学文化嵌入的过程中，通过"认同—内化"与"冲突—调适"的文化嵌入机制，借助于"组织—制度—人"构成的复合性文化转化平台，形成了大学文化对大学治理的制约或者促进功能。其次，本研究采用历史分析和案例研究相结合的方法，从不同的视角阐释且论证了大学文化治理的中国式文化嵌入经验和典型性文化嵌入案例。立足于中国大学百余年的治理过程，围绕中国大学治理的"文化嵌入因素""文化嵌入方式"以及"文化嵌入效用"等三个问题，分析了中国大学百余年的文化治理进程。进而，研究采用案例研究方法，参考大学文化治理的行动分析框架，通过"设计案例—分析案例—形成结论"等三个基本的研究步骤，解析了北京大学与哈佛大学文化治理的经验与教训。最后，本研究采用文本分析方法明确了中国大学治理的文化嵌入要素，并在此基础审视了中国大学文化治理的若干问题，揭示了大学文化治理的文化嵌入逻辑与行动方略。借助 Nvivo 质性分析软件，对中国 41 所一流大学的章程进行了文本分析，明确了中国大学"育人为本、学术自由、依法自主办学与社会责任"为核心特质的文化嵌入要素，剖析了中国大学文化治理的主要问题。进而，从强化文化自觉、加强文化选择、培育软性治理文化与推进文化多维转化等四个层面建构了大学文化治理的文化嵌入逻辑与行动方略。

要从文化的视角为中国大学治理开出一张有效的"处方"，是一件很难的事情。要想通过大学文化治理使中国治理取得立竿见影的治理实效，则是更难的事情。因为文化治理本身难以把握，也不是一时一刻、一朝一夕就能完成的。一所大学可以轻易地建造办公楼和实验室、改变人才培养的规格、调控招生的规模、决定教师的评聘、制定奖励或者惩罚的标准、学习他校的课程和人才培养模式等等，但却很难改变自身长久以来形成的文化传统和文化格局。但是，大学治理就应该放弃文化追求和文化建设吗？答案显然是否定的。在大学治理的过程中，看似"无用"的文化确实影响"有用"的大学治理实践。当我们把眼光看向世界，看向未来，就会发现，所谓的"有用"和"无用"之分，大多是短期和长效之别。一流的大学必然有这一流的文化，良好的大学治理必然离不开良好文化的培育。事实也证明，任何缺失了崇高精神追求的大学都不可能走得长远，任何缺失了崇高精神支撑的大学治理都是失败的大学治理。在中国大学当前的治理环境和治理语境中，研究和实践大学文化治理有相当的现实迫切性和必要性。

大学是一种文化存在，大学治理不能忽视其文化属性。在当前的时代背景下，大学治理与高等教育全球化、高等教育现代化、市场经济以及双一流建设等浪潮裹挟在一起，如果没有深刻的文化认同和文化自觉，大学治理的成效很可能大打折扣。为此，在中国大学治理的未来蓝图中，既要有勇气打破那种盲目向西方学习的文化弊习，也要积极审视与克服自身存在的各种问题，既要以包容的姿态、客观的眼光、批判的精神客观对待外来文化的输入，有效吸收其合理成分，也要以明确的自知、充分的自信和高度的自觉，积极总结改革开放以来积累起来的大学发展基本经验，立足于中国大学治理的独特性走中国特色的高等教育道路，不断创造和发展出适合中国国情和文化传统的大学治理模式，积极推动大学建立一种以文化驱动为轴心的大学治理模式。

是为序。

牛军明

2023 年 5 月

目　录

第一章　绪论

第二章　理论基础与核心概念

第三章　大学文化治理的文化嵌入机理

第四章　大学文化治理的中国式文化嵌入经验

第五章　大学文化治理的典型性文化嵌入案例

第六章　大学文化治理的文化嵌入要素与问题

第七章　大学文化治理的文化嵌入方略

第一章　绪论

　　文化治理是组织发展与改革的普遍需要，对于视真理为第一价值追求的大学而言，文化治理则尤显珍贵。事实上，在所有的社会组织中，大学是最应该、最需要、最有条件研究和践行文化治理的现代组织。其一，从大学的组织属性上来讲，大学是以高深知识的保存、传授、创新和应用为基本任务的创新场域，大学组织特性中蕴含着自由、自治的精神气质，管控型的治理手段不符合大学的内在运行逻辑，有必要开展文化治理的实践。其二，从大学治理的辞源上来讲，强调大学的"治理"是为了区别于"统治""控制"等传统的大学管理模式，形成大学发展的新思想、新理念、新过程和新方法，文化治理则提供了一种可资借鉴的路径选择。其三，从大学治理的目标上来讲，大学为实现其组织目标必须依赖于一系列组织行动的有效开展，大学实现其治理目标的一个重要理念就是引导高校利益相关者参与高校事务，通过集体行动解决问题，故而如何更好、更有效地引导利益相关者以自觉地姿态参与大学治理是大学有效治理的保障，这也正是文化治理的研究问题。因此，从各个方面来看，大学呼唤着文化治理，大学治理在某种程度上是一种特殊的文化治理过程。

第一节　问题提出

大学具有多种多样的组织属性，从不同的角度来追问大学"是什么"，可能会有不同的答案。从知识视角来说，大学主要是一种知识介质的存在，保存、传播、理解和应用知识是大学的核心使命；从制度视角来说，大学主要是一种制度的存在，是由一定的组织结构和组织框架构建起来的组织类型；从社会功能视角来说，大学可能是一种社会的存在，承担着为社会培养优秀人才的职能；从物理特征的视角来说，大学是一种环境的存在，是由教学楼、图书馆、实验室等基本的教育教学实体共同建构的客观环境。这说明，大学的存在形式多种多样，理解和治理大学有不同的视角和方法。从文化的视角来看，大学则是一种文化的存在，而如何从文化的视角来理解大学并提升大学治理的效能，则引出了"大学文化治理"这一命题。总体来看，本研究之所以提出和研究"大学文化治理"，其原因主要有三：在政策上，文化治理是当前中国大学治理现代化的一个时代命题和政策关切；在理论上，大学文化本身是大学治理结构的一部分，大学治理结构优化不能忽视大学文化的作用；在实践上，优良崇高的大学文化是大学治理的"路标"和"罗盘"，有助于发现、调整和矫治大学治理行为偏失，提升大学治理能力。

一、基于政策的取向：文化治理是大学治理现代化的时代命题

大学治理的"现代化"既意味着治理的"科学化"和"制度化"，也意味着治理的"人文化"与"文化化"。或者说，大学治理的"现代化"

既是构建和完善现代大学制度的命题，也是一个建设和塑造现代大学文化的命题。2006 年，《国家"十一五"时期文化发展规划纲要》首次出台，标志着文化进入国家发展的战略视野。2012 年，《教育部关于全面提高高等教育质量的若干意见》中指出：发挥文化育人作用，把社会主义核心价值体系融入国民教育全过程，建设体现社会主义特点、时代特征和学校特色的大学文化，这确立了新的历史时期大学文化建设的方向，也标志着文化越来越成为国家高等教育治理与改革的重要抓手之一。2013 年，党的十八届三中全会通过的《中共中央关于全面深化改革若干重大问题的决定》中提出了深化教育领域综合改革的路线图，文化问题再次激起了人们对教育改革的新期待，也激发了越来越多的学者开始从文化的视角来审视当代大学的危机与治理。2018 年 8 月，教育部、财政部、国家发展改革委联合印发的《关于高等学校加快"双一流"建设的指导意见》中明确提出："培育理念先进、特色鲜明、中国智慧的大学文化，成为大学生命力、竞争力重要源泉。"2019 年，党的十九届四中全会再次指出：坚持和完善中国特色社会主义制度、推进国家治理体系和治理能力现代化，是关系党和国家事业兴旺发达、国家长治久安、人民幸福安康的重大战略问题。可以说，加强文化建设和推进治理现代化已成为当前中国特色社会主义建设的两大关键词汇，党和国家对两者的关注更甚以往。在这样的时代背景下，重新思考大学治理现代化的时代命题，敦促和激励着我们从大学文化的视角对大学治理现代化的时代命题进行新的阐释与解读。正如学者所呼吁，大学治理能力现代化的首要问题便是通过"文化治理"对"大学文化"进行重塑，完成大学文化从传统理念向现代精神的转化和扬弃①。

---

① 张琴.现代大学文化治理：对象、形式与组织的三维向度论析［J］.江苏高教，2019（03）：62-65.

历史已经证明也还在证明，高等教育是一个国家救国、兴国和强国的重要力量。纵观世界各国的高等教育发展脉络与改革进程，发挥和重视大学文化的治理功能已成为一种积极而普遍的呼声，因为"大学内流淌着的还是文化的血液"①。实现大学治理现代化，是一项程序复杂、路径多样的系统工程，绝非一朝一夕之功，这既有历史原因，也有现实原因。从历史的角度来看，自清末以来形成的"西强我弱"文化心态依然顽固，要重塑我们中国大学的文化自信并不容易。从现实的角度来看，中国大学正处在被高等教育国际化所裹挟的复杂治理情景之中，价值形态复杂，要在多元而差异的文化形态中建立共识、重构自信并实现治理自觉，十分不易。"钱学森之问"还在困扰着国人，世界一流大学建设的目标又紧随其后，中国的大学究竟该何去何从？这是一个足够庞大的问题，只言片语或许很难回答。但有一点应该能够确定，走出大学治理困境的可能路径是不断积累治理的有效性，强化治理合法性，形成治理的自觉性，这都离不开对大学文化的关注。可以说，研究大学文化治理已成为当今大学治理现代化的一个基本而必要的时代命题，也日益成为一个重要的政策关切。

二、基于理论的分析：文化治理是优化大学治理结构的基本手段

治理结构是大学治理的基础，大学提升治理绩效的重要条件是健全的治理结构，而健全的大学治理结构是大学治理的正式结构与非正式结构的统一体。大学治理的正式结构是显性可见的（如制度文本与各种治理机构的设置），大学治理的非正式结构则是隐性不可见的（如大学内

---

① 眭依凡.大学者，有大学文化之谓也——兼谈大学新区的文化建设［J］.教育发展研究，2004（4）：11.

隐的治理价值观、治理态度和治理精神等）。在某种意义上，大学治理的正式结构代表着大学治理的制度规范体系，大学治理的非正式结构则代表着大学治理的文化价值体系。大学治理的正式结构是一个组织适应制度环境的产物，是组织维持其合法性的需要，是组织对外展示的一种外部形象，而大学治理的非正式结构所内涵的价值理念、思维信仰、行为规范等则是组织运作的实际工作机制，是组织真正拥有和维持的隐性治理秩序。长期以来，人们对治理的正式结构常常带有一种盲从心态，认为一旦建立了一个理想的大学治理结构就一定能够实现有效的大学治理，研究证明这实际上是错误的①。因为，如果仅仅从正式结构的视角思考大学治理，就会发现，我们无法对大学治理的一切价值性和内源性问题进行有效回答。譬如，如何理解大学治理的制度基础，大学制度危机的根源在哪里？在相似的制度环境下，为何有些大学的治理效果好，有些大学的治理效果差？大学治理的行为实践因何常常偏离治理的正式规则或既定目标？一种有效大学治理制度为何在转变了时空环境之后就变得低效甚至无效？一种看似合理的大学制度设计为何在实践起来就变得困难重重？大学治理的种种实践证明，要实现大学有效治理，仅仅囿于大学治理的正式结构是不够的，应更加关注治理的非正式结构，即关注大学文化的治理力量。

大学治理正式结构本身存在着失灵的风险。20 世纪 70 年代，组织社会学的杰出代表迈耶和罗恩在研究组织趋同问题时提出了一个重要的问题："为什么组织的正式结构与组织的运行常常是分离的。"这个问题的背后说明，组织运行的背后不仅是正式结构（制度规则体系）决定的，也是受非正式结构（文化价值体系）影响的。大学具有松散耦合的组织

---

① 顾建民，刘爱．超越大学治理结构——关于大学实现有效治理的思考［J］．高等教育研究，2011（9）：25-29.

特征，大学治理的因果关系常常是复杂的、非线性的，大学的行动策略也很难摹画出清晰可见的决策路线图，大学治理的正式结构虽然有助于实现大学有效治理的目标，但是却不能令人信服地解释高等教育的绩效差异，也未必能保障大学管理的良性运转，故而大学治理的正式结构本身存在着局限性。芭芭拉·李（Barbara A. Lee）的研究发现，正式结构之外的非正式沟通对于有效治理更为关键，校长与评议会主席之间的私人关系对于治理的成功或者失败起着重要的作用[①]。科罗拉多大学卡普兰教授（Kaplan）针对美国 1321 所四年制院校的一项大规模调查研究发现：我们对大学治理结构的关注可能存在着一种错位，至少是一种高估；高等教育的绩效可能与结构之外的其他因素有着更为重要的关联。当前，一个校园特定的文化状况可能胜过结构安排[②]。伯恩鲍姆认为，尽管大学确实都建立了结构，规定了原则和目标，但是，他们却不能决定学校是否能够真正良好地运行[③]。在这里，卡普兰和伯恩鲍姆所说的结构更应该理解为一种制度和规范为主的正式结构，而其着重强调的正是文化作为非正式结构的存在意义和价值。大学治理过程中以制度为中心的正式结构固然重要，但还不能充分解释组织行为发生的原因、过程和结果。对秩序的过度强调本身就可能钳制与扼杀大学治理的非结构性活力，导致大学治理的结构性困境。正是因为大学正式治理结构的局限性，才有必要去认识、发现和研究大学治理的非正式结构，即大学文化的力量。

---

① BA Lee.Campus leaders and campus senates[M].Faculty in governance:The role of senates and joint committees in academic decision making. San Francisco:Jossey-Bass,1991:41-61.

② GE Kaplan. Do Governance Structures Matter? [J].New Directions for Higher Education，2004 (127):23-34.

③ ［美］罗伯特·伯恩鲍姆. 大学运行模式——大学组织与领导的控制系统［M］. 别敦荣，等译.青岛：中国海洋大学出版社，2003：72.

总之，大学治理正式结构未必是大学有效治理的心脏，而文化和人的因素可能更为重要，大学治理的正式结构与非正式结构只有同频共振、相得益彰，大学治理的内外部活力才能彰显。美国著名高等教育家亚伯拉罕·弗莱克斯纳认为，总的来说，在保障大学高水平方面，大学精神比任何设施、任何组织都更有效[①]。治理大学与治理政府、企业、社团等其他社会机构一样，都需要具备相当健全而又能操作到位的法律和制度。不同之处在于，大学治理"因其自身的特殊性—社会中的育人场所和学术机构，它仅有健全而又可操作的制度还远远不够，还必须要有一种深蕴于大学人中间，氤氲在大学内部的文化精神"[②]。不考虑大学特殊的历史文化背景，以制度规范为主要特征的正式治理结构很难用来解释特定的治理现象、处理特定的事务、发挥有效的治理作用、收获最佳的治理效果。因此，大学治理结构的优化既需要重视正式结构的完善（制度规范体系），也需要非正式结构的优化（文化价值体系）。换言之，在完善大学治理的过程中，仅仅从大学的正式的等级结构、制度、专业分工等方面来研究显然是不充分的，更应该从组织文化方面展开研究（Masland，1985）。改革开放以来，中国大学治理已经形成了一套固定的思维和行为模式。然而，由于缺乏强有力的外部制约与激励的制度安排，也没有形成制度创新的内生机制，当前我国大学治理改革陷入了"内卷化"的困境[③]。"内卷化"是一种"没有发展的增长"的非理想型的变革状态，这一变革状态使大学治理改革既很难稳定下来，又很难跨越

---

① Abraham Flexner. Universities：American English German[M].Oxford University Press，1930:348.

② 赖明谷，柳和生.大学治理：从制度维度到文化维度［J］.现代大学教育，2005（5）：90-93.

③ 孙百亮.大学治理改革的"内卷化"及其规避［J］.当代教育科学，2014（07）：43-47.

到新的状态，只能使大学内部治理结构变得越来越复杂而又无效率，结果就是大学治理变革的正式结构越来越精细化，但治理效果却无法取得实质性进展。大学治理的"内卷化"困境也正说明了大学治理正式结构的有限性。因此，有必要从文化意义上对大学进行整体审视与变革，并通过文化力量的嵌入、彰显与释放，来提升大学治理的内部活力，走出大学治理"内卷化"的行动困境。

三、基于实践的思考：文化治理是引领大学治理实践的必要选择

文化是大学之魂，崇高优质的大学文化则是引领大学发展的"精神灯塔"。正如德国哲学家雅斯贝尔斯指出的那样，"假如大学里缺少人际间精神活动的背景，只讲书本，不谈哲学；只做实验，不研究理论；只叙述事实，而没有理论概括；只有学术的方法训练，而精神贫困；那么这样的大学必定是个贫瘠的大学"①。无数的事实反复证明："一个民主、文明、公正的社会不能没有一个充满人文关怀的、相对独立的、享有充分学术自由的、能够理智的应对外部世界种种挑战，不屈从于任何外在权威并能够摆脱任何外在诱惑的精神气质的真正意义上的大学的存在。"② 也就是说，在大学治理的过程中，如果仅从大学的工具性目的来考量和研究显然是不充分的，还应该从大学文化的视角进行新的努力。我们认为，一个科学的大学治理体系是一个由大学理性精神推动并由具备理性精神的主体创造的，"以文化之眼，识读制度范型下的大学治理，不仅有助于深度诠释大学治理的内涵，而且有益于建构具有生命活力、

①　［德］雅斯贝尔斯.什么是教育［M］.邹进，译.北京：生活·读书·新知三联书店，1991：151-152.

②　王冀生.我的大学文化观［M］.天津：天津大学出版社，2014：137.

在现实与理想之间保持张力的大学治理体系"①。如果我们不从文化的角度审视大学治理，就无法知晓大学内外部的各种力量如何有效发挥作用，也难以理解大学治理的种种举措在实践过程中为何屡遭抵制，收效甚微，大学治理的实践不仅难以深入，甚至会作茧自缚，危及自身。

在很大程度上，中国大学治理的实践困境不失为是一种价值危机的表征。20 世纪末，美国学者比尔·雷丁斯（Bill Readings）在其著作《废墟中的大学》一书中探讨了一个这样的现实问题，在全球化进程中的大学，大学自身追求的意义正在被消解，在所有大学将"一流"定位成自己的目标时，就意味着没有目标，因为"一流"本身缺乏价值导向，是一个极为空洞的标准，相较于康德式的"理性大学"和洪堡式的"文化大学"来说，雷丁斯则将其称之为"废墟中的大学"。雷丁斯关于"废墟中的大学"的概念指明，大学正面临着某种倾向的文化危机，大学在"争创一流"的同时，可能也正在"走向虚无"。哈佛大学的哈瑞·刘易斯（Harry R.Lewis）教授在《失去灵魂的卓越》一书中痛斥，一些知名大学正在把消费者的需求和公共关系作为办学的指南，金钱和声望正在取代理性和原则，富裕的物质条件、时髦的课程、企业化管理、强大的营销都被盲目地用来作为实现学术卓越的手段，而"教育之魂"的要义则成为装饰品，甚至被抛弃。糟糕的是，很多大学对这样的治理现实不仅视而不见，甚至习以为常，造成了大学治理生态的整体滑坡，这才是令人痛心乃至可怕的治理现实。2005 年，钱学森之问曾抛出了一个中国教育领域的艰深难题，中国何时才能培养出卓越的人才？同年，丁学良先生写作的《什么是世界一流大学》也在教育界也引起巨大反响。如何培育卓越的人才和建设一流大学，这个问题既是大学教育的问题，也是大学治理的问题，即中国大学应该践行怎样的治理方略才能培养出杰出的

---

① 刘亚敏.大学治理文化：阐释与建构［J］.高教探索，2015（10）：5-9，24.

人才和一流的大学呢？

　　反观今日中国之大学，办学资源不可谓不丰厚，大学校长的权力也不可谓不够大，为什么在世界一流大学评比中中国一流大学的上榜数量要远远低于大洋彼岸的美国大学呢？这其中，除了历史的原因之外，还有一个重要的原因就是西方大学在近千年的发展历程中，已经形成了比较明确的治校理念和治校传统，暗合了大学文化治理的内在逻辑。眭依凡教授通过对美国大学校长治校的经验考察指出，美国大学十分倚重校长的作用，但美国大学校长的成功治校主要不是依赖于资源的丰富和行政的权势，而是因为其文化治校①。中国在建设世界一流大学的任务同样需要加强文化治理研究，因为文化治理对治理动机纯正性、治理动力内生性和治理过程回应性的强调，正是当前大学治理应该关注的重要方面。正如北大前校长周其凤所言，中国的大学能否跻身世界一流行列、以什么样的面貌跻身世界一流行列、究竟能在世界一流行列中占据什么样的地位，最终还是要看文化建设的成效。当前，我国高等教育正处于可以大有作为的重要战略机遇期，文化作为大学治理重要资源，日益彰显其重要的价值和意义。大学要固本培元，就不能忽视文化建设；大学要内涵发展，就不能缺失文化自信；大学要为国为民，就不能丢失文化使命。文化是大学的魂，大学治理的过程如果丧失了自身的文化传统，迷失了自身的文化追求，放弃了自身的文化信仰，丢失了自身的文化自信，就遑论实现大学的"一流"。为此，加强大学关于文化治理研究，发挥大学文化在大学治理实践中的作用，实现大学治理自觉，是提升中国大学治理能力的客观要求。

---

① 眭依凡.论大学校长之文化治校［J］.清华大学教育研究，2012，33（06）：16-24，35.

第二节 研究意义

大学"是在积淀和创造的深厚的文化底蕴的基础上传承、研究、融合和创新高深学术的高等学府"[①]。大学有必要"置于文化治理的视域之下"[②]。大学文化治理是近几年来学术界广泛关注并引起普遍讨论的一个研究话题。研究大学文化治理,从目标上讲就是为了凸显大学文化的治理功能,提升大学治理的效能,具有较为重要的理论和实践意义。

一、理论意义

美国著名高等教育问题研究专家伯顿·克拉克指出,"文化的观点"是研究高等教育系统"最新的观点"[③]。现在看来,从文化的视角研究大学治理虽然不那么新颖,但依然十分重要。因为,大学是一个文化传承性组织,组织成员因某种价值和意义而扭结在一起,共享某种共通的思维方式、生活习惯和行为准则,大学治理在根源上"需要对组织的传统和文化进行理解"[④]。目前,学者对大学文化、大学治理的相关理论研究虽然驳杂,但从大学文化嵌入的视角研究大学文化治理则并不多,甚至还处于理论探索的初级阶段,研究的系统性和深刻性均不够

---

① 王冀生.文化是大学之魂[J].北京大学教育评论,2003(4):42-46.

② Chris Barker.The Sage Dictionary of Culture Studies[M]. London: SAGE,2004:78.

③ [美]伯顿·克拉克.高等教育新论——多学科的研究[M].王承绪,等译.杭州:浙江教育出版社,2003:16.

④ [美]罗伯特·伯恩鲍姆.高等教育的管理时尚[M].毛亚庆,等译.北京:北京师范大学出版社,2008:175.

充分。或者说，多数学者对大学文化治理的理论研究基本处于自发或者起步阶段，对其本质、内在运行机制、载体、功能等也尚未形成清晰明确的理论成果。为此，本研究在占有丰富研究资料的基础上，梳理了大学文化治理的研究现状，离析出大学文化治理的研究问题。进而在理论分析（嵌入性理论、文化治理理论与社会学新制度主义理论）的基础上，界定了大学文化治理的基本概念，明确了大学文化治理的逻辑前提（文化治理性），厘清了大学文化治理的本质（文化嵌入），建构了大学文化治理的理论分析框架，这些研究都进一步廓清和丰富了大学文化治理的理论谱系。

二、实践意义

大学治理实践包含着十分复杂的结构和过程，文化是一个不容忽视的因素。长期以来，由于大学治理过程对制度、规范等硬治理模式的过分推崇，导致大学治理的功利主义思想兴盛而价值理性式微，影响了大学治理的实际效用。譬如，21 世纪以来伴随着高等教育大众化的来临和建设世界一流大学的号召，大学推行"去行政化"呼声日趋强烈，国家通过简政放权不断扩大高校的办学自主权，但大学内部的"官本位"思想依旧严重，大学行政化的弊端依旧尾大不掉，大学内部行政权力强势和学术权力弱化的现状依旧没有得到根本性质的改变。又如，2012 年《高等学校章程制定暂行办法》的颁布实施，标志着我国大学全面启动了大学章程的制定或者修订工作，尽管带来了大学法制化发展的契机，但在具体的实践过程中，高校内部却出现了大学章程趋同以及大学章程在大学治理过程中被束之高阁的"大学章程现象"①。再如，《高等学校教师

---

① 刘益东，周作宇，张建锋.论"大学章程现象"［J］.中国高教研究，2017（3）：21-26.

职务试行条例》明确规定了高校教师的任职条件和任职资格，但大学内部教师公共话语的集体失语与批判性思维缺失仍十分严峻，作为知识分子的大学教师仍有流于庸俗之嫌，学术研究的功利化、浮躁化和商业化的特征仍然明显存在等。这些问题的出现和频发，不仅是大学制度或规范的问题，更为重要的是一个深层次的文化问题。在国家的顶层设计层面，《中共中央关于全面深化改革若干重大问题的决定》提出了深化教育领域综合改革的核心是建立健全立德树人的治理理念、制度框架和运行机制等等。大学要立德树人，除了要进一步加强现代大学制度建设之外，还需要进一步探索和发挥出大学文化的治理功能，因为立德树人的根本不是在于规约人的行为，而是建设人的心灵。更进一步说，要突破大学治理的种种弊端，真正完成立德树人的总体教育目标，有必要建立以文化为基础的良性运转机制。中国高等教育正处于改革和转型发展的战略机遇期，大学改革与适应变化的能力虽仍然有赖于大学等级制、理性化、制度化、专业化的正式结构，但也需借重于习俗化、符号性、意义性等表征为一系列文化传统的非正式要素，这也正暗合大学文化治理的研究初衷。总之，本研究利用多种研究方法，系统分析了中国大学与世界一流大学文化治理的基本经验，明确了中国大学文化治理的文化嵌入的核心价值要素，系统建构了大学文化治理行动方略，这有助于从文化层面探究中国大学治理种种"病灶"，完善大学治理结构，提升大学治理能力，建构中国特色的大学文化治理范式，推动大学治理转型与变革。

第三节　国内外研究现状及述评

大学文化治理是文化治理的下位概念，研究大学文化治理不能缺少对文化治理的文献解读。本研究主要从文化治理与大学文化治理这两个方面进行研究综述，以期对文化治理以及大学文化治理的研究现状作一个客观、明确、系统的认识和表述。

一、关于文化治理的研究

文化治理是文化功能主义的一种延伸性解读和探索，也是治理在文化层面的一种功能性展示和设计，它是西方学者对治理问题的关注与文化视野相结合的产物①。文化治理研究起源于西方国家的文化研究领域，最早可以追踪到20世纪60年代伯明翰学派建立的大众文化研究范式（文化主义研究范式和结构主义研究范式），主要研究文化形式、文化实践和文化机构及其与社会治理之间的关系。后来伴随着葛兰西、福柯、本尼特等西方学者对文化治理的进一步阐释和建构，关于文化治理的内涵、结构、功能、模式等的研究日益丰富、完善和立体起来。文化治理研究的兴起不是偶然的，它与20世纪60年代以来西方主权国家"政府失灵"与"市场失灵"双重叠加的治理困境密切相关。随着西方学者对文化治理研究的深入，文化治理成为20世纪90年代以来文化研究领域的新视域②。大约从2000年开始，文化治理概念开始见诸台湾学界文献，并逐步成为学术研究的关键词③。在台湾学术界，文化治理概念尽管仍存在争论，但已经走出了中国学者关于文化治理探索与综合的重要一步。21世纪之后，文化治理作为台湾学术研究的一个学术关键词、甚至流行

① 徐一超.聚焦文化治理：问题史、理路与实践［J］.中国文化产业评论，2014（1）：137-149.
② 刘莉.治理文化抑或文化治理？—文化治理研究的回顾与展望［J］.浙江社会科学，2016，9：89-95.
③ 王前.理解"文化治理"：理论渊源与概念流变［J］.云南行政学院学报，2015，6：20-25.

词进入了城市与社会治理的理论视野。大陆学者对文化治理的研究略晚于台湾地区，最初主要集中于公共文化研究领域，后来逐步从文化学研究领域扩展到政治学、经济学、社会学、管理学等不同的学科。

（一）国外学者对文化治理的研究

文化治理的概念起源于早期西方文化理论研究的争论与分歧，国外学者对文化治理的研究大致分为三个阶段。

第一个阶段为文化治理研究的起始阶段，主要以英国伯明翰学派（马克思主义学术派别）的"大众文化研究范式"为标志。20世纪50至60年代，以霍加特（Richard Hoggart）和威廉斯（Raymond Williams）为代表的英国伯明翰学派针对法兰克福学派的精英主义文化立场，提出了大众文化研究范式，文化"普通说"与"生活方式说"成为该学派的基本纲领。其后，伯明翰学派围绕"文化是否是一个在鲜活的现实经验之前就已经被创造好的文化"这一基本问题，逐渐形成了大众文化研究的"文化主义"与"结构主义"之争。"文化主义"以"意义"为核心范畴，珍视人的经验，强调人的能动性，主张社会存在与社会意识、文化与非文化之间具有辩证关系，重文化生产而轻文化消费，相信大众文化的建立是一个自下而上经验化的过程。"结构主义强调分析范式"，强调现象之下潜在结构的复杂性和统一性，认为大众文化的建立是自上而下的结构化的过程。由于伯明翰学派对文化"普通说"和"生活方式说"的强调，文化得以摆脱精英主义的立场，成为与人类整体生活密切相关的实践活动，文化才能被描述、选择和治理，这也为西方学术界关于文化治理的研究奠定了基础。

第二个阶段为文化治理研究的快速发展阶段，主要以葛兰西的"文化霸权理论"和福柯的"治理术"思想为代表。20世纪70年代之前，西方文化研究一直反对将文化看作是合乎逻辑的、共享的、静态的意义符号系统。随着马克思主义的发展，文化研究注入了法兰克福学派的社会学研究方法，两种思想的交汇，直接导致了文化动力论的产生，这对文化治理思想的形成和发展产生了重要影响，并为文化研究的"葛兰西转向"提供了契机。20世纪80年代，意大利著名左翼政治领袖葛兰西（Antonio Gramsci）提出了"文化领导权"理论，该理论否定了结构主义和文化主义对"结构"与"能动性"的过度强调，主张采用一种"双重聚焦"方式或视野研究文化及其社会治理，大众文化研究范式在此出现了"葛兰西转向"。葛兰西认为，社会集团地位主要以"支配"和"道德领导权"等两种方式来呈现 [①]。现代西方国家治理具有二重本质，即在保持传统国家暴力特征的同时，增加了契约和社会同意的特征，国家治理应通过"大众同意"的方式进行统治，统治的方式不是通过暴力，而是通过宣传，通过其内在的精神和道德方面的领导权以达到实现统治的目的 [②]。葛兰西将文化与国家治理的接轨，促生文化领导权，并以"领导权"的概念替代"统治"的概念，这不仅仅是一种术语的转换，更是文化认知与社会治理方式的重要变革。80年代以后，除了文化认知方式的转变，关于政治体制以及社会治理的认知方式的变革也在悄无声息的进行之中，其中对治理理念的转变尤其是文化治理思想的形成产生重要影响的当属法国哲学家和社会学家福柯（Foucault）。福柯认为，治理的概念或多或少是一种体系化、规范化的权力运作模式，规训与惩罚一直作为维持良好社会秩序的工具，但现代社会由于社会条件的变化其规训技术已经产生了相当大的改变。因此，他从权力的视角出发，创造性地提出了"治理性"（也叫治理术）一词，对西方国家治理的方式产生重要影响。

---

① Antonio Gramsci. Selection from the Prison Notebooks [M].London: Lawrence and Wishart，1971:57.

② ［意］安东尼奥·葛兰西.狱中手札［M］.曹雷雨，等译.北京：中国社会科学出版社，2000：3.

第三个阶段为文化治理研究的正式形成阶段，主要以英国学者托尼·本尼特（Tony Bennett）的文化"治理性"思想为代表。英国学者托尼·本尼特继承了福柯的"治理性"思想以及威廉斯（Raymond Williams）关于文化作为"生活方式"的论述，在对既有的文化定义以及文化现实细加审视的基础上，旗帜鲜明的提出"文化治理性"的概念。从"治理性"的视角出发，本尼特重新思考了文化与政策和社会治理之间的关系，主张"把文化引入政策研究之中"，并提出了"治理性政府"的概念。他认为，权力来源的日益分散化致使政府角色不断转变，单纯依靠压制和束缚的强权统治已不再现实，国家治理应更加重视对人民利益和需求的满足，而"治理性政府"的任务是"通过制定各种技术、知识和管理规则，以给予人们自由的方式，实现对社会生活的治理"[①]。可以说，本尼特奠定了文化治理理论在西方学术界的地位，而"欧美学术圈之所以会有文化治理的概念，当然是受到Tony Bennett的影响甚巨"[②]。总的来看，本尼特关于文化治理的研究特别注重治理机制内在层次之间、治理对象之间的动态关联，以及治理对象自身的能动性，其研究内容是复杂的、多样的、宽泛的，体现了一种独特的治理机制和方案，其目的是通过"文化治理"提升社会治理的成效，并实现"文化功用的倍增"[③]。

（二）中国学者对文化治理的研究

文化治理理论是治理理论在文化领域的延伸，这种起源于西方的治

① 张朋.托尼本尼特的文化理论研究［M］.济南：山东大学出版社，2016：146.
② 吴彦明.治理"文化治理"：福柯、班内特与王志弘［J］.台湾社会研究季刊，2011（82）：171-204.
③ ［英］托尼·本尼特.文化、治理与社会［M］.王杰，张东红，等译.上海：东方出版中心，2016：303.

理理念和模式在我国提出和流行具有强烈的时代针对性①，理解和透析文化治理的内涵，对于推动治理的"文化转向"，发挥着十分关键的作用。作为一个学术"舶来品"，文化治理在中文语境中的研究直接传承于西方的福柯和本尼特等人的学术思想，我国学者在借鉴、移植和使用的过程中产生了诸多争议和共鸣。从中国知网关于"文化治理"的已有研究文献来看，我国学者关于文化治理的研究成果主要呈现为两个阶段与四种类型。

1. 文化治理研究的两个阶段

从既有文献看，中国台湾地区学者对文化治理的研究要略早于中国大陆地区的学者。中国台湾地区的学者直接从葛兰西、本尼特、福柯等人的文化治理思想汲取有益营养，除了继续探讨将政策"引入文化研究"之外，也逐渐走出文化政策的研究局限，逐渐将西方的文化治理理论与曼纽尔·卡斯特儿的都市象征、布迪厄的场域理论相结合，将文化治理从文化政策领域扩展到出"都市政治的文化机制""都市政权的文化机制""都市过程的文化战场"等文化治理场域之中，对文化治理理论的理论化进程尤其是"城市文化治理"实践作出了重要贡献。文化治理研究在中国台湾地区的发展演进在某种程度上直接刺激和引发了大陆学者关于文化治理研究的反思和转型。从研究内容来看，大陆学者关于文化治理的研究主要涉及文化趣味治理、市场文化治理、文化政策治理等若干方面，并以描述性、引介性的研究为主。譬如，何满子（1994）很早就以文化治理为题撰写论文，并将其内涵解释为"矫正社会文化趣味，提高文明水平"②；王方群等人（2003）认为，高科技园区作为区域经济中最活跃、最有生机的发展力量，应着力塑造和建设一种与高科技园区

---

① 王蔚. 文化治理不是治理文化—与朱立家教授商榷［J］. 探索与争鸣，2014（8）：42–45.

② 何满子. 文化治理［J］. 瞭望新闻周刊，1994（2）：46.

独特特性相适应的文化氛围 ①；靳永翥（2006）通过对新公共管理中"顾客"理念的思考，认为"顾客"理念在实践中面临着公共性泛化、社会资本流失和公共精神缺失等文化方面的治理困境 ②；郭灵凤（2007）将文化治理界定为"为文化发展确定方向的公共部门、私营机构和非营利团体组成的复杂网络" ③。可以看出，前期大陆学者虽然关注并使用了文化治理，但并未对文化治理的内涵做出明确而系统的界定和说明，关于文化治理的治理面向主要是一种对城市低劣文化趣味、文化环境和文化政策的治理，对文化治理的理解几乎等同于"治理文化"或"文化政策"，文化治理概念相当模糊且不具备体系性。随着研究内容的扩大、研究程度的深入，大陆学者逐步从无意识的文化治理研究走向有意识的文化治理研究，逐步从最初仅仅对社会恶俗文化的关注发展到对文化治理的理论化与系统化建构，逐步从引介描述型的文化治理研究走向理论探讨与实践探索相结合的文化治理研究。总的来看，国内学者对"文化治理"的研究大致起源于 2003 年，我们以 2003 年 1 月到 2020 年 10 月这个时间段来看，大陆学者对文化治理的研究主要分为两大阶段：第一个阶段为零散研究阶段（2003—2013），这一阶段关于文化治理的研究处于低位徘徊期，体现为研究数量少、研究内容窄、研究方法单一，经笔者统计，直接以"文化治理"为研究主题的相关研究论文仅有 18 篇左右；第二个阶段为系统研究阶段（2013-2022），这一阶段关于文化治理的研究处于快速增长期，体现为研究数量多、研究范围广，并逐渐形成了文化治理研究的若干焦点领域和问题，直接以"文化治理"为研究主题的

① 王方群，徐顽强.浅议高科技园区的文化治理［J］.中国高新区，2003（6）：44-45.

② 靳永翥."顾客"理念及其引发的文化治理困境［J］.水利经济，2005（12）：68-72.

③ 郭灵凤.欧盟文化政策与文化治理［J］.欧洲研究，2007（2）：64-76，157.

相关研究论文多达 690 篇左右，如下图所示。

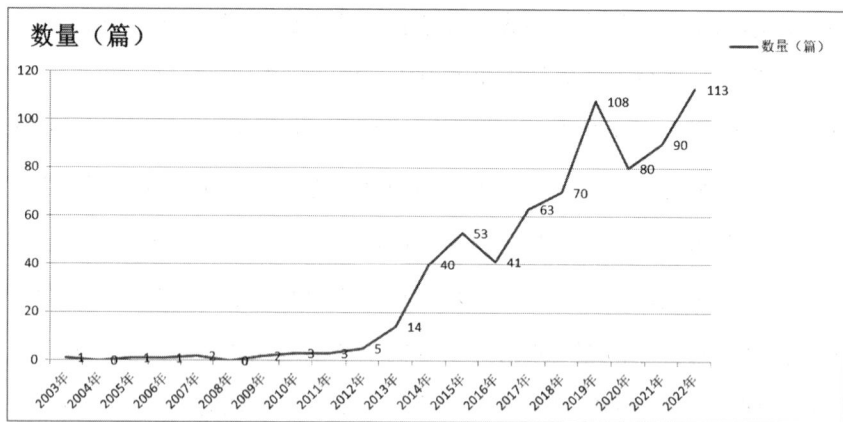

图 1-1 国内学者关于文化治理的研究趋势

由此不难看出，从 2003 年到 2013 年，国内学者对文化治理的研究总体上处于模糊研究和经验介绍的层面。这一时期的文化治理研究分为两种：第一种是经验性引介研究，主要研究国外文化治理的经验和教训以指导自身，如耿晓娜等人（2005）通过介绍日本政府琵琶湖文化治理的经验以指导我国政府在太湖生态文化治理中应采取的手段和策略，郑自力（2014）从"意识形态化""法治化""产业化""创意化""先进化"等五个历史时期回顾，探析了韩国文化治理现代化实践的阶段性特征及其创新重点，对我国文化治理提供了重要的治理经验；第二种是理论性引介研究，如段吉方（2009）介绍了托尼·本尼特文化研究理论，指出本尼特的研究超越了文化主义和结构主义传统，体现了一种特殊的政治性，丰富了马克思主义美学的当代观念，对中国当代文化研究具有重要的启发[①]；吴彦明（2011）通过对福柯、本尼特与王志弘等人关于文化治理理论的辨析明确了文化治理既作为研究领域也作为研究方法的理论内

---

① 段吉方.理论与经验：托尼·本尼特与 20 世纪英国文化研究 [J].马克思主义美学研究，2009（12）：103-115.

涵，并指出文化治理在台湾地区的理论化工程是发散而不明确的①；周海玲，张志强等人（2014）通过对福柯、本尼特等人的文化治理思想的解读，研究文化政治美学视野下的治理理论等。不难看出，这一时期学者关于文化治理的研究尚没有自觉的意识和努力，多以引介性、描述性、经验性的研究为主，缺乏理论的系统化建构，并且对于文化治理的内涵、机制、层次、路径等欠缺论证，文化治理常常作为一个可替代性的"论述用语"，与治理文化、文化政策等概念常常混淆使用，其研究方法多为经验性的案例研究为主，显得较为单一。但不管怎样，文化治理作为一种研究视角开始得到学者的关注和研究，文化治理独特的治理面向和现实针对性，使其逐渐成为政治学、经济学、文化学、社会学、生态学等不同学科新的研究领域和新的学科"生长点"。

2013 年之后，中共十八届三中全会提出了"推进国家治理体系与治理能力现代化"的战略要求，全面深化改革的过程中孕生了"文化治理""文化治理能力"等提法，文化治理呈现出更加集中、更加系统的研究趋势。2014 年 3 月，国家行政学院社会和文化研究部、首都师范大学文化研究院、探索与争鸣杂志共同召开了"国家文化治理体系与治理能力现代化"研讨会，政府和学术界的合力推动使得大陆学者真正掀起了对文化治理系统研究的热潮。从 2014 年开始，政策取向再加上文化治理本身的治理价值，使得国内学者对文化治理的研究一时间繁花着锦，关于文化治理的期刊论文、学术研讨会、报刊、硕博论文成翻倍增长态势。2019 年，直接以"文化治理"为标题的相关研究论文就多达 108 篇左右。此外，光明日报、南方日报、中国文化报、中国社会科学报等不同报刊登载的关于文化治理的研究文章一时间名目繁多、卷帙浩

---

① 吴彦明.治理"文化治理"：福柯、班内特与王志弘［J］.台湾社会研究季刊，2011（82）：171-204.

繁。从内容上来看，关于文化治理的研究成果取得极大丰富和拓展，文化治理的概念逐渐清晰，文化治理的层次越来越明晰，文化治理的领域更加开阔，文化治理、文化政策与治理文化等概念也逐渐区别开来。从研究的方法来看，经验介绍、理论探讨、实证应用等多种研究方法呈现出竞合发展、互补共进、交叉融合的态势。

2. 文化治理研究的"四种类型"

整体来看，国内学者关于文化治理的研究主要有四种主流阐释类型，即"文化政策说""文化发现说""公共文化服务说""新型文化领域说"。其一，"文化政策说"，即将文化治理理解为一种文化政策，代表人物是王志弘、胡惠林、王啸等人，其主要观点强调文化政策是当代中国文化治理最重要的国家治理目标追求之一，国家治理要"籍由文化以遂行政治与经济（及各种社会生活面向）之调节与争议"[1]，其中文化产业是文化治理的中介，并认为文化产业发展与国家治理的融合就是当今中国的国家文化治理[2]。其二，"文化发现说"，即将文化治理理解为文化之所以能被治理的发现过程，代表人物是台湾学者吴彦明。吴彦明等人批判王志弘关于文化治理的概念过于庞杂，反而稀释了其内涵，强调文化治理最为关键的问题不在于用什么样的方式透过文化来加以治理或是治理文化，而是"文化是环绕在什么样的治理机制下而逐渐变得像我们所想象的这般如此重要"[3]，即文化治理应将研究重点放在描绘文化的治理机制"被发现"的过程，突显"文化之所以能被治理"以及"治理

① 王志弘.台北市文化治理的性质与转变：1967-2002［J］.台湾社会研究季刊，2003（52）：121-186.

② 胡惠林.国家文化治理：发展文化产业的新维度［J］.学术月刊，2012（5）：28-32.

③ 吴彦明.治理"文化治理"：福柯、班内特与王志弘［J］.台湾社会研究季刊，2011（82）：171-204.

得以文化"的特殊性 ①。其三，"公共文化服务说"，即将文化治理的内涵理解为一种繁荣公共文化的客观需要，主要以大陆学者吴理财（2011）及其研究团队为代表。他们认为，公共文化服务既是文化治理的形式，也是文化治理的内容，意在强调通过文化发展来促进经济发展与社会稳定。其四，"新型文化领域说"，即将文化治理理解为一种新型的文化研究领域，以徐一超等人为代表。这种论说仍是文化学研究的领地，但其内涵有所变化，侧重于分析文化治理与"文化政策""文化管理"的区别，特别强调文化治理的"微观机构性""非科层性""自治""自由"等治理维度。

二、关于大学文化治理的研究

大学文化治理是一个在历史中形成并不断发展的研究领域。为了了解大学文化治理的"前世"与"今生"，有必要从大学文化治理的历史演进脉络与现实生态中做出系统性的研究和论述。

（一）国外学者对大学文化治理的研究

从广义上来看，国外学者很早就开始关注大学文化与大学治理问题，只是大学文化治理的概念并不明确，大学文化治理与大学文化管理并未严格区分开来。20 世纪 60 年代之前，文化在大学治理（或大学管理）的话语体系中基本还处于未觉醒的状态，研究内容的指向性不甚明确，常常体现为大学理念、大学精神等表述，像纽曼（Newman）的系列论著《大学的理念》、卡尔·雅思贝尔斯（Karl Jaspers）的《大学之理念》（1923）、加塞特（Gasset）的《大学的使命》（1930）等。20 世纪 60 年代之后，随着世界范围内大学规模扩张、人本主义管理理念以

---

① 吴彦明.治理"文化治理"：福柯、班内特与王志弘［J］.台湾社会研究季刊，
　　2011（82）：171-204.

及学生管理运动的不断发展，西方大学掀起了一场轰轰烈烈的校园民主运动，学生、非教授教学人员、教辅人员等纷纷要求分享大学的决策权。在这场运动中，人的因素在高等教育管理领域中逐渐彰显出来，更多西方学者开始从文化视角来理解大学组织中存在的各种张力。譬如，伯顿·克拉克运用组织传奇的概念研究特色学院，指出那些文化特性突出的院校一般是通过信念、仪式、神话等要素达到组织管理的最佳效果的，对组织传奇的信仰和忠诚是维系组织动力极富价值的资源[①]；纽科姆（Newcome）、雅各布（Jacob）、霍格（Hoge）等人开展了对大学生态度以及价值观变化的追踪研究，对大学文化管理研究提供了翔实的材料。英国学者托尼·比彻（Tony Becher）研究了20世纪80年代之前高等教育文化研究的三种类型：其中第一种类型是对院校的研究，代表作品有英国学者霍尔西（Halscy）与特罗（Trow）的《英国的学者》、帕森斯（Parsons）与帕拉特（Pratt）的《美国的大学》以及伯顿·克拉克（Burton Clark）的《美国的学院》等；第二种类型是对各知识领域的研究，代表作品是兹纳涅茨基（Znaniecki）的《知识人的社会角色》；第三种类型是对学者以及作用的研究，主要关注不同领域学者习以为常的生活方式、思维方式、情感认同和歧见等[②]。整体来看，从20世纪60年代到20世纪80年代，国外学者还未将大学文化与大学治理结合起来研究，文化治理也并未作为正式的、系统性的概念进入高等教育管理的研究领域。但是，这些前期研究成果却将大学管理与大学文化联系起来，文化因素逐渐在大学管理研究中崭露头角，形成了诸多有益的研究成果，大学管理的叙事方式呈现出一定程度的文化转向，并为后期学者开拓大学

---

① Clark.B.The Organizational Saga in Higher Education[J],Administrative Science Quarterly,1972,17(2):178-184.

② ［美］伯顿·克拉克.高等教育新论——多学科的研究［M］.王承绪，等译.杭州：浙江教育出版社，1988：187-220.

文化管理研究领域创造了条件。不足之处在于，这一时期的研究并未直接阐明大学文化与大学治理（或大学管理）之间的关系；尽管涉及若干大学文化管理要素的研究，但研究内容是极其分散的，甚或是处于一种标新立异的偏好，缺乏关于大学文化管理或大学文化治理的系统化整理和理论性建构；尽管出现了少量关于大学文化管理或大学文化治理的呼声，但并未形成大的趋势，属于大学文化管理或大学文化治理研究的启蒙阶段。

20世纪80年代之后，面对政府失灵与市场失灵的现实困境，国外学者们逐渐将目光从经验管理、科学管理的窠臼中解脱出来，开始需求"第三种管理维度"，那就是文化。组织文化管理的相关研究直接推动了高等教育领域对大学文化研究的重视。学者们也普遍认识到，大学文化是影响大学管理的"一套价值观和行为方式，它们相互依存、为社区所共有，往往绵延不绝"①，成功的大学管理大都有强有力的文化，有明确的组织哲学，有共同的价值观念，有约定俗成的行为规范以及宣传强化这些观念的制度和机构，大学管理最有效的方式就是通过文化的象征和暗示作用，用价值观引导大学人的行为朝着有利于大学组织目标实现的方向发展。在这股潮流的影响下，国外高等教育研究领域开始逐渐掀起了关于大学组织文化的研究热潮，大学文化管理成为热门的研究话题，并产生了诸多有价值的研究成果，代表人物主要有迪尔（Dill）、科恩（Cohen）、马奇（March）、伯顿·克拉克（Burton Clark）、托尼·比彻（Tony Becher）、埃德加·沙因（Edgar H. Schein）等。最早在学术意义上将文化管理引入大学组织管理的人是美国学者迪尔（Dill，1981），他强调了信念与价值在大学管理中的作用，认为大

_____

① Kotter.J.P and J.L.Heskett.Corporate Culture and Performance[M].New York:The Free Press, 1992:141.

学管理的策略包括意义管理和组织整合两个部分，其中意义管理的重心是核心价值的传递，组织整合则是将组织成员纳入组织的信念体系中来的过程，目的是促进组织成员认同传统价值，减缓冲突①。与迪尔的学术文化管理思想的相呼应，20世纪80年代又相继出版了两本具有标志性意义的关于大学文化研究的著作，分别是《高等教育系统—学术组织的跨国研究》（1983）与《学术生活：小世界、不同的世界》（1987），这两本著作均是由伯顿·克拉克完成的。在这里，伯顿·克拉克分析和论述大学作为一个文化堡垒的特殊组织构成（学术系统的分化与整合），并指出"大学在象征方面的研究是极为不够的，号称研究理性组织的人，基本忽视了无形的和表面上的未成型的组织文化，大学作为一种象征性组织，只有从文化意义上理解大学才能把握大学组织的本质和特性，否则将一事无成"②。

20世纪90年代之后，西方学者关于大学文化管理的研究更多融入了新制度主义学派（尤其是社会学制度主义）和治理理论的研究观点，大学文化治理的研究才开始活跃起来，代表人物有威廉·伯奎斯特（William Bergquist）、安德鲁·马斯兰德（Andrew T.Masland）、雷菲尔（Leifer）、奥尔森（Olsen）等人。其中，威廉·伯奎斯特（William Bergquist）和安德鲁·马斯兰德（Andrew T.Masland）的相关研究影响较大。1992年，美国学者威廉·伯奎斯特（William Bergquist）在考察美国300多所学院的基础上出版了《四种文化：改善院校组织领导的技巧与策略》，并从价值、领导、假设、行为准则等维度提出了院校组织管理的四种文化类型，分别是学院文化、管理文化、发展文化、协调

---

① David D.Dill.The Management of Academic Culture:Notes on the Management of Meaning and Social Integration[J].Higher Education, 1982:303-320.

② [美]伯顿·克拉克.高等教育系统：学术组织的跨国研究[M].王承绪，等译. 杭州：杭州大学出版社，1994：83-86.

文化，大学领导者应合理利用大学文化的力量和资源达成组织目标[①]。安德鲁·马斯兰德（Andrew Masland，1997）结合了科恩、马奇和奥尔森等多人的研究成果，将大学组织文化概括为传奇、英雄、符号和仪式等四个方面，指出大学组织文化研究不仅可以帮助解释大学组织如何达到它现在的状态，而且具有重要的整合力量，它在维持组织稳定，帮助组织渡过难关中发挥着重要作用，"组织文化"必将成为高等教育研究者所接纳的一个通用术语[②]。

2000 年之后，国外关于大学文化治理的研究真正兴起，代表人物有罗伯特·伯恩鲍姆（Robert Birnbaum）、威廉·蒂尔尼（William G. Tierney）等人。伯恩鲍姆长期研究大学治理问题，在其 2000 年出版的《高等教育管理时尚》一书中明确指出，改变一所大学如同改变一种宗教一样困难，强调数据、计算、理性、命令的高等教育管理时尚常常偏离了组织的核心价值观，大学组织的有效管理需要对组织的传统和文化进行理解，这样的理解来自对组织的事物、历史和生活的完全融入，来自关系到组织未来的组织理论的把握[③]。2004 年，美国著名的高等教育研究学者威廉·蒂尔尼通过对美国 750 多所四年制高校 2000 多名教师的长期调查研究，从大学治理的视角构建了一个新的大学文化治理理论与实践框架。蒂尔尼（Tierney，2004）的研究认为，大学不只是一个简单的结构单元的总和，而是一个符号和抽象的文化内涵创生的场所，大学治

---

① William H. Bergquist. The Four Cultures of the Academy:Insights and Strategies for Improving Leadership in Collegiate Organizations[M].San Francisco:Published by Jossey-Bass，1992.

② Edited by Ted I.K. Youn and Patricia B. Murphy:Organizational studies in Higher Education[M].Garland Publishing，Inc.1997:152-153.

③ ［美］罗伯特·伯恩鲍姆.高等教育管理时尚［M］.毛亚庆，等译.北京：北京师范大学出版社，2008：174-178.

理应当理解为大学基本价值的象征性过程，大学治理绩效的提升，不在于设计出一种最好的治理制度，而在于大学参与者能够有效地解释大学文化①。

（二）中国学者对大学文化治理的研究

1. 中国学者关于大学文化治理的研究缘起

中国学者之所以形成对大学文化治理的相关研究，既有其理论关照，也有其实践基础，是理论需要和现实需要共同作用的结果。从理论渊源来看，大学文化治理研究随着西方组织文化管理研究的深入，并与当代治理理论相结合而出现的一种治理观念，它的出现是应对当前大学内部治理关系紧张的一种新型的治理思潮，代表了一种新型的大学治理模式。而同一时期，福柯、本尼特、王志弘等学者则主要从文化学的视角开展了关于文化治理性思想的相关研究，这些研究成果在文化学、社会学、政治学研究领域产生了较大影响，但尚未成为高等教育领域的研究热点。从现实基础来看，大学文化治理研究的兴起得益于20世纪90年代以来学者对大学文化治校问题的关注，正是因为大学文化具有治校功能，大学文化治理才具有研究的实践价值。与此同时，国家层面关于推进和实现高等教育内涵式发展的要求，完善现代大学制度的使命，以及双一流建设的任务等政策文件的相继出台，更使得理论界在研究大学治理的同时不得不关注和重新审视"大学文化"这一关键命题，"大学文化治理"自然就成为一种研究的趋势和方向。进言之，大学文化治理研究的兴起，既有文化管理和治理理论的理论观照，也是中国大学文化治校思想成熟的现实基础。

其一，从理论上来说，中国学者对大学文化治理的研究与大学文

---

① Tierney W G . A Cultural Analysis of Shared Governance：The Challenges Ahead[M]. Higher Education:Handbook of Theory and Research. 2006(19):85−132.

理论研究的成熟和治理理论在国内学术界的兴起与传播密不可分。20世纪80年代末，随着组织文化管理理论的传入和治理理论的兴起，我国的高等教育研究领域也开始了对大学文化的关注和研究。一开始，国内学者并未明确提出"大学文化"的概念，他们关注的核心问题是"校园文化"。1986年在上海召开的"校园文化理论研究会"和1990年在北京召开的"全国校园文化理论研讨会"等两次会议，对大学校园文化建设的规律、路径等进行了较为广泛、深刻和系统的研究与探讨。随后，上海交通大学、复旦大学、华东化工大学、华东师范大学等高校相继举办"文化艺术节"和"校园文化建设月"，校园文化的概念逐渐被接受和传播。20世纪90年代之后，关于"校园文化"的提法逐渐向"学校文化"和"大学文化"的方向演进。1991年，张德祥教授从组织学和社会学的视角发表了《试论学校文化的内涵、类型及其功能》一文，该文将"学校文化"视为一个组织概念，并认为学校文化是学校全体成员或部分成员所共有、享受和传递的文化的综合体①。从已有研究成果来看，这是国内学术界最早的关于"学校文化"的界定和研究。20世纪90年代中后期之后，在教育主管部门的倡导和推动之下，大学通识教育和文化素质教育受到越来越多的关注，关于大学文化的研究逐渐兴起。2002年，"大学文化研究与发展中心"正式成立，时任教育部长袁贵仁发表了题为《加强大学文化研究，推进大学文化建设》的重要讲话，该讲话客观上引起了国内学术界对大学文化的进一步关注。2009年8月，"大学文化研究与发展中心"在北京大学主办了"大学文化与思想解放高层论坛"，该论坛创造性地提出了"育人为本，科学为根，文化为魂"的三位一体大学文化哲学观，客观上掀起了大学文化研究迈向新的境界吗，逐步确立

---

① 张德祥.试论学校文化的内涵、类型及其功能[J].沈阳师范大学学报(社会科学版),1991(1):24-29.

了大学文化研究在高等教育研究中的重要地位。随着大学文化研究的深入，以及大学治理结构、大学治理能力现代化等命题的提出，客观上进一步刺激了国内学术界从大学文化的视角研究大学治理的积极性，更多的学者逐渐意识到，大学治理不能忽视对大学文化的关注，并且只有在深厚的文化底蕴基础上，大学治理效能才能真正提高。为此，很多学者从文化的角度研究大学治理问题，如提出了大学治理的文化逻辑、大学治理的文化资本、大学治理的文化阻力、大学文化生态治理、大学治理文化、大学文化治理机制等命题。

其二，从实践上来说，中国学者关于大学文化治理研究的兴起与大学文化治理功能的不断挖掘密不可分。21 世纪之后，高等教育规模扩张的种种弊端不断彰显，如大学治理过程中"理念偏失""人性异化""治理内卷化""教育之魂逐渐成为装饰品"等治理困境纷纷展现，国家和大学的决策层开始意识到不能以牺牲高等教育质量为代价而去一味追求高等教育的规模和速度，需要适时对高等教育发展采取宏观调控，实现"高等教育软着陆"和"内涵式"发展，这都要求大学管理者更加积极的关注大学文化建设，致力于摆脱大学人才培养的"工厂模式"，重回大学作为"文化理性组织"的本质要求。2003 年，胡锦涛同志在纪念毛泽东同志 110 周年座谈会上文化创新对于民族发展的重要性，客观上掀起了社会主义文化研究的热潮。2004 年颁布的教育部与共青团中央《关于加强和改进高等学校校园文化建设的意见》（教社政［2004］16 号文）开启了大学文化全面研究和建设阶段。2006 年，《国家"十一五"时期文化发展规划纲要》首次出台开始，文化建设进入国家战略视野。同年，党的十六届六中全会提出和强调了"社会主义核心价值体系"，并指出社会主义核心价值体系是"社会主义先进文化的精髓，决定着中国特色社会主义的发展方向"。社会主义核心价值观体系的提出对中国大学治理也产生了重要影响，我国高等教育界掀起了系统化研究大学文化的热潮，文化的传承与创新作为大学的第四项职能被正式提出，中国大学治理实践体现出更多的文化建设意识。

党的十八大之后，随着全国范围内掀起了文化研究和文化建设的热潮，许多不同类型的高校都开始自发的颁布和实施了自身阶段性的文化建设纲要、文化建设行动纲要或者文化建设五年规划等，如大连理工大学文化建设纲要（2012—2020）、湖南大学文化建设纲要（2014—2026）、浙江师范大学文化建设纲要（2012—2020）、浙江理工大学文化建设行动纲要（2016—2020）、东南大学"十三五"文化建设规划纲要（2017）、湖北工业大学校园文化建设（2019—2021）行动纲要、西南交通大学文化建设规划纲要（2013—2020）、清华大学文化建设十三五规划（2016—2020）等等，这标志着中国大学在治理的过程中不仅仅关注绩效，也融入了更多的文化自觉意识。2018年8月，教育部、财政部、国家发展改革委联合印发的《关于高等学校加快"双一流"建设的指导意见》明确提出要"培育理念先进、特色鲜明、中国智慧的大学文化"，更是为学术界整体有序、积极健康的进行大学文化治理研究和实践奠定了政策基础，吹响了行动号角。总体来看，目前国内学术界关于大学文化与大学治理关系的研究更加丰富立体，形成了比较固定的研究群体，出现了多种多样的研究范式和学术建树，呈现出更加细致、全面、通透的研究成果，大学文化治理研究逐渐进入系统化、规范化、科学化的研究层面。可以说，正是出于对大学治理现实问题的关注和反思，学者才开始关注大学文化治理的相关问题。

总体来看，大学文化治理在我国是一个发展中的概念，它在理论上来源于组织文化管理理论与治理理论的兴起与传播，在实践上则来源于大学治理过程中对大学文化治校功能的进一步发掘，是一个理论问题与实践问题交织糅合而形成的研究问题和研究领域。

2. 中国学者关于大学文化治理的研究类型

中国大学关于大学文化治理的研究体现了一种从"文化管理"到"文化治理"的研究转型。这种话语情境的变迁，内含着学术界对大学文化治理功能问题的重新审视和解读。不管是大学文化管理还是大学文化治理其实质都是关于两者关系的研究。结合中国知网收录的相关论文来看，从 1996 年到 2022 年，如果以"大学文化 & 大学管理"为主题词检索的学术论文则共计 432 篇，相关研究起源于 20 世纪 90 年中期，其研究趋势如下图 1-2 所示。

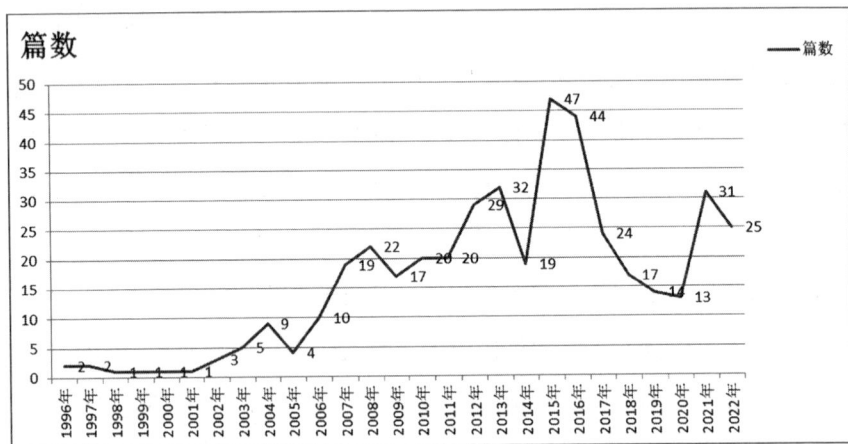

图 1-2 大学文化与大学管理关系的研究趋势图

同样，我们以"大学文化 & 大学治理"为主题词检索的学术论文有 117 篇，最早的研究成果出现于 2005 年，其中直接以"大学文化治理"为研究主题的学术论文仅有 13 篇。这说明关于大学文化与大学治理关系的研究逐渐受到学着重视，而直接关于"大学文化治理"的研究则相对匮乏。总体来看，学界关于大学文化与大学治理关系的研究趋势如下图 1-3 所示。

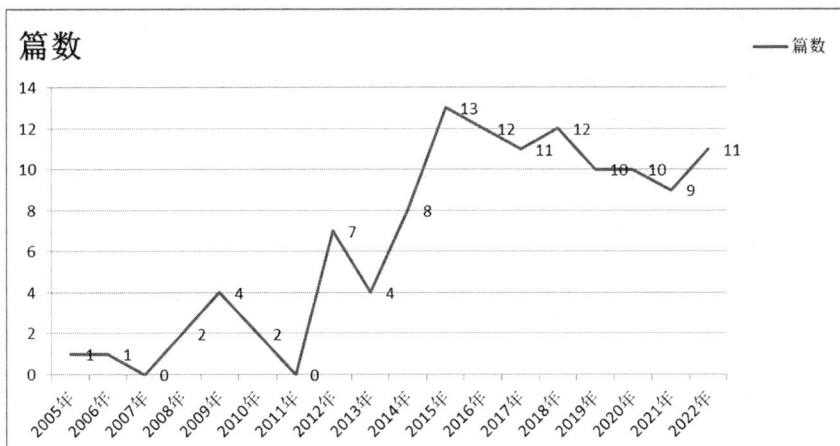

图 1-3　大学文化与大学治理关系的研究趋势图

从相关研究的变化情况来看，关于大学文化与大学管理关系的研究起步较早，并且呈现波浪发展态势，大概在 2014—2016 年左右达到顶峰；关于大学文化与大学治理治关系的研究最早出现在 2005 年，在 2015 年之后相关研究成果更加丰富，并且整体上呈现上升态势。由此不难看出，国内学术界关于"大学文化治理"的研究还处于起步阶段。从宽泛意义上来看，如果我们把从"大学文化"的维度研究"大学管理"视为一种对大学文化管理的研究，把从"大学文化"的维度研究"大学治理"视为一种对大学文化治理的研究，那么，这个研究趋势正好从某个侧面体现出国内学术界正经历从"大学文化管理"到"大学文化治理"的研究转型。总体来看，当前学术界关于大学文化治理的研究主要有三种类型。

第一，引介描述型的大学文化治理研究。这类研究主要以介绍国外关于大学文化治理的研究成果为主要内容。譬如，甘永涛（2008）运用比较研究的方法介绍了伊恩·麦克尼关于大学文化治理的四种模型，即共享模式、科层模式、创业模式、法人模式，并介绍了各种模式但在大学治理领域的运用①；刘庆斌等人（2013）通过对威廉·蒂尔尼大学治理之文化模型的介绍，指出中国大学治理要超越大学治理结构，通过大学文化建设，重建大学内部治理的信任关系②；刘爱生（2014）介绍了美国大学治理结构具有共享性、制衡性和松散性等特征，这些特征的形成与美国的低权力距离国家文化紧密相关③；解德渤（2016）从乔治·凯勒的《大学战略与规划》一书中抽象出大学治理的核心在于文化治理，而文化治理的精髓在于民主参与，也就是采用权力的制衡机制与心理的契约精神保障各主体的民主权利④。

第二，关系审视型的大学文化治理研究。这类研究主要是从文化的视角切入大学治理研究，并未真正提出大学文化治理概念内涵和治理机制等。譬如赖明谷与柳和生（2005）等较早从文化维度分析大学治理，指出大学治理的法律和制度是刚性的、张扬的、外在的，而仅有刚性的外壳而没有柔性的、人性的、自觉的大学文化，大学治理难以达到预期的目的，中国大学治理应抓住发展机遇，总结经验与教训，推进大学治理从制度维度向文化维度的纵深发展，使中国大学在新的治理平台上更好地崛起⑤；商筱辉等人（2013）研究了大学治理的文化价值，指出大学治理与大学文化互相影响并彼此成为动因，大学治理应从人才培养、学

---

① 甘永涛.论伊恩·麦克尼有关解释大学治理形态变迁的文化模型［J］.比较教育研究，2008（12）：57-61.

② 刘庆斌，刘爱生.大学治理的文化模式解析与启示［J］.江苏高教，2013（3）：8-11.

③ 刘爱生.美国大学治理结构的主要特征及其文化基础［J］.外国教育研究，2014（8）：62-70.

④ 解德渤.大学战略规划与大学治理文化——重温乔治·凯勒的《大学战略与规划》［J］.西南交通大学学报(社会科学版)，2016（03）：20-25.

⑤ 赖明谷，柳和生.大学治理：从制度维度到文化维度［J］.现代大学教育，2005（10）：90-93.

术研究、校园文化建设等方面承担起大学文化传承创新的职责，并担负起为社会选择、整合、创新和传播文化的任务[1]；于媚（2015）从大学文化本真的视角阐释分析了大学治理的"文化基因"，认为在大学治理过程中应将大学的"文化基因"融入管理决策中，融入育人过程中，融入学术发展中，融入社会引领中，既不泛化也不虚化的推进大学治理目标的实现[2]。吴立保（2019）认为，文化治理是一种新的治理范式，大学内部治理能力现代化的行动取向在于重塑治理文化，形成"精神—制度"融构的生态型协同治理模式以推进大学内部治理能力现代化建设[3]。

第三，内涵探讨与实践对策型的大学文化治理研究。这类研究主要以阐释或明确大学文化治理的理论内涵为主，意在建构大学文化治理的理论谱系。譬如，吴俊清等（2012）明确提出了大学文化治理的概念，并将其界定为"从治理的高度对大学具有的一般文化特性和大学特有的文化特性及其表现行为所作出的制度安排及其规范"[4]；眭依凡教授（2012）从大学文化的内涵出发，提出了大学文化治校的基本脉络是价值确定、制度安排、环境营造，并从大学使命文化、大学章程文化、大学环境文化等三个层面阐述了大学校长文化治校的实践路径[5]；郭海荣（2014）指出，大学文化治理体系与大学文化管理体系存在着显著差异，与管理体现的单向性、单一性、强制性不同，治理体现了多元、互动、

---

[1] 商筱辉，钟颖. 大学治理的文化价值研究［J］. 中国矿业大学学报（社会科学版），2013（09）：96-100.

[2] 于媚. 文化视野下的大学治理研究［J］. 江苏高教，2015（3）：41-44.

[3] 吴立保. 大学内部治理能力现代化的文化逻辑［J］. 中国高教研究，2020（05）：59-65.

[4] 吴俊清，朱红，朱敬. 大学文化治理：概念、理念、环境与研究内涵［J］. 现代教育管理，2012（10）：41-46.

[5] 眭依凡. 论大学校长之文化治校［J］. 清华大学教育研究，2012，33（06）：16-24，35.

包容、协商等思维方式和运行模式[①]；李娜、王济干、孙彪等（2017）学者认为大学文化具有重要的社会整合功能，大学文化治理就是借助文化的这种功能，使其作用于大学内部各利益主体的互信、共利与横向互动，最终达成共生、共赢、共治的大学秩序[②]。俞婷婕（2018）认为，大学文化对大学治理的重要价值就在于其无可替代的治校功能，并从理念、制度、人和环境等基本要素对大学文化治理进行了研究[③]。还有的学者尽管提出大学文化治理的话题，但跳过了对大学文化治理的概念厘定，而是通过对文化治理的背景审视的方式直接为大学文化治理开了"处方"，如张琴（2019）认为，现代大学文化治理是推动大学文化治理现代化成为"双一流"建设的重要一环，必须紧扣对象、形式与组织的三维向度，强化以人为本，重视多渠道多方向提升文化治理水平，实现高等教育的协调与善治[④]。

总体而言，目前我国学者对大学文化治理的研究还处于起步阶段，大学文化治理作为一个正式的概念，尽管已经提出，但仍处于尚待辨明和需要采信的阶段，需要更多的研究者去关注和思考。

三、现有研究的述评

（一）文化治理研究述评

西方学者对文化治理的研究分为两个阶段：第一个阶段以伯明翰学

---

① 郭海荣.文化治理有别于文化管理［N］.中国社会科学报，2014-12-12.

② 李娜，王济干，孙彪.研究型大学内部文化治理研究［J］.江苏高教，2017（4）：39-41.

③ 俞婷婕.大学文化治校功能的学理问题与实践逻辑摭探［J］.教育发展研究，2017，37（23）：78-84.

④ 张琴.现代大学文化治理：对象、形式与组织的三维向度论析［J］.江苏高教，2019（03）：62-65.

派和葛兰西的"文化霸权"为代表，主要强调文化的政治构造和治理功能，认为有效的文化霸权不是简单的自上而下的"强制"和"控制"，而是一个"协商""谈判""共谋"的结果，同时也包含着"抵抗""理解"与"收编"；第二个阶段以福柯的"治理术"思想和本尼特的"文化治理性"思想为代表，强调文化作为治理手段和治理对象的多角色存在，主张运用高超的技巧和策略将诸多要素运用到权力运行的实践之中。比较看来，西方学者前期关于文化治理的研究属于纯文化或语义层面的文化分层或文化内涵研究，与文化政策和文化管理的内涵区别不大，也很少涉及文化治理的机构、机制和策略性层面。后期的文化治理研究力图突破文化治理文化学层面的研究范式，逐渐扩展到政治学、社会学、管理学、经济学等不同的领域，文化治理的范围更广阔、主题更多元、目光更细致，逐渐呈现出与文化政策、文化管理等完全不同的论述框架和逻辑体系，成为一个具有独立语境和独特价值的治理术语。

国内学者对文化治理的研究继承了西方的某些文化理论，包括"文化霸权""文化领导权""治理性""自我技术""文化治理性"等不同的概念、思想或理论，产生了一系列有益的研究成果。中国台湾地区学者对文化治理研究的主要贡献包括三点：其一，文化治理作为一个独立的概念被提出；其二，对文化治理的概念进行了较为系统和学理化的论证；其三，文化治理与文化管理、文化政策等概念逐渐区别开来。中国大陆地区学者最初对文化治理的研究明显受到台湾地区的影响，但更多是与国家顶层设计对文化的重视有关，主要涉及文化治理的权力主体的去中心化、价值埋念的整合与调试、治理技术的自我生成等几个层面。文化治理的目的仍然是探寻治理的有效性问题，其生命力既来源于政府层面的强力推动，也来源于诸多学者的争相呼吁，如福柯的"治理术"思想、葛兰西的文化领导权理论、本尼特的"文化治理性"以及中国学者关于文化治理的论述。可以说，作为中文语境的文化治理理论是在批判性的吸收了西方学者、中国台湾学者与中国大陆学者的多方面研究成果之后而形成的理论谱系，其内涵已逐渐从文化研究和政策研究的话语体系中脱离出来，成为一个可以关涉多种治理对象和多个学科领域的理论框架。

整体来看，文化治理在大陆学界虽然是一个独立用语，但很少作为一个核心用语而存在，它更像是一个可替代性的论述工具，处于海德格尔所说的"上手状态"，虽在日常用语中屡被提及，但在学理层面的系统化研究则明显欠缺。大陆地区学者对文化治理的研究有的语焉不详①，有的以传统文化代替文化治理②，这两种情况都未能揭示文化治理的内涵和全貌，并未超出西方学者和台湾地区学者对文化治理的内涵界定和系统论述。需要说明的是，尽管学者对文化治理已经做出了相当多的界定，但几乎没有任何一种界定方式能够达成认识上的共识和统一，它仍处在不断的清晰、扩散和完善之中。再加上，文化治理自身背负着极其沉重的概念负担，大陆地区学者对文化治理的理解常常是"一个词汇，各自表述，尚无基本共识"③，尤其在理论引入和理论嫁接的过程中缺少中国特色的文化治理研究，导致文化治理理论存在着理论特征不明确，理论内涵的包容性不强以及本土化改造不足等问题。

（二）大学文化治理的研究述评

从理论起源上来说，大学本身就是一个文化组织，大学文化治理是一个永恒的概念，是伴随着大学管理的产生而产生的。但是，现代意义上的大学文化治理则是一个历史性和阶段性的概念，需要特殊的理解和

---

① 刘忱.国家治理与文化治理的关系 [J].中国党政干部论坛，2014（10）：38-39.

② 胡惠林.国家文化治理：发展文化产业的新维度 [J].学术月刊，2012（5）：28-32.

③ 王前.理解"文化治理"：理论渊源与概念流变[J].云南行政学院学报，2015（6）：20-25.

阐释。其一，在理论渊源上，大学文化治理与大学文化管理既相互联系又相互区别，它是随着文化管理理论、治理理论的兴起而逐渐衍生的一种大学治理思路和理念，并与中国大学治理实践紧密结合；其二，在治理主体上，大学文化治理十分强调多元主体的交流、沟通和价值观整合，而不是将大学或政府作为大学治理的唯一角色或者垄断角色，不仅仅关注政策产生和执行以及组织资源和绩效管理等；其三，在关注焦点上，大学文化治理主要关注的是大学治理的仪式、习俗、道德、审美、英雄人物塑造等非正式结构，强调大学治理的适当性逻辑，而不仅仅关注大学治理的正式结构，不仅仅将大学治理视为工具和线性算计的产物；其四，在治理目标、原则和技术上，大学文化治理不以效率最大化为目标，而以多主体参与、多价值协同、多手段耦合的大学治理自觉为目标，反对科层性、控制性和功利性的治理原则，而是强调大学治理的协商一致性、微观技术性和价值调适性，强调大学治理过程从文化理性到制度伦理再到行为惯性的超循环演进过程。可以说，在高等教育内涵式发展的整体背景下，现代意义上的大学文化治理体现出一种全新的大学治理理念，是一种符合中国社会阶段性国情和中国大学阶段性校情的发展模式。

总的来看，大学文化治理在国内外学术界都是一个比较新的研究话题，且业已引起目前学术界的广泛关注和争论，有了一系列的研究成果，但尚存在以下不足：其一，关于大学文化治理的基本内涵以及运行机理阐释不清。目前，学术界关于大学文化治理的内涵界定不清且存在争议，多数学者并未对大学文化治理进行深入的阐释与分析，其思想大多体现为一种大学治理的文化视角，或者常常将大学文化治理等同于大学文化管理，关于大学文化治理"何以可能"以及大学文化治理的"内在机理"什么仍需进一步明确；其二，关于大学文化治理的中国经验和典型案例分析不足。目前，国内学者对大学文化治理的研究大多采用经验介绍、理论引介等方式从宽泛意义上介绍大学文化治理的一般性经验，较少从中国大学的历史背景和本土文化特征中去理性思考中国大学文化治理的特殊性、必要性与重要性，也未从中外典型大学的案例比较中明确大学文化治理的基本经验；其三，关于大学文化治理的系统性行动方略研究不够。大学文化治理贵在行动，但是目前国内学者对大学文化治理行动策略的研究往往是从大学的理想、使命、职能、战略等角度来进行分析的，研究相对零散，并未形成一种理论基础扎实、实践操作性强、覆盖面广、认可度高并较为系统的大学文化治理行动路线图，这不利于大学文化治理实践的深入推进。为此，本研究主要立足于以上三个问题，按照"理论建构—实践检验—问题解决"的研究思路，试图回答了解决以下问题。第一，大学文化为何能够作用于大学治理，大学文化治理的本质和内在机理是什么（大学文化治理的行动分析框架）？第二，如何从文化嵌入的视角来分析中国大学百余年治理的历史经验和世界一流大学文化治理的基本经验（侧面验证大学文化治理行动分析框架的合理性）？第三，大学文化治理需要怎样的文化嵌入，如何在整体上建构大学文化治理的行动方略？这三个问题共同回答了何为大学文化治理的嵌入逻辑与行动方略。

第二章　理论基础与核心概念

本章主要阐释大学文化治理的理论基础及其核心概念。其中，理论基础是本研究的"思想纲领"，核心概念是支撑本研究的"基本要素"。本研究选取嵌入性理论、文化治理理论和社会学新制度主义理论，为后文分析大学文化治理的逻辑前提、本质、机制、功能以及构建大学文化治理行动分析框架提供了研究总纲。同时，本章通过文献梳理和概念比较的方式，明确了大学文化、大学治理、文化嵌入、大学文化治理等几个核心概念，为后续研究奠定了基础。

第一节　理论基础与分析框架

大学文化治理就是以大学文化为基础的一种治理类型，而如何释放大学文化的治理功能以提升大学治理的效能既是大学文化治理研究的初衷，也是大学文化治理实践的目的。本研究认为，嵌入性理论、文化治理理论和社会学新制度主义理论等三个理论分别从不同的视角论述和阐释了文化治理的本质属性与内在机理等，能够为大学文化治理理论框架的分析与构建提供有益的思考和借鉴。

一、嵌入性理论

嵌入性理论主要关注经济行为和社会结构的关系问题，是经济学和社会学研究的重要理论之一。亚当·斯密的《国富论》发表之前，经济与社会关系往往是作为彼此不相关的两套系统来研究的。直到 20 世纪 80 年代之前，主流经济学一直认为，人是一种理性的"经济人"，其经济行为是以追求个体利益最大化为动机的，甚至认为"社会关系反映了市场的力量"[①]。社会学家则坚持认为，人总是处在特定社会关系或特定社会结构之中，其行为受到现实中各种社会规范或文化价值的制约，即人类行为的逻辑基础是人所处社会结构、规范中产生的压力、约束或引导。换言之，一旦人所属的社会结构及社会类型是已知的，那么人的行为就同样是已知的[②]。20 世纪 80 年代之后，随着"新经济社会学"的复兴，经济学家与社会学的交叉研究与互涉研究逐渐频繁。可以说，20 世纪 80 年代是经济学与社会学研究的分水岭。在此之前，"社会学家越来越回避经济学的主题，认为他们属于专业经济学家的研究领域"，而"主流经济学家越来越局限于经济的主题"[③]。尽管出现了为数不多的关于经济与社会关系的研究成果，如马克思关于经济基础与上层建筑关系的论断，韦伯关于基督教文化与资本主义社会精神的阐述，帕森斯关于经济系统只是社会子系统的判定等。但总体来说，经济学家都主动或者有意地回避对社会问题的探讨，社会学家同样如是。1985 年，格兰诺维特（Granovetter）对经济学和社会学的认识论缺陷进行了批判，在其著名

① Granovetter,M.Economic Action and Social Structure:The Problem of Embeddedness[J]. American Journal of sociology,1985,91(3):481−510.

② Granovetter,M.Economic Action and Social Structure:The Problem of Embeddedness[J].American Journal of Sociology,1985,91(3):484.

③ 张洪涛.法律的嵌入性［M］.南京：东南大学出版社，2016：2.

论文《经济行为与社会结构：嵌入性问题》中重新定义并阐述了"嵌入性"思想，并将其作为"新经济社会学"的理论纲领，为认识经济行为与社会结构关系的问题提供了学科融合的视角与平台。总之，嵌入性理论是经济学和社会学研究中最先提出的，并最终成为新经济社会学研究的核心理论议题之一。正是随着新经济社会学研究的兴起，经济学与社会学研究逐渐从"互不干涉"走向"交叉融合"，学界关于"嵌入性理论"（embeddedness）研究才随之发展起来。为了说明嵌入性理论，我们可以从嵌入性的内涵与发展历程、层次与类型分析以及核心观点等几个方面予以阐明。

（一）嵌入性的内涵阐释与发展进程

嵌入性又叫作"根植性"（embeddedness），其概念源头可以追溯到匈牙利政治经济学家卡尔·波兰尼（Karl Polanyi）的"经济的社会嵌入"思想。1944年，卡尔·波兰尼（Karl Polanyi）在其著作《大转型》（也译为大变革）一书中首先提出并使用了"嵌入"这一概念。随后，波兰尼对"嵌入"的概念进行了详细解释，认为人类经济行为是嵌入并缠结在经济与非经济的社会制度之中，人类的三种经济行为（即互惠、再分配和交换）在不同制度条件下，其嵌入的方式和形态是不一样的。其中，非市场经济遵循平等交换机制，人们的经济行为嵌入在社会和文化活动中，而市场经济遵循价格机制，经济行为是"去嵌入性"的。总体来看，波兰尼关于"经济的社会嵌入"的观点其实质仅涉及人类经济行为单向嵌入到社会系统的问题，而关于经济行为如何受到社会系统的影响以及社会行为的反向嵌入问题则没有提及。波兰尼的观点提出之后，并未引起学术界足够的关注。

1985年，美国哈佛大学知名教授马克·格兰诺维特（Mark Granovetter）在波兰尼研究的基础上，发表了被称为"新经济社会学的宣言"的《经济行动与社会结构：嵌入性问题》一文。在该文中，格兰诺维特指出，在对待经济行为与社会结构的关系上，西方学术界存在着两种对立的观点：一种观点来源于霍布斯和功利论者（也包括古典经济学和新古典经济学的部分学者），他们认为人的行为是低度社会化的，并且是理性而自利的，鲜少受到社会关系的影响，这是一种零嵌入性的观点；另一种观点来源于一部分社会学家的论断（如帕森斯、科尔曼等人），他们认为人的行为是依赖于社会网络的，并且深深受到社会结构的限制，这是一种强嵌入性的观点。格兰诺维特既不赞成强嵌入性的立场，也不赞成弱嵌入性的立场，并认为两种立场"共通的将行动者孤立于实时的社会情境之外"[①]。为此，格兰诺维特提出了"弱嵌入性"的概念。格兰诺维特提出的"弱嵌入性"介于"零嵌入性"与"强嵌入性"之间，认为对人类行为的完整阐释和分析，应该尽量避免低度或者过度社会化，因为行动者的行动既不是原子式的孤立于社会网络之外，也不是奴隶般的依附于其所属的社会角色。也即说，行动者具有目的性的行动既非原子立场的，也非完全社会结构化的，而是嵌入在真实的、正在运作的社会关系系统之中的[②]。格兰诺维特（Mark Granovetter）是"嵌入性"理论研究的集大成者，他把"嵌入性"的观点发展为新经济社会的核心理论，并提出了结构嵌入与关系嵌入的类型划分，其研究被应用于分析网络结构和关系对个体或组织行为的影响，鼓舞了新经济社会学家对"嵌入性"的研究热情。

在格兰诺维特完成"弱嵌入性"观点的社会化论证之后，理论界开始从更广阔的学科背景中研究"嵌入性"问题，"嵌入性"的观点逐渐被引入到一般的人类行为分析之中。理论界逐渐达成共识，人的行为除了

---

① ［美］马克·格兰诺维特.镶嵌：社会网与经济行动［M］.罗家德，译.北京：社会科学文献出版社，2007：5-6.

② ［美］马克·格兰诺维特.镶嵌：社会网与经济行动［M］.罗家德，译.北京：社会科学文献出版社，2007：5-6.

受经济动机的影响外，也受到非经济动机的影响，所有的人类行为都具有"嵌入性"，都镶嵌在社会网之中，这就扩展了嵌入性理论的应用范围（从经济的嵌入性到一般的嵌入性）。也就是说，现实中的人从来就没有游离于社会联系之外，而是嵌入在具体的社会关系之中，任何行为活动都要受到行动者现实社会关系的影响和控制[①]。随着嵌入性理论在新经济社会学领域取得重大发展，其思想成果逐步扩展到组织学、管理学、文化社会学以及区域经济学等众多的研究领域，并产生了很大影响。很多学者，如科尔曼（Coleman，1988）、祖金与迪马乔（Zukinshe&Dimaggio，1990）、博特（Burt，1992）、哈利宁（Halinen，1998）、鲍勃·杰索普（Bob Jessop，2001）、安德森（Andersson，2002）、约翰尼松与帕西利亚斯（Johannisson&Pasillas，2002）、马丁·赫斯（Martin Hess，2004）等人都对"嵌入性"问题进行了关注和研究，一些重要的概念或理论相继形成，如科尔曼（Coleman，1988）的"社会资本"概念、博特（Burt，1992）的"结构洞理论"等，这进一步丰富了"嵌入性"研究的理论体系，拓展了"嵌入性"理论的应用范围，使得当前学界关于"嵌入性"的解读和研究早已超越了波兰尼和格兰诺维特等人的最初界定，而是呈现出某种"泛化"倾向，成为诸多研究领域共同关注的一个重要概念。

（二）嵌入性的类型与层次分析

"嵌入性"理论回答的问题其实主要有三个，即"主体"（who）以"怎样的方式"（how）嵌入在"客体"（what）之中。综合"嵌入性"理论研究的整体过程和研究成果来看，嵌入的主体可以是个人、群体、组织，嵌入的客体则涉及更为广泛的组织形态和制度背景，嵌入的范围与层次则体现了嵌入的方式。马丁·赫斯（Martin Hess，2004）在综合前

[①] Granovetter,M.Economic Action and Social Structure:The Problem of Embeddedness[J]. American Journal of sociology,198591(3):481−510.

人关于嵌入性相关研究的基础上，从嵌入的形成来源和过程的角度总结了嵌入性的三种划分类型，即"网络嵌入、社会嵌入和空间／地理嵌入"[①]，这种划分比较清晰的阐明了"嵌入性"理论的发展脉络及其类型。

1. 网络嵌入性

网络"嵌入性"是最先提出并发展的比较完善的一种嵌入性研究类型。"网络"指的是一系列节点以及它们之间的关系，"网络嵌入"指的是行为主体卷入或镶嵌其中的网络，显著的结构和稳定的关系是其表现特征。格兰诺维特（Granovetter）在1985年发表的论文《经济行动与社会结构：嵌入性问题》和1992年出版的《经济生活社会学》一书中均或多或少的从网络嵌入的视角论述了"嵌入性"的问题，并将其划分为"结构嵌入性"和"关系嵌入性"两种。其中，"结构嵌入性"侧重于阐释行为主体在特定的网络中相互联系的结构性特征，如网络的密度、行为主体在网络中的位置等，"关系嵌入性"侧重于研究行为主体之间基于某种预期所发生的双向关系，如行为主体之间的紧密程度、信任、合作规范、共享性信息的开发与维护等。从方法论层面来说，格兰诺维特提出了关系嵌入与结构嵌入的划分与博特（Burt，1982）在网络分析模型中提出来的系统分析法和位置分析法比较接近[②]。约翰尼松与帕西利亚斯（Johannisson&Pasillas，2002)等人认为，格兰诺维特（Granovetter）提出的结构嵌入与关系嵌入划分（网络嵌入）实质是一种系统嵌入。为此，他们以系统嵌入为基础，以小公司为分析重点，建立了一个嵌入性分析网络结构框架，提出了"企业间嵌入、企业与社会／经济制度嵌

---

① Hess, Martin. 'Spatial' relationships? Towards a reconceptualization of embeddedness[J]. Progress in Human Geography, 2004, 28(2)：165-186.

② 黄中伟，王宇露. 关于经济行为的社会嵌入理论研究述评[J]. 外国经济与管理，2007（12）：1-8.

入、企业与其他企业通过制度的间接嵌入"等三个层次的嵌入关系[①]。马丁·赫斯（Martin Hess，2004）所言的网络嵌入性主要强调网络关系的普遍性和"体系性"，即任何行动者都处在一定的网络关系中，这种关系网络结构是一种显著的"体系结构"。还有的学者从"组织嵌入"的层面分析嵌入网络，如哈奇多（Hagedoor，2006）基于组织嵌入性的特征，在《理解企业间伙伴关系形成的跨层次嵌入性》一文中分析了组织行为与其所处的国家和产业环境、社会网络之间的联系，并认为嵌入性对企业行为的影响是跨层次（Cross-Level）的，进而将嵌入性分为宏观的环境嵌入性、中观的组织间嵌入性和微观的双边嵌入性[②]。其中，哈奇多（Hagedoor）提到的组织间嵌入和双边嵌入（或称二元嵌入）类似于结构嵌入和关系嵌入，这些研究都可以看作是对"网络嵌入"思想的发展。总的来看，当前学术界对网络嵌入性的研究极为丰富：从研究主题和应用的领域来看，包括网络治理、网络绩效，网络的形成和演化等方面；从网络嵌入性的类型来看，包括行为者网络、相互网络、微观网络和宏观网络等；从网络嵌入的优势和劣势来看，网络嵌入具有信息优势（网络信息的数量、多样性和丰富度）、控制优势（处于结构洞位置的企业具有更强的信息控制优势）和治理优势（密集的网络有助于行动者信任机制的形成），但因为网络嵌入中的社会资本维系成本过高以及强网络关系可能带来的关系过度依赖，也造成了网络演进的困难，容易使行为主体减少对外界新奇的、异质的和可替代信息的搜寻，从而带来网络

---

① Johannisson B，Ram í rez-Pasillas M，KarlssonG. The institutional embeddedness of local inter-firm networks：a leverage for business creation[J]. Entrepreneurship & Regional Development，2002，14(4)：297-315.

② John，Hagedoorn. Understanding the Cross-Level Embeddedness of Interfirm Partnership Formation[J]. Academy of Management Review，2006：670-680.

惰性 ①。

2. 社会嵌入性

社会嵌入主要考虑到了特定的社会背景（认知、政治和文化因素）对行为主体的影响。社会嵌入性代表了一种特定国家或区域的"文化性根植"，如同生物学家创造的"遗传密码"这个概念一样，对行动者的行为产生影响和制约。早在1990年，祖金（Zukins）和迪马乔（Dimaggio）等人就在格兰诺维特研究成果的基础上，将嵌入性分为结构嵌入性、认知嵌入性、文化嵌入性和政治嵌入性四种类型 ②。其中，结构嵌入性指行为主体在社会网络中所处位置及其经济绩效之间的关系；认知嵌入性指行为主体在进行行为选择时受周围环境、已有思维模式、潜在意识和集体认知的影响和制约；文化嵌入性指行为主体在进行某项活动和行为选择时受传统价值观、信念、信仰、宗教和传统的制约；政治嵌入性指行为主体所处的政治环境、政治体制、权力结构对主体行为的影响和制约。实质上，除了结构嵌入性之外，祖金和迪马乔关于认知嵌入、文化嵌入和政治嵌入的研究都与一定的社会背景有关，即社会嵌入的范畴。赫斯（2004）在前人研究的基础上，作为集大成者，正式提出了社会嵌入性的概念。总体来看，赫斯所言的社会嵌入性主要是一种文化和认知嵌入，社会嵌入水平与隐性知识的传递、接纳和吸收有关，即具有相似的认知背景、心智模式、共同的价值观、惯例、习俗、行为方式等认知习惯和文化背景的行为主体更易于传递和接纳隐性知识和吸收知识，进而促进主体行动的一致性。社会嵌入性的劣势在于嵌入的适宜程度比较难以把握，因为过度的认知相似和强文化嵌入虽然有利于隐性文化的传

---

① 向永胜. 文化嵌入对集群企业创新能力的作用机制及协同演进研究［D］.浙江大学，2012：25-26.

② Zukins, Dimaggio P.Structures of Capital：the Social Organization of the Economy[M]. Cambridge University Press，1990：142.

递、分享和组织控制，但也容易造成的组织行为的封闭性和组织壁垒，进而不利于组织接纳新知识，甚至视其他行为为异端，产生机制僵化的风险，这就影响了组织学习的效率，降低了组织在应对环境的动态变化时的反应能力。

3. 地理／空间嵌入性

地理／空间嵌入是马丁·赫斯（Martin Hess，2004）提出的区别于网络嵌入和社会嵌入之外的第三种嵌入类型。地理／空间嵌入，顾名思义，就是研究特定的地理位置和区域空间等对行为主体的影响。地理／空间嵌入不同于网络嵌入和社会嵌入，因为网络嵌入考虑的是行动者之间的连接性与异质性，随时间变化而变化，社会嵌入关注的是特定的社会认知和文化对行动者行为的塑造，而地理嵌入代表的是当地化和全球化的节点，考虑的是"锚"在特定区域或地点范围内的行动者受区域内自然环境与社会文化影响和制约的程度。譬如，建筑的形式与结构总是与当地的自然环境（水热分布与生态环境等等）密不可分，这就是一种地理嵌入性的表征。但是，地理嵌入性与网络嵌入和社会嵌入都是密不可分的，只不过关注的对象和层次不同。

总的来看，嵌入性的三种类型比较充分的概括和展示了嵌入性研究的整体状貌和不同类型，三者密切联系，并存在着相互塑造和相互转化关系。譬如，社会文化的形成离不开人们之间的密切交往，因此高密度的网络结构更利于共享文化的吸收、内化和强化，而强文化嵌入本身又能强化网络连接的密度，两者形成了一种相互作用和相互强化的关系。马丁·赫斯（Martin Hess）对三者的关系进行了形象的描述，他将社会嵌入比作"根"，将地理嵌入比作"块茎"，即特定的社会嵌入的根（文化）产生了块茎（地理联系）和异质网络（网络嵌入）。

（三）嵌入性理论的核心观点与应用价值

通过梳理嵌入理论的内涵、发展历程和研究类型不难看出，嵌入性理论的核心理论观点及应用价值在于如下三点。

首先，嵌入性理论为分析组织行为提供了理论基础。嵌入性理论论证了具体的行为必须放在更为宏大的社会关系网络中才能被有效理解、认知和把握。"嵌入性"理论十分关注人类行为与社会体系的多边联系，为了描述这种联系，该理论把人际关系网络作为要素，修正了主流经济学和社会学关于人类行为的基本假设，即人之行为既不是完全与社会"脱嵌"的，也不是完全受社会结构制约的，而是"适度社会化"的。从这个角度来看，嵌入性理论阐明了，任何行为（不只是经济行为）既不全然是理性设计的产物，也不是社会结构化的产物，而是网络关系的产物，对组织和个人行为的研究必须放在更广泛的社会网络中才能到的有效的理解和阐释。进言之，任何行为都或多或少的嵌入在特定人际关系网络之中的，对任何个人行为或者组织行为的研究都必须具有一种网络关系的思维。同时，嵌入性理论将"嵌入"概念和制度理论相关研究结合到一起，视制度为"凝固化网络"，并把人际互动引入社会制度的形成过程，从而赋予制度社会学新的发展内涵。

其次，嵌入性理论为提升组织治理的绩效提供了研究思路。根据嵌入性理论，嵌入关系体现出强关系和弱关系两种。关系嵌入的强弱能够产生不同的组织发展效应，如果组织发展需要涉及信任、不确定性、协同和长期项目等倾向，那么强关系嵌入就有利于组织内部成员的紧密结合，进而会对组织发展产生重要的影响[①]。博特（Burt，1998）也指出，在一个闭合性网络中，密集型关系能产生集体监督和许可的作用，因此可用来发展信任、合作和协同性的组织关系。从治理的角度来看，组织信任与组织治理成效是密不可分的。一般来说，组织信任的来源主要有

---

① Talmud.I, and Mesch, G S. Market Embeddedness and Corporate Instability : The Ecology of Inter-industrial Networks[J]. Social Science Research，1997, 26(6) : 419-441.

两个，一种是非正式人际关系，另一种是正式制度性信任。制度性信任来源于良好的制度设计与设施，人际性信任则来源于组织强信任关系的嵌入和营造。在组织治理过程中，基于信任、关系专用投资和路径依赖的强嵌入关系具有信任、互惠、长期取向等治理特征，能够抑制行动者的短期行为，起到维系合作、规范行为、协调主体关系和实现共享利益的作用。因此，高质量的嵌入关系能给行为主体带来潜在治理效益，行为主体如果能够前瞻性地构建和策略性地管理嵌入关系，能够有效提高组织治理效能。

最后，嵌入性理论关于文化嵌入的研究也为本研究提供了参考和借鉴。文化嵌入是嵌入性理论研究的重要问题之一，目前，理论界关于文化嵌入的研究已经形成了比较丰富的研究结论。第一，从文化嵌入的主体来说，最初的文化嵌入研究主要关注文化与经济之间的关系，如库克与逊斯托克（Cooke&Schienstock）的研究就认为，文化嵌入广义上可以理解为个体（个人或组织）对区域文化的融入和适应，并受其规制①，而后逐渐扩展到文化与政治、文化与组织、文化与个体等各个层面，明确了文化嵌入的客观性与普遍性，即任何组织与个人（也包括基于组织开展的活动和个人的行为等）都受到特定文化背景的影响和制约。因此，文化嵌入的主体是广泛的，包括国家、组织与个人，自然也包括大学及其治理。第二，从文化嵌入的层次来说，文化嵌入具有多层次性和多维性，如美国学者吉姆斯（James，2007）通过研究摩门教文化嵌入与犹他州盐湖城高科技区域经济发展之间的关系，将文化嵌入分为三个层次，即个人之间、个人与企业之间以及企业与复杂的社会环

---

① Philip Cooke & Gerd Schienstock.Structural Competitiveness and Learning Regions[J].Enterprise and Innovation Management Studies，2000，1(3):265-280.

境之间的关系①，这实际上也阐明了文化嵌入具有不同的层次，总体表现为个体、组织与环境三个层面。在文化嵌入的过程中，关键个体的模范示范、公共组织（机构）的有意引导和同质化群体的互动传递对文化嵌入的深度和广度影响深远。第三，从文化嵌入的内容来看，文化具有不同的要素和特性，不同特质的文化嵌入对行动主体的影响是不同的，这实际上说明了不同的文化嵌入具有不同的嵌入效果。譬如，克拉巴尔蒂（Chakrabarti）通过对比美日两国500个创新项目，研究了文化嵌入与组织创新（突破性创新与渐进性创新）之间的关系，其研究发现美国的个体主义文化嵌入更容易激发突破性创新，而日本的集体主义文化嵌入则更容易激发渐进性创新②。总的来看，文化嵌入属于社会嵌入的一个研究领域，是一个多主体（个体或组织）和多层次（国家文化层、区域文化层、个人文化层）的概念，表达的是文化作为一种集体信念、理所当然的假设和深层的价值观等与行动主体有着密不可分的关联，或者说有效的文化嵌入能够对行动者或者行动本身的治理成效产生重大影响，这些研究都能为本研究提供理论借鉴和支撑。

二、文化治理理论

文化治理作为一个正式的理论概念是晚近的事情，但文化作为一种治理视角则早已有之并广泛使用，并且在不同的国家呈现出不同的治理特征，如美国的"文化一般论"治理、法国的"文化多样性"治理、英国"一臂之距"的治理机制、中国传统文化中的"文治教化"思想等等。

---

① James A . Everyday effects, practices and causal mechanisms of cultural embeddedness : Learning from Utah's high tech regional economy[J]. Geoforum, 2007, 38(2):393-413.

② 杨建君，盛锁 . 美国和日本企业技术创新倾向原因分析：一个综合模型 [J]. 科学管理研究，2006, 24（6）：5-8.

从起源上讲，文化治理理论来源于西方文化研究中关于文化"治理性"概念的发掘与阐释。可以说，福柯、本尼特等人的相关研究重新赋予了文化更具操作性的合理内核，开创了文化研究的新范式，即文化治理的思想理论体系。文化治理理论传入国内学术界之后，引起了诸多学者的研究热情，如王志弘、吴彦明、王前、季玉群、胡惠林等人，逐渐形成了文化治理研究的两种基本范式，即对象论的文化治理研究和工具论的文化治理研究。总体来看，文化治理理论是一个具有多张面孔的理论体系，成为一种"集理念、制度、机制、技术于一体的治理形式和治理领域"①。综合国内外学者的研究成果，我们认为，文化治理理论主要有以下理论内涵。

（一）文化治理理论阐明了文化"治理性"的理论内涵

文化治理理论认为，文化之所以能够作用于治理，根本原因就在于文化本身就具有"治理性"。文化的"治理性"的概念起源于法国社会学米歇尔·福柯（Michel Foucault）的"治理性"（也叫治理术）思想，由英国学者托尼·本尼特（Tony Bennett）明确提出，并在中国台湾和大陆学术界引起了较大影响。

"治理性"的概念来源于福柯。"治理性"的概念是由法国社会学家米歇尔·福柯于1970年代末期在法兰西学院演讲期间正式提出的。"治理性"，也叫治理术，是福柯对宏观政治领域中治理理性问题长期思考的结果。"治理性"概念提出之后，经过福柯的多次补充、修正和完善，成为凝结福柯一生学术思想的精髓。福柯对"治理性"的探讨一方面来源于他的生命政治哲学，一方面来源于他的自由主义政府理论。福柯认为，治理的概念或多或少是一种体系化、规范化的权力运作模式。不同

---

① 王前.理解"文化治理"：理论渊源与概念流变［J］.云南行政学院学报，2015，17（06）：20-25.

于葛兰西等人从"统治""控制""暴力"等意识形态的角度来理解权力运作形式，福柯开辟了一条新的权力认知路径。那么，何为治理性呢？福柯认为，从广义的维度来讲，"治理性就是一组权力关系以及让权力关系运作的技艺"[①]，从狭义的维度上来讲，"使自我技术与统治技术发生联系的是治理性"[②]。在这里，福柯试图将自治与他治联系在一起，处理"治理性"的问题，反对单向度的自上而下的压制，主张创造一种新型的目的论，通过对事物的准确布置以将其引向合适的目的，并在治理过程中透过治理的连接而实现引导自己与驱使他人的平衡互动。可以说，在福柯那里，"治理性"表征的是一种新的统治技术，这种统治技术不依赖于司法制度的强制性，而是来源于社会成员自我意识的觉醒，统治的窍门在于建构社会成员的主体性，使社会成员进行自我约束和自我治理。总的来看，福柯提出的"治理性"代表了一种新的政治权力统治技术，这种统治技术将人的生命作为管理的对象，在治理方式上不是压制，而是以正确、适当的方式来引导和唤醒社会成员的自我意识，进而达到治理有效性的目的，这也是福柯"生命政治"概念不断深化的产物。福柯的"治理性"概念在福柯的整个思想大厦中只占据极其微末的片段，虽如吉光片羽般稍纵即逝，但却揭示了17世纪之后西方国家的一种新的权力运作技术，影响甚至开拓了很多学者思考治理问题的方式和方法。可以说，福柯本人虽然没有正面发想过"文化治理性"的概念，甚至文化一词始终不在他所倡导的主流理论议程之中，但其关于治理思想的论述无疑是开创性的，他点燃或者说开启了西方学术界对文化治理思想的进一步讨论。

米切尔·迪恩（Mitchell Dean）受福柯"治理性"思想的启发，强

---

① Foucault,M.The subject and power[M].Critical Inquiry,1982,8(4):793.

② M Foucault,P Rabinow.Ethics:Subjectivity and Truth——Essential Works of Michel Foucault[M].New York,The New Press,1997:225.

调"自我治理"的方式对当代自由民主体制的重要作用，突出了文化在政府解析学中的重要位置并将其理论化。他认为，现代民主社会越来越通过"自我治理"的方式运作，治理主体不仅要诉说真理，还要在某种程度上通过自我与他人的关系来自我治理。政府的权力运作是通过人们的愿望、抱负、兴趣、利益和信仰来运转的，各种制度和实际的变革也必须结合特定的"文化性"的话语，即制度和改革必须紧系于个人的属性和能力，以及个人行为的转变和自我转变[①]。英国学者托尼·本尼特（Tony Bennett）则在葛兰西"道德国家"和福柯"治理性"等概念基础上，通过对文化内涵和政府权力运作方式的双向思考和阐释，明确提出和建立了自己的"文化治理性"思想。本尼特认为，文化是包含一系列知识、观念、意识的审美智性活动领域，在社会生活中起着重要的作用，它能让人自我与自我相遇，人们进行文化建构的过程实质上是包含了身份认同、规范标准、自我审视与反思、自我改革等多种形式和过程的一套独特的"自我技术系统"。这种"自我技术系统"有助于帮助人们建立起一种自我管理和自我控制的内在机制，通过与个体自我完善技术的结合，扩展到每个人的日常生活中，并作为审美智性资源参与到社会治理当中，改变和创造了社会的运行方式，成为"连接社会、政府与个体的最佳治理途径"[②]。也就是说，某种特定的文化形式与主体的灵魂、思维方式、行为习惯等不断碰撞，构成了一个无穷无尽的自我审视和自我改革的过程，改革规划才能被转换成文化自我管理的技术，这体现的

---

① Mitchell Dean.Governmentality：Power and Rule in Modern society[J].London：Sage，1999:3.

② 张朋.治理性文化观：托尼·本内特对文化的新界说[J].理论学刊，2013（02）：112-116.

正是文化的"治理性"①。也正是因为"文化治理性"的存在，人们的思想、行为转变可以部分的"通过审美与智性文化的社会形式、技术与规则来实现"。

"文化治理性"的概念传到中国台湾学术界之后，引起了较大反响，出现了像王志弘、吴彦明等一批研究"文化治理性"的专家、学者。王志弘认为，文化的"治理性"体现的正是"胁迫的技艺与自我的技术的连接点"②。不难看出，王志弘对"文化治理性"的理解深受福柯"治理性"思想的影响，明确了文化"治理性"的本质就是文化独特的内在作用机制。中国大陆学者对"文化治理性"主要关注文化治理作为一种新型的治理理念和治理方式对国家公共文化治理的影响，关于"文化治理性"的探讨并不多，散见于文化学研究、公共文化管理研究或者治理研究等领域的相关文章或者著作之中，代表学者有胡惠林、王前、李艳丰、廖胜华、金莉等人。总体来看，中国大陆学者对"文化治理性"更多集中在探讨文化的治理功用问题，认为"文化治理之所以成立而且必要，不是简单地在于文化具有调节社会运行的功能，而在于文化要素是一种社会资本，可以成为网络化治理的一个机制和要素构成"③。另外，中国大陆研究学者也尝试将文化的"治理性"与马克思主义文化研究、公共文化服务、国家文化政策设计以及图书馆、博物馆等审美文化实践等结合起来，在批判性的借鉴西方文化治理的理论与实践经验的基础上，创造性的阐释和重构了"文化治理性"内涵与外延。

综合来看，文化的"治理性"主要阐明了文化作为一种审美智性资

---

① ［英］托尼·本尼特.文化、治理与社会［M］.王杰，张东红，等译.上海：东方出版中心，2016：232.

② 王前.理解"文化治理"：理论渊源与概念流变［J］.云南行政学院学报，2015，17（06）：20-25.

③ 廖胜华.文化治理分析的政策视角［J］.学术研究，2015（05）：39-43.

源，是一种能够连接自我与他人、自我与组织、自我与世界的特殊作用装置。也即说，"文化治理性"的本质体现的是文化与不同的治理对象在相互作用的过程中，彰显和释放出来的独特的治理作用。

（二）文化治理理论形成了文化治理研究的两种范式

由于学科立场不同、研究的切入点不同、研究目标和方法的差异等造成了文化治理的理论内涵的纷繁多样。国内外学者对文化治理理论的解读按照一定的逻辑形成了两种理论范式，即对象论的文化治理研究范式和工具论的文化治理研究范式。如图 2-1 所示。

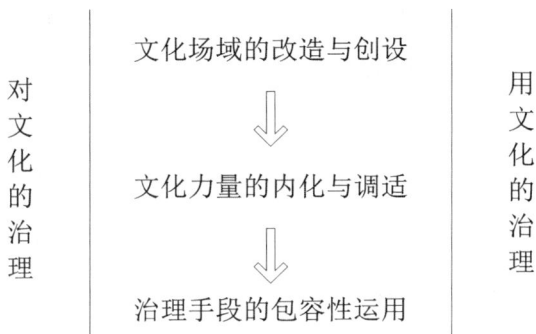

图 2-1　文化治理理论的两种研究范式

对象论的文化治理，即将文化看作治理的对象，也可以视为文化领域内的综合治理。"对象论"的文化治理就是将"治理"引入"文化研究"之中，面向的是治理体系中的文化衰落或文化式微趋向，主要着眼于净化组织文化环境、挽回文化发展中的价值缺失、消除价值隔阂、实现文化发展等目标，并力图通过文化资源的优化配置建构能够保障组织健康发展的文化运行方式。在对象论的文化治理视域中，文化先于治理而存在，并且持久对治理起某种程度的"限定作用"。文化治理首先需要适应或创建一种文化环境，并在尽可能优化的治理环境中开展行动。20 世纪末，联合国和欧盟提出的将政治领域的治理变革引入文化管理之中以及 2014 年中国文化部部长蔡武所说的要采取推进文化治理能力现代化，提升文化管理科学化水平等，指的都是对文化的治理，其目的都是意在通过良好文化场域的构建推进治理的有效实施。也就是说，对象论文化治理的根本意涵在于改造不良文化并创建新型文化场域。

工具论的文化治理，即将文化看作治理的工具，也可以视为用文化的治理。"工具论"的文化治理就是将"文化"嵌入"治理研究"领域，面向的是文化在治理中的积极功用问题，主要着眼于将文化要素视为一种治理资本，利用并发挥文化在社会网络化治理中的作用和价值，实现有效治理的目标。在这里，文化既不是治理的目标，也不是治理欲颠覆的对立面，而是一种特殊的审美智性活动对社会其他领域的治理产生积极作用。事实上，不管是"对文化的治理"，还是"以文化为工具的治理"，两种观点本身就是不可分割的。因为文化本身既是一个治理的领域，也具有治理的功能。文化治理理论强调"透过文化和以文化为场域达致某一特定时期的治理目标"[①]，体现了文化作为治理对象和治理工具的双重属性。在实践过程中，具体采信"对象论"的文化治理范式还是"工具论"的文化治理研究范式，事实上很难严格区分，要看其研究的切入点和落脚点在哪里，并与研究对象的特性和研究侧重点密切相关。

出于研究需要，本研究主要采信工具论的文化治理研究范式，认为文化能够作为治理的工具来看待，文化可以经过人为的选择、设计、塑造、影响、培育、强化或转变等过程，可以发挥出特殊的功能和作用，进而优化治理体系，提升治理能力，实现治理的总体目标。

（三）文化治理理论影射了文化作用于治理的两种机制

根据文化治理理论的相关研究成果来看，文化要发挥或释放出特定的治理功能，主要包含着两个内在作用机制，即文化的内化机制和文化

---

① 王前.理解"文化治理"：理论渊源与概念流变［J］.云南行政学院学报，2015，6：20-25.

的调适机制。

1. 内化机制

本尼特认为，文化治理之所以具有独特的治理机制和方案，是因为文化治理特别注重治理对象自身的能动性建构，因为文化治理的过程在于通过精细化的文化策略设计作用于治理主体，并通过主体的价值内化，以一种独特的方式（符号技术系统）对人们的社会交往起作用[①]。从本尼特等人关于文化治理的论述不难看出，文化之所以能够发挥出独特的治理效用，是因为文化总是历史性的生成并制度性的嵌入在特定治理关系中，它在人们的社会关系交往中创造了一个自我审视、自我反思和自我进化的行动空间，通过自我与自我的对话，引起人们对自我的检查、反思、调整和改进，促使行动主体能动地进行自我反思和建构，而这种自我反思和自我建构的过程就是某种文化价值观念内化于行动者之心、外化于行动者之行的过程。同时，文化治理理论还主张通过创造一种文化增生的范式实现文化的包容性发展[②]，文化力量增生的过程正是文化功能不断释放，并在文化内化的基础上实现"文化驱动治理"的过程。斯图塔特·霍尔从电视话语的视角来理解文化治理，并将其划分为"制码""成品"和"解码"的三个阶段。其中，"制码"阶段，即主体对文化原材料进行设计和加工，创造和生成治理话语的"意义和价值体系"的过程；"成品"阶段，即治理主体将"意义和价值体系"通过某种方式注入治理客体的过程；"解码"阶段，即客体对"意义"进行解读，并内化为自己的行动准则的过程。一般认为，文化的制码、成品与解码只是一种电视话语传播与转化的形象表达，它表示了治理主体通过

---

① ［英］托尼·本尼特. 文化与社会［M］. 王杰，等译. 桂林：广西师范大学出版社，2007：211.

② 胡惠林. 国家文化治理：发展文化产业的新维度［J］. 学术月刊，2012（5）：28-32.

意义生产将特定的价值传播给客体，并通过内化作用以对其行为产生源源不断的引导和规制力量的过程，这三个阶段实际上也十分形象地表明了文化作用于治理的基本过程。从这个意义上来说，文化内化就是文化作用于治理的一种内在机制，没有文化的内化就无法彰显出文化的"治理性"，文化内化是文化治理之所以存在以及可能的充要条件。

2. 调适机制

文化治理理论在某种程度扩展了对文化概念和属性的理解。文化治理理论中的"文化"是一个独特的概念，尽管人类社会学家已经对它进行漫长的探索，但文化的复杂性与争议性却从未停息过。文化治理理论实际上遵循的是一种文化功能主义的研究范式，注重研究的是文化的功能问题。相比于规则、行政权力、制度等硬性的规制性治理力量而言，文化的功能主要体现为一种软性的调适性力量，这也是文化持续有效释放其治理功能的必要保障。在文化治理的理论视域中，文化很难预设其本然特性，它是一个建构的过程，可以界定为"循着调节与争议场域的运作逻辑而被策略性的赋予'文化'之名的事物和观念"①。王志弘从文化与政治、经济的关系入手，明确指出文化治理就是将文化纳入政治经济场域，并使之在政治经济场域中发挥出调节争议之作用②。因此，可以认为，文化对于治理而言，本身就存在着特殊的调适作用。文化调适是治理主体"自我审视""自我塑造""自我改革"和"自我适应"的过程，文化调适的结果是形成一种新的治理秩序和治理状态。正如本尼特所言，某种特定的文化形式与主体的灵魂、思维方式、行为习惯等不断碰撞并进行自我调适，构成了一个无穷无尽的自我审视和自我改革的过程，改

① 王志弘. 文化治理是不是关键词［J］. 台湾社会研究，2011：8.
② 王志弘. 文化治理是不是关键词［J］. 台湾社会研究，2011：8.

革规划才能被转换成文化自我管理的技术①。总而言之，文化作用于治理的第二种内在机制就是一种"调适机制"，即通过价值观的塑造和引导让治理主体认识自我、发现自我，缓解冲突并采取增进文化认同，进而愿意在一致行动基础上达成治理目标的整体实现，优化治理效果。

三、社会学新制度主义理论

19 世纪与 20 世纪之交，制度研究曾出现过一个高潮。之后，由于行为主义与实证主义研究的兴起，使得制度研究逐渐黯淡下去。20 世纪 60 年代，当开放系统理论被引入组织研究之后，制度研究重新兴起，并演变为"新制度主义"。研究者认为，之所以称之为新制度主义，是因为"这种制度研究是在经历了行为主义洗礼之后重新崛起的，而不是简单地回归到以前的制度研究范式中"②。20 世纪 90 年代之后，制度再次成为社会科学关注的焦点问题，新制度主义研究遍及政治学、经济学乃至整个社会科学，它几乎成为影响整个社会科学共有概念和分析工具③。新制度主义理论产生以来，产生了三大理论流派，分别是理性选择制度主义、历史制度主义和社会学制度主义学派。三个学派都关注制度问题，"制度重要"的话题再次得到了有力论证，只不过其研究的侧重点有所不同。理性选择制度主义主要关注组织的正式制度与策略行为的均衡性，不太关注社会内部存在的权力不均衡或文化对制度形成和选择产生的影响问题，因此理性选择制度主义某种程度上也被称为是经济学的新制度主

① ［英］托尼·本尼特.文化、治理与社会［M］.王杰，张东红，等译.上海：东方出版中心，2016：232.

② 吴洪福.美国研究大学建构教学与科研关系的行动逻辑研究［M］.北京：科学出版社，2016：95.

③ ［美］海因兹-迪特·迈尔，［美］布莱恩·罗万，郑砚秋.教育中的新制度主义［J］.北京大学教育评论，2007（01）：15-24，188.

义。历史制度主义主要关注组织的正式制度和权力的不平衡问题，强调制度对行为者的偏好形成产生重大影响，但其对制度因素的过分强调很容易陷入"制度决定论"误区。社会学新制度主义理论主要立足于的社会学的研究基础，倾向于在更为广泛的"文化和人"意义上来界定制度，主要关注组织的非正式制度和文化认知层面的问题，打破了制度与文化之间的界限，对于分析现代社会组织提供了强有力的解释视角。具体来看，社会学新制度主义主要包括的理论观点以及对本研究的应用价值包括如下三点。

（一）社会学新制度主义强调从"文化—认知"的视角研究组织行动

强调从"文化—认知"层面研究制度和组织行为是社会学新制度主义理论的显著特征之一。在制度研究领域中，不同的理论学家先后把规制性、规范性和文化—认知性系统确定为制度研究的核心要素。其中，规制性要素和规范性要素是理性选择制度主义强调的重要概念，遵从马奇提出的"工具主义"逻辑，认为行动者的行动选择是依据一定的理性设计原则而设计的，即"行动者会尽最大努力来满足各种需要"。文化认知要素则是社会学新制度主义的重要概念，遵从马奇提出的"适当性"逻辑，认为行动者的行动根植于具体的社会情境之中，必须参照一定的文化认知框架，行动者的行动选择都是以社会建构的各种模式、假定等文化认知图式为基础的。也就是说，在社会学新制度主义理论看来，文化不仅是主观的信念，还是被行动者视为客观外在的意义和符号系统，即行动者对某种行动的"内在理解过程"是通过外在的文化—认知框架塑造的，认识和解释任何行动，不仅要考虑行动的客观环境和条件，更要考虑到行动者对行动的主观认识和理解。荷兰著名的心理学家、管理学家吉尔特·霍夫斯泰德（Geert Hofstede）则把文化比喻成一套个体的

"心理软件"和集体"心理编程"①，同样突出了"文化—认知"要素对个体和组织行为的重要作用。社会学新制度主义理论学者，像迈耶、罗恩、道格拉斯、迪马吉奥、鲍威尔、斯科特等人除了强调文化的作用，更加突出强调了"文化—认知"因素的建构性功能。他们认为，文化在最基本、最基础的层面对社会现实起着建构作用，界定着社会行动者和社会行动的性质和属性，不论个人还是组织，都在很大程度上需要接纳各种社会信仰、认知体系或文化框架，并受到这种社会信仰、认知体系和文化框架的影响和制约②。在大多数情况下，组织会遵守文化认知性因素而采取行动，因为遵守"惯例"意味着对正统性的保护，至少可以防范不必要的行动风险。总之，社会学新制度主义理论十分强调文化认知因素（共同理解的意义框架）对组织和行动者的建构作用，它有力地论证了"共同的理解、专业意识形态、认知框架，或者集体意义，与行动者对于外在形势和条件的理解和反映，具有明显的相关性"。

（二）社会学新制度主义从"文化"的视角明确了制度判别的标准

社会学新制度主义中的"制度"有两层概念，一种是正式制度，一种是非正式制度。传统的制度主义研究往往只关注制度的正式部分，而新制度主义研究更为关注的是制度的非正式部分。社会学新制度主义认为，只有被人的认知赋予了意义之后，制度才具备作为客观社会结构的威力。换句话说，社会学新制度主义更关注的是制度被建构的过程，即符号系统、认知规定、道德模板等非文化认知因素是如何影响制度建构的。通过这种理论阐释，社会学新制度主义将"组织"与"文化"之间

① ［荷］吉尔特·霍夫斯泰德，［荷］格特·扬·霍夫斯泰德.文化与组织：心理软件的力量（第二版）［M］.李原，孙健敏，等译.北京：中国人民大学出版社，2010：4.

② ［美］理查德·斯科特.制度与组织：思想观念、利益偏好与身份认同（第4版）［M］.姚伟，等译.北京：中国人民大学出版社，2020：70-72.

的分割融合起来，文化被理解为一种惯例、符号与认知的网络，为行动提供"心理模板"和"意义框架"。在解释制度变迁问题时，社会学新制度主义强调了行动的"适应性"逻辑而非"结果性"逻辑，关注的更多是规范、传统、习俗、象征体系、意义等非正式因素，强调的是组织或者个体行动是如何根据对情境的诠释而形成的，这对分析特定制度的形成、扩散和再生产过程以及制度的评判标准提供了有说服力的解释。在社会学新制度主义看来，合法性机制既提供了制度变迁的压力，也提供了制度变迁的动力。制度变迁的根源不是为了寻求效率，而是为了寻求共享的意义和理解。也就是说，制度不能建立在功利性或者实用性的标准之上，恰恰相反，制度必须建立在人们能够普遍接受的文化价值规范之上。因此，从规范性和规则性的标准来看，能够将合适的价值观（文化）灌输给成员，并能够有效引导和制约参与者行为的制度就是好制度。从这个意义上来说，社会学新制度主义为学者从"文化"的视角进行制度判别提供了标准。

（三）社会学新制度主义系统阐明了"组织—文化—制度—行动"之间的内在关系

社会学新制度主义引入了"文化—认知"因素的来分析人、制度和组织，为阐明"组织—文化—制度—行动"之间的内在关系提供了思考和借鉴。

首先，组织是一个典型的目标实现系统。组织是一群人为实现某种目标而结成的团体，组织目标是组织活动的起点和依据，它提供了衡量组织活动成功的标准和组织活动的动力。从这个意义上来说，组织是一个典型的目标实现系统，没有目标的群体很难称得上是组织化的。同时，组织以特定的方式感受来自社会、文化、法律和政治期望的压力，进而对组织行为产生作用，影响着组织目标实现的过程和程度。

其次，人的互动交往影响组织文化的生成与传递。组织是由人组织的，但组织中的人不同于独立的个体，在某种程度上，组织中的人是"组织化的"，并通过分工与合作两种作用实现组织目标。一方面，组织通过角色赋予给予人行动标准（任务）。"一旦进入某一角色，他便有义务去履行相应角色所包含的一整套行为……正是通过各种角色，社会中的各种任务得到了配置，执行这些任务的表演得以安排。"[1] 另一方面，组织中的人通过互动作用完成组织任务，实现组织目标。组织中的人在完成任务的过程中通过互动交往而凝结或沉淀为组织共享的价值体系，即组织文化，它间接影响着组织的制度设计与行动标准。

再次，组织文化影响组织制度的设计与实施。组织是一个由正式制度和非正式制度构成的目标实现系统，其中正式制度主要是组织运行的行为规则体系，通过直接作用来影响个人或者组织的集体行动。非正式制度是组织运行的价值和象征体系，主要通过意义解释与传递等间接作用来影响个人的偏好以及组织的集体行动。组织的非正式制度主要是组织文化，它是组织正式制度的设计与实施的内在价值标准和隐形秩序，并且组织文化一旦形成并实现制度化，它就理所当然地对个体行为产生影响。

最后，组织文化通过间接作用影响组织与个人的行为选择。与理性选择制度主义将个体行为视为工具的、策略算计的产物的观点不同，社会学制度主义将人的行为视为一种文化逻辑的"惯行"，强调个体行为（组织和个人）是根据对具体制度环境（社会文化价值标准）的适应而形成的，即个体的偏好不是既定的，其行动受到组织所处的制度环境的影响和制约，不完全是理性选择的结果。组织的制度坏境主要是一种文化认知因素，包括组织所处的区域环境和组织内部的文化氛围。具体的组织或者个人行动总是受到文化认知因素的间接影响。因此，要想使组

---

[1]　Erving Goffman.Where the Action Is[M].London：Allen Lane，1969：41.

织行动具有可行性，个体之间的价值和意义体系应得到共享和确立。

总体来看，社会学新制度主义更关注制度生成的文化价值要素及其作用，系统阐明了"组织—文化—制度—行为"之间的相互作用关系，如图2-2所示。

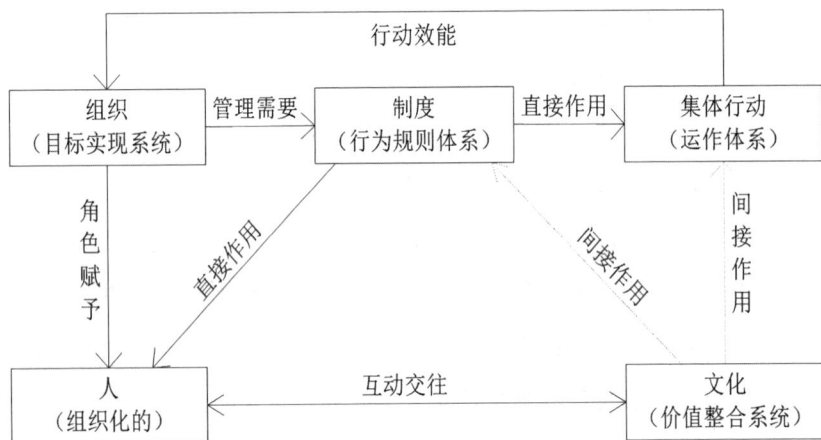

图2-2　社会学新制度主义视角下组织、文化、制度与行动的作用关系

四、理论适切性及其整合性分析框架

文化治理理论、嵌入理论和社会学新制度主义理论等三个理论实质上是从不同的层面回答了大学文化治理的内在可能性、基本目标、基本过程等问题。

（一）嵌入性理论对大学文化治理的适切性分析

嵌入性理论说明了任何个人或者组织的行动都嵌入着社会关系因素，而具体的行动必须放在具体的社会网络关系中才能被认知和把握。换句话说，认识人或者组织的行动必须放在一定的社会关系网络中，而改变人或组织的行动也必须通过一种关系的思维才能解决。从这个角度来思考，如果将大学治理视为一种有目标的行动体系，那么分析大学治理就不能不将其放置在网络化的社会关系中进行审视。也就是说，分析大学治理的过程不是孤立的，提升大学治理的效能也不是只有一种途径，各种理性的目标假设、激励措施、绩效评估方式等尽管都提供了提升大学治理效能的认知方式，但他们都不能有效解释和定义大学治理的具体行动路线，而有效的大学治理必须嵌入在网络化的治理关系之中。其中，大学文化就是影响大学治理的一个重要因素，因为大学文化中蕴含的理念、态度、价值、信仰等无时无刻不在影响着大学治理实践，而如何运用和释放大学文化的治理功能正是大学文化治理的重要关切。也就是说，大学治理应当而且必须被理解为嵌入进了一个松散耦合、高度差异和复杂的组织文化环境之中①，大学文化治理的本质就是通过大学文化的有效嵌入提升大学治理的效能。因此，嵌入性理论既能为本研究提供适切的解释视角，也能为有效释放大学文化的治理功能提供现实的路径。

（二）文化治理理论对大学文化治理的适切性分析

文化治理理论认为，文化治理是一种特殊的审美智性活动，文化治理的过程就是通过对各种类型文化资源的组织、整合和转化，以生成不同的可操作的治理程序和手段，近而发挥特定的治理效用。结合大学的组织属性来看，文化治理理论用来分析大学治理之所以适切，主要原因有三点。其一，作为审美智性活动的文化治理与大学知识型组织的内在特性是一致的。由于大学人基本都以脑力劳动为主，受教育程度较高，拥有的知识结构和成长轨迹差异明显，有较强的自我意识，在行动之前能够进行独立的价值判断，这些特性决定了大学组织相对于其他社会组织而言更易开展文化治理实践活动。其二，文化治理理论追求价值理性，这与大学文化治理的内在要求是一致的。作为学术组织，大学治理过程

---

① Ian Austin，Glen A.Jones. Governance of Higher Education：Global Perspectives，Theories，and Practices[M].New York，Routledge，2016：52-53.

更加凸显价值理性，更加注重人性化管理，更加关注人的主体地位的实现，这是大学治理区别于商业组织治理和行政组织治理的重要特征。其三，文化治理理论解释和阐明了文化治理性的内涵以及文化作用于治理的两种内在机制，即文化是通过内化与调适两种作用机制发挥治理功能的，这为大学文化治理过程中更好地释放大学文化的治理功能提供了有益的借鉴。总之，文化治理理论所强调的诸多理念与手段均切合了现行大学治理研究中最普遍、最广泛的呼声，不管是从大学治理的内在逻辑来推演，还是从大学治理现代化的时代背景来考察，将文化治理理论应用于大学文化治理研究是适切的，也是必要的，其目的是为了最大限度地彰显大学文化的治理功用，最大可能的健全大学治理体系，最大成效的推进大学治理的现代化进程。

（三）社会学新制度主义理论对大学文化治理的适切性分析

社会学新制度主义理论阐明了组织、人、文化、制度与行动之间的复杂关系，为大学文化功能的转化与落地提供了有说服力的解释路径。如果将大学治理视为一种有组织的集体行动，那么大学人就是大学治理的主体，大学组织就是大学治理平台，大学制度就是大学治理的抓手，大学文化就是大学治理的根基，而如何通过大学人、制度和组织的力量，实现从大学文化到大学治理行为实践的转化就是大学文化治理的目标和过程所在。立足于社会学新制度主义理论来看，实现大学文化到大学行动的功能转化，这涉及三组基本逻辑进路，即"大学文化—大学组织—治理行动"的逻辑进路、"大学文化—大学制度—治理行动"的逻辑进路和"大学文化—大学人—治理行动"的逻辑进路。其中，"大学文化—大学组织—治理行动"的逻辑进路说明，大学内外部组织是大学文化的生成空间，也是大学文化实现其功能转化的现实载体，大学文化在组织层面的功能转化主要是通过关涉大学治理内外部组织的相关作用（如组织机构的设置与引导、组织环境的优化与完善等）等实现的；"大学文化—大学制度—治理行动"的逻辑进路说明，大学文化通过影响大学的制度设计，进而规约大学治理的行为实践，即大学文化要释放其治理功能，离不开大学制度这一关键性的载体，大学制度通过引导、分配、激励、惩戒等作用强化大学文化治理功能的实现；"大学文化—大学人—治理行动"的逻辑进路说明，大学人既是大学文化的设计者，也是共享者，还是大学治理的行动者，从大学文化到大学治理行动的转化离开不大学人的互动与实践，关涉大学文化功能转化的大学人（文化嵌入主体）主要有关键个体（大学校长或个别的学术权威等）和同质群体（文化特质邻近的群体或个人等）两种，并通过关键个人的模范示范和同质群体互动传递作用实现大学文化到大学治理行动的功能转化。三条逻辑进路及其关系如下图 2-3 所示。

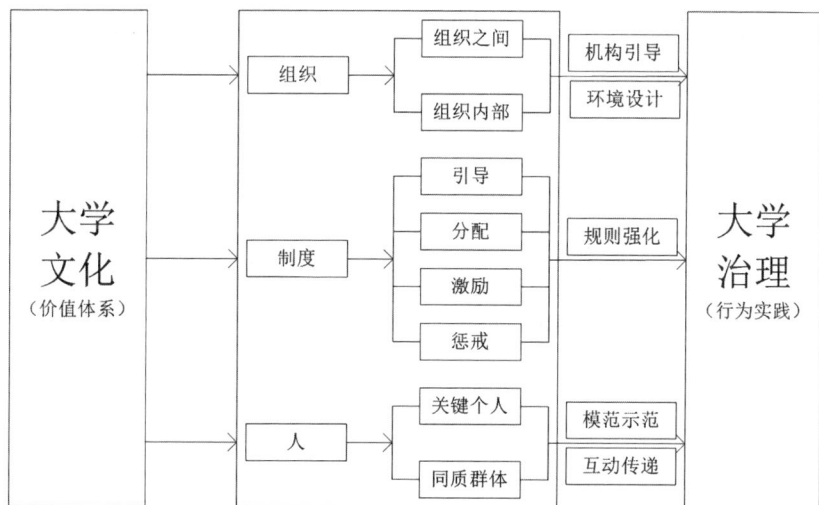

图 2-3　大学文化治理的逻辑进路

　　综合以上理论分析，结合大学文化与大学治理的内在逻辑关系，认识和分析大学文化治理主要包括三个层面的内涵。其一，文化治理理论阐明了文化治理性的内涵和文化作为一种治理手段和治理工具的双重特征，作为一种治理工具的文化主要通过内化和调适作用对治理发挥作用的，这也是大学文化发挥治理功能两个的基本程序。其二，嵌入性理论阐明了任何行为都不是孤立的，而是镶嵌在网络的社会关系之中，大学文化对大学治理的影响是无时不在、无处不有的，即大学文化与大学治理之间呈现出一种明显的双向嵌入关系。同时，文化嵌入性的相关研究也说明了大学文化嵌入的程度和强弱影响着大学治理的绩效。其三，社会学新制度主义理论阐明了，大学文化治理功能的释放与转化与大学人、大学制度与大学组织建设密不可分，要实现大学文化治理，需要从大学人、大学制度与行动的内在契合与转化中寻找突破口。为此，本研究主要从"组织—制度—人"等三个分析维度，并立足于大学文化功能释放的一般过程，建构了一个分析大学文化治理的整合性分析框架，如下图2-4所示。

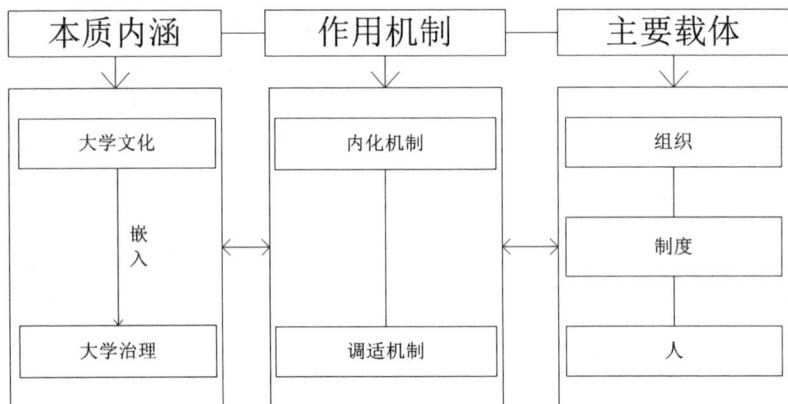

图 2-4 大学文化治理的理论整合性分析框架

第二节 核心概念

任何理论研究都是以概念为基础的，大学文化治理研究同样涉及众多的概念。概念既是思维活动的结果，也是思维活动的开端，它提供了一种观察视角，是同行进行交流和研究的基础，因此明确概念对整个理论体系的分析和建构至关重要。为此，研究首先需要从明确概念开始。本研究主要涉及四个基本概念，分别是大学文化、大学治理、文化嵌入与大学文化治理。

一、大学文化

关于大学研究的相关概念中，鲜有像"大学文化"这个概念一样，具有如此复杂的内涵和外延，具有如此众多的理解和界定方式。同时，大学文化也是一个处在不断扩张、不断演变、不断延伸中的概念。在西方，关于大学文化的正式研究起源于20世纪60年代，并于20世纪70年代之后逐渐形成了研究热潮。在我国，大学文化研究主要成形于20世纪80年代中后期之后，在借鉴西方组织文化研究成果的基础上，我国的大学文化研究逐渐规范化、系统化、多样化。通过梳理学者关于大学文化的内涵阐释，学者关于大学文化的概念界定大致形成了以下几种视角。

（一）遗传环境的视角

这一视角认为，任何类型的大学都是遗传和环境的产物，大学文化总是不自觉地受到历史和社会环境的影响和制约。格尔茨认为，文化的概念是"从历史留下来的存在于符号中的意义模式，是以符号形式表达的前后相袭的概念系统"[①]。大学文化同样如此，它首先是一个历史的范畴，有自己的遗传基因，其特质凝聚在大学的深厚的办学传统之中。同时，大学文化也是社会文化的亚文化的一种，它与大学外部环境密不可分，特殊的政治、经济和社会环境是"大学的土壤、空气、水和阳光"[②]。

---

① ［美］克利福德·格尔茨.文化的解释［M］.韩莉，译.南京：译林出版社，1999：109.

② 王志强.大学文化建设与育人的深思考［J］.中国高等教育：行思探理，2012（9）：14.

因此，遗传环境视角是理解和定义大学文化的一个重要视角。总的来看，学者从遗传环境的视角来定义大学文化，主要包括两层内涵：其一，大学文化是历史遗传的结果，如国内学者赵存生（2002），刘建平（2003），严峰（2005），王少安（2008），胡弼成（2008），王宇明（2010）等很多学者都认为，大学文化是大学在长期的办学过程中，以师生为主体，由教育者和被教育者以校园为空间背景，经过理解、判断、甄选、践行等而逐渐形成的集思想、理念、制度、风格、道德、作风、风貌等为一体的整合系统。其二，大学文化是社会文化的一种亚文化，大学文化是在大学与环境的不断交互实践中而生成、存在、演变和发展的，没有一定的历史和环境就不可能产生大学这一功能独特的社会文化组织，而大学文化正是由特定的历史和区域环境所孕育的"最美丽的花朵"。

（二）组织特性的视角

这一视角认为，大学文化是一种特殊的组织文化，大学文化的概念总体上是由大学的组织身份、个性等所决定和定义的。大学的组织特性决定着大学是一种功能独特的社会组织，具有自身特殊的内在规定性，其文化也是一种特殊的组织文化。持这一观点的学者多是从组织的视角来研究和解读大学文化的内涵，认为大学文化不仅是大学组织区别于其他社会组织的标签，也是一所大学区别于另一所大学的内在规定性。譬如，许士荣（2001）认为，大学文化是大学自身所固有的，它是反映大学自身特性的内在规定性[1]。大学的内在规定性是什么？说白了就是大学自身的组织特性。也即说，大学文化是大学组织身份的表征，是大学作为一种组织类型区别于其他任何社会组织的标志，包括大学独特的人才培养、科学研究、社会服务和文化传承职能的呈现。总之，从大学组织特性来看，大学文化是反射和映照一所大学的性格、氛围以及组织成员

---

[1]　许士荣.大学文化：追求、冲突与引领［J］.中国高教研究，2001（9）：91.

群体生活方式的有效视角。

（三）知识演化的视角

这一视角认为，大学是以知识的保存、发现、传递、理解和运用为基本特征的学术组织，而高深知识是理解高等教育的一把钥匙[1]。大学文化不是神创的，而是随着知识的积淀而不断生成和演化而来的一幅学校文化地图，即大学文化是大学知识演化的客观结果。高深知识是大学文化生成的基本要素，高深知识的特性决定大学文化的独特性，大学的人才培养、科学研究、社会服务等几大职能均是大学在对高深知识储存、加工、理解、传播、应用、创造等的基本过程中而逐渐产生的。基于此，也就形成了一种"知识演化"的大学文化观，即认为大学文化与知识密不可分，大学文化就是大学人对知识进行保存传承、整理加工、交流应用与理解创新的过程中，逐渐形成的一种与其他组织的文化既相联系、又相区别的特殊的文化系统[2]。如谢和平（2004）、顾明远先生（2010）、张楚廷（2018）等很多学者都认为，大学文化是大学人在对知识进行整理、传承、探索、创新的过程中，形成的一种特殊的组织文化形式，包括价值观念、价值理念、价值信仰、行为方式、知识符号、语言表征等的文化体系。同时，大学文化的这一特征决定了大学文化的内在价值追求就是研究学术、追求真理、繁荣知识。

（四）管理绩效的视角

20世纪70年代之后，西方高等教育发展速度逐渐变慢，社会问责之声此起彼伏。与此同时，管理学研究领域掀起了组织文化研究的热潮，人们发现成功的组织人都有强有力的文化，有明确的组织哲学，有共同

---

[1] 张德祥.高深知识是理解高等教育的一把钥匙［J］.高等教育研究，2015，36（12）：22-23.

[2] 谢和平.大学文化、大学精神与川大精神［A］.先进文化中的大学文化——第一次大学文化研究与发展高层论坛论文集［C］.清华大学，2003.

的价值观念，有约定俗成的行为规范以及宣传强化这些观念的意识和风俗。组织文化是组织绩效管理的必要条件，并且文化的强度越高，组织的绩效经常越好，管理组织最有效的方式就是通过文化的象征和暗示作用，用价值观引导人的行为朝着有利于组织目标实现的方向发展。20世纪90年代中期之后，在社会转型和文化变迁的整体背景下，我国诸多高校也开始大力提倡大学文化建设。许多学者认识到大学是一个目标模糊、技术复杂、人员流动性较大、学术成果具有精神性、工作领域具有内隐性与不可测量性等组织特征，开始从大学文化的视角研究大学文化与大学管理绩效之间的关系。如施斌（2007）、黄宁、钟凯雄（2010）等很多学者从文化管理与科学管理、制度管理等区别的视角来看待大学文化，认为大学文化代表着大学管理的竞争优势，通过系统化的文化选择、文化培植和变革，能够塑造大学共享的价值观，提升大学适应力和竞争力[①]。戴玉纯（2007）等学者认为，大学传统的管理手段带来了"大学人"群体主体性缺失和大学精神弱化等弊端，大学管理模式的转型动向应积极构建以现代大学理念、精神、形象和心理契约等为核心体系绩效文化，以实现和谐的绩效管理[②]。总之，大学文化建设作为高校提升管理绩效的重要领域，日益受到关注和研究，进一步促进了大学文化研究的繁荣和兴盛。

（五）价值（精神）辐射的视角

这一视角是站在分类学基础上，对大学文化进行结构划分和动态分析的结果。目前，国内多数学者认为，大学文化是分层分类的，它可以两分（内与外、显性与隐性、一般与特殊、整体与局部等）、三分（物质、制度、精神）、四分（物质、制度、行为、精神）和多分。其中，

---

① 钟凯雄，刘奕涛.大学文化管理：三螺旋动力系统分析［J］.现代大学教育，2010（05）：39-42.

② 戴玉纯.现代大学管理绩效文化的构建［J］.安徽工业大学学报（社会科学版），2007（04）：107-109.

四分法最为常见，即将大学文化划分为核心价值层（大学理念、精神、信念、假设等，集中表征为价值观）、制度文化层（以大学章程为核心的制度体系与机构）、行为文化层（大学的各种仪式和活动，如文化艺术节、毕业庆典、学位授予等）和器物文化层（大学的各种可观可感物态型符号，如雕塑、建筑、仪表、服饰）。大学文化有不同的层次，那么最核心的层次是什么呢？大学文化最核心的表征是大学价值和信仰体系，这已为诸多研究者所认同。譬如，玛斯兰德（Masland，1985）、库与维特（Kuh&Whitt，1988）、马克·汉森（MarkHanson，1996）等很多国外学者都认为，大学文化是高等教育组织中指导个人及团体行为的规范、价值、信念及假设的结构，此结构由成员集体界定，能为成员理解和开展大学实践提供解释框架，构成了全体成员共享的信念、期望、价值和行为准则等。国内学者王长乐（2003）、王冀生（2005）、覃川（2017）等学者也认为，大学文化是一所学校在长期发展历程中积淀凝练而成的共同价值观念和精神追求，精神文化是大学文化的核心，它代表着大学追求真知和真理、理想和高尚、文明和进步以及社会责任的意识和精神。因此，国内外学者大都认为，大学文化是结构性存在的，其核心是价值观，外围则表现为行为、制度与物理环境等，这已成为一种基本的共识。但是，对大学文化的类型学划分大多将大学文化看成了一个"同心圆"结构，尽管明确了大学文化的层次结构，但却是一种静态的研究视角，对于分析大学文化的内在生成机理和动态演化特征则明显认识不够。为此，部分学者提出了大学文化的"星云说""魔方说""雷达模型说"等等，认为大学文化是大学人所共享，并在长期的办学、治学或为学过程中逐渐生成、建构、选择、传递的一种深入人心的集体精神，而大学文化的形成是大学价值观所蕴藏的精神力量不断释放的结果。譬如，眭依凡教授（2002）认为，大学精神文化是大学文化的核心和动力，制度文化和环境文化是在精神文化的驱动下，围绕精神文化的主轴旋转而形成的[1]；蓝劲松和高顺（2003）认为，大学办学的具体目标、办学任务、体制机制乃至校训校歌、校旗校徽、建筑布局等都是大学内在价值理念的延伸，或受大学内在价值理念的无形制约[2]；韩延明（2009）也指出，大学文化是大学人本质力量的外化与对象化的创造结晶[3]。这些研究都从动态的层面说明了大学文化的层次结构及各层次之间相互作用关系。一句话，大学文化的核心是大学人共有的价值观，而价值观延伸、辐射、传递和外化就形成了大学文化的整体。

通过以上分析不难看出，大学文化是一个十分复杂的概念。从不同的视角理解大学文化，往往就有不同的认识剖面。学者可以立足于某一个视角定义大学文化，也可以立足于某几个视角来定义大学文化。大学文化的多维认知图景展现了大学文化的历史属性、组织属性、知识属性、管理属性和价值属性等不同的层面。总体来看，大学文化有广义和狭义之分：狭义来看，大学文化主要是指大学在长期办学过程中积累和沉淀的一种大学的核心价值观；广义来看，大学文化是一个结构复杂的价值整合体系，包含核心价值层、制度文化层、行为文化层和器物文化层等多个层次。更进一步说，大学文化是以大学共享的价值观为核心，通过价值观的辐射与沉淀而逐步形成的集大学规章制度、行为仪式和器物环境等为一体的价值整合系统。这一定义至少包含三个层面的内涵。其一，大学文化可以见诸于大学人的行为、大学的制度和大学的校园环境，但是大学文化最核心的特质就是大学组织共享的价值观，包括大学组织成员共享的精神、理念、信念、深层假设等。依此来看，大学文化

[1] 眭依凡.关于大学文化建设的理性思考[J].清华大学教育研究，2004（01）：11-17.

[2] 蓝劲松，高顺.论研究型大学的办学理念及其操作[J].清华大学教育研究，2003（05）：81-87.

[3] 韩延明.强化大学文化育人功能[J].教育研究，2009，30（04）：89-93.

研究的根本就是关于大学价值观的研究，大学文化治理的根本是基于大学价值观的治理。其二，大学核心价值层与大学其他文化层次（如大学器物文化层、制度文化层、行为文化层）主要体现为辐射扩散和沉淀凝聚两种关系：辐射扩散关系主要体现为大学核心价值观深刻影响着大学组织的制度设计、校园风貌和组织成员的行为方式，大学文化整体上是大学核心价值观不断向外辐射的结果；沉淀凝聚关系体现为大学的其他文化层次也能对大学的核心价值观产生影响，大学核心价值观是大学与环境在长期的相互作用的过程中，通过制度文化、行为文化和器物文化的沉淀而不断凝聚而成的。其三，大学文化不是一成不变的，而是处在不断地发展、延续和流动变化之中，大学文化变革的本质是核心价值观的变革，在大学文化的变革速度上，核心价值层最为稳定，流变速度最慢，制度层、行为层和器物层的流变速度则相对较快。大学文化的基本结构以及不同结构层次之间的关系如下图 2-5 所示。

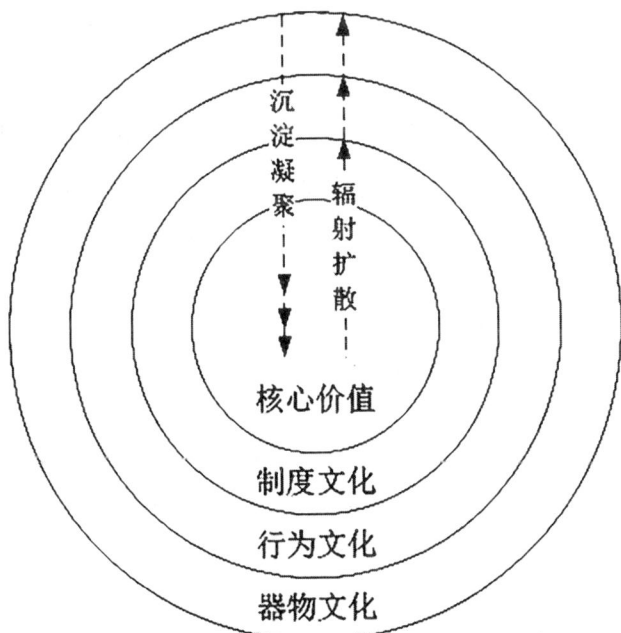

图 2-5　大学文化的层次及其作用关系

出于研究需要，本研究主要站在价值辐射的视角，从狭义视角上理解和定义大学文化，认为大学文化的本质是大学在长期的办学过程中由大学人所共建、共享的价值整合系统，它影响着大学人的价值取向与行动选择等。

二、大学治理

大学治理的提法是一个"学术舶来品"，是学者从治理层面对大学问题展开讨论和研究的一个衍生品。在关于大学治理的相关研究中，"治理是一个实践早于概念的现象"①，即大学治理在实践中早已存在，但在概念研究上则起源于 20 世纪末期。西方学术界认为，大学治理一词来自美国，第一本研究大学治理的专著通常被认为是美国学者科尔森（Colson）1960 年出版的《大学与学院的治理：结构和过程的现代化》。科尔森在该书中首次提出了学院和大学治理的话题，并认为一般意义上的"管理"对于工商企业、政府机构和军事组织的分析运作更加适切，而"治理"更为契合专门对于高等学校的思考②。1966 年，马克·比奇（Mark B.Beach）从教授、校长、董事会的角度对美国大学治理进行了研究③。1976 年，詹姆斯·马奇与约翰·奥尔森合著的《组织中的二重性与选择》一书首次用到了"大学治理"这个词。④20 世纪 90 年代之后，

---

① 胡建华，王建华，陈何芳，等.大学内部治理论［M］.南京：南京师范大学出版社，2019：106.

② John J.Corson.Governance of colleges and Universities：Modernizing Structure and Processes［M］.New York：McGraw-Hill Book Company，1996：20.

③ 欧阳光华.董事、校长与教授：美国大学治理结构研究［M］.北京：高等教育出版社，2011：6.

④ ［法］让-皮埃尔·戈丹.何谓治理［M］.钟震宇，译.北京：社会科学文献出版社，2010：15.

全球治理委员会在《我们的全球伙伴关系》中提出了"治理"的权威界定，这使得治理一词作为一种新的话语实践渗透到政治、经济与社会的各个领域。随后，治理理论兴起对大学治理产生了重要影响，我国学者也开始广泛关注大学治理的相关问题。

我国学者对大学治理的研究源于 20 世纪末期，现已成为高等教育研究领域的热点词汇，并形成了丰富的研究结论。我们可以从大学治理的研究层次、内涵和目标等几个层面来阐述。首先，从层次上来说，关于大学治理的层次，目前主要有两层次说和三层次说。两层次说认为，大学治理主要包括大学外部治理和内部治理两个方面，其中外部治理主要涉及大学的外部利益相关者，包括大学、政府、市场等主体以及它们之间的相互关系等，内部治理主要涉及大学内部的利益相关者，包括大学的校长、管理者、教师、学生等主体以及它们之间的相互关系。三层次说认为，大学治理主要分为全球层面的大学治理、国家层面的大学治理和学校层面的大学治理，其中全球层面的大学治理主要从不同的理论视角（新制度主义理论、组织理论、利益相关者理论等等）探究现代大学发展面临的一些共同问题；国家层面的大学治理主要研究政府、市场与学术权威之间的相互作用关系，如伯顿·克拉克的权力三角协调模型；学校层面的大学治理主要探讨大学的内部治理，并分析了大学内部治理的诸多模式，如官僚模式、同僚模式、政治模式、专业模式、法人模式、企业模式等等。其次，从内涵上来说，关于大学治理的内涵十分丰富，相继形成了"制度安排说""决策过程说""治理结构说"和"理想目标说"等不同的说法，譬如，李福华（2008）将大学治理视为提高大学办学效益的一系列制度安排[①]；王洪才教授（2015）将大学治理视为

---

① 李福华.大学治理的理论基础与组织架构［M］.北京：教育科学出版社，2008：17.

大学内部比较和谐的治理状态、整治大学发展种种乱象的一种手段、共同治理的结构、追求共同理想的目标等[①]；张德祥教授（2019）将大学治理视为"各利益相关者参与大学重大事务的决策机制和过程"[②]。最后，从目标上来说，大学治理是一个多目标治理体系，包括完善大学治理结构、提升大学治理治理能力、增加大学治理的透明度、提升大学人才培养、科学研究和社会服务的质量、优化利益相关者参与大学治理多元格局、实现大学善治等，不一而足。

总的来看，目前我国学者关于大学治理的研究主要集中在三个层次：一是关于大学治理结构的研究，主要探讨大学治理治理的权力结构、价值结构、主体结构等方面；二是关于影响大学治理内在要素的研究，主要集中于章程、理念、文化、制度、公平、质量保障、社会资本、信息化技术、治理效率等几个层面；三是大学治理的国际比较研究，侧重于探讨中外大学治理的内外部特征、中外大学校长的角色、中外大学治理的制度与规制体系的比较等几个层面。这三个层面基本概括了国内学者对大学治理的"研究域"，有力推动了我国大学治理研究的深入推进。可以说，从不同的视角审视大学治理就会出现不同的界定方式，本研究主要从行动的视角来定义大学治理，认为大学治理就是大学内外部利益相关者通过有组织的行动提升大学办学效益的集体活动。

三、文化嵌入

文化嵌入是随着嵌入性理论的发展而逐渐发展起来的一个概念。从相关研究文献来看，嵌入性理论研究的奠基者和集大成者格兰诺维特

---

① 王洪才.大学治理的四种内涵[J].苏州大学学报（教育科学版），2015，3（04）：17-19，22.

② 张德祥.大学治理的分析框架论纲[J].中国高等教育评论，2019，11（01）：49-63.

（Granovetter）虽然较早意识到了"文化嵌入"的问题，但最先明确提出"文化嵌入"这一概念的学者是祖金（Zukins）和迪马乔（Dimaggio）等人。他们从新经济社会学的视角出发，认为社会的经济活动和经济行为主体不仅受社会理性规则因素的影响和制约，也受到社会文化因素（区域文化传统、民族文化心理、社会意识形态、民族信仰、宗教等）的影响和制约。因此，他们划分了嵌入的四种类型，即结构嵌入、认知嵌入、政治嵌入与文化嵌入，这开创了"文化嵌入"研究的先河。学界关于"文化嵌入"的最初界定主要限定在经济学领域，指的是"共同的价值观对经济战略和目标的影响"[①]。随着研究的深入，关于文化嵌入的研究不仅仅停留在研究文化嵌入与经济活动（或经济活动主体）之间的关系，还拓展到文化嵌入与国家发展、区域经济、产业集群、组织战略与创新、组织治理与绩效等多个方面。综合来看，文化嵌入不仅仅是文化与嵌入两个概念的叠加，其背后涉及一系列复杂的理论与现实议题。文化嵌入探讨的是主体与文化之间的关系问题，它既反映了主体受文化影响的客观性，也反映了主体受文化因素影响的差异性，这一概念主要包括两层内涵：第一，文化嵌入是客观的、普遍的，文化无处不在，任何活动或者活动主体（个人或者组织）都要受到一定的社会文化背景的影响，只不过影响的程度不同；第二，文化嵌入也是能动的、可选择的，嵌入本身就具有"植入""渗入"和"镶入"之意，不同文化嵌入具有不同的嵌入效果，文化嵌入的特质差异（如个体主义文化倾向与集体主义文化倾向、男性主义文化倾向与女性主义文化倾向、保守性文化倾向与开放性文化倾向等）将会对活动或者活动主体（价值观念、行动方式、组织创新性、组织绩效等）产生不同的影响。从这个意义上来说，文化嵌入

---

① 龚艳萍，梁俊.上市公司基本组织特征与创新类别的实证研究［J］.预测，2004，23（6）：46-49.

兼具客观存在与能动选择的双重属性。对于任何组织而言，适宜的、优良的文化嵌入是组织战略发展或有效治理必然要考量的基本问题之一。因此，本研究所指的"文化嵌入"，指的是活动或者活动主体通过有意识、有目的的文化植入对自身的价值观念、行动方式、组织创新性、组织绩效等产生影响的过程，如活动或者活动主体对文化的选择、培育、融入、适应、改造、摒弃、巩固、强化等，都可以理解为文化嵌入的形式。

四、大学文化治理

大学文化治理是近些年出现的一个概念，是随着大学文化治校功能不断挖掘，以及大学治理现代化等提法不断涌现而逐渐出现的一个概念。目前，学界尚无明确和统一的定义来界定大学文化治理。大抵是因为，大学文化和大学治理都是一个如同"模糊数学"或者"模糊逻辑"一样的概念，两者的内涵和外延都很难确定，因此定义大学文化治理本身就是一个较为困难的学术工程，它涉及的研究领域、知识结构、理论派系复杂，研究层次丰富，并且伪似概念颇多，也很难用实证的方法去测量。尽管每个人都可以从某一个方面去描绘它、刻画它、解释它，但很难有人能用一种放之四海而皆准的概念去敲定它。尽管"学术研究不必陷入某个概念的原始考证或执着于某种定论，但我们有必要就一些基本概念达成最低限度的共识"①。因此，明确大学文化治理的概念，展出关于大学文化治理的某些概念共识，是研究大学文化治理的基础性工作。为了厘清大学文化治理的基本概念，本研究选取一些比较相近，并容易混淆的概念加以辨析。

---

① 颜昌武.行政国家：一个基本概念的生成及其蕴涵［J］.公共行政评论，2018，11（03）：120-136，212.

（一）对象论与工具论

目前，学者关于大学文化治理的概念界定主要存在两种争议，即"对象论"的大学文化治理与"工具论"的大学文化治理。"对象论"的界定方式坚持认为，大学文化治理就是对大学文化的治理，大学文化治理的过程就是通过对大学内部不良文化的控制、引导等形成良好的大学治理文化。譬如，赖明谷与柳和生（2005）、商筱辉（2013年）、吴立保（2019）等人的研究都认为大学文化治理的行动取向在于重塑大学文化，推进大学内部治理能力现代化建设。"工具论"的大学文化治理界定方式主要强调大学文化是大学治理的一种治理资源或者治理工具，大学文化治理的过程就是通过将大学文化嵌入在大学治理的结构和过程之中，通过释放大学文化的治理功能，最大限度地提升大学治理成效，提升大学治理能力。譬如，吴俊清等（2012）、于媚（2015）、李娜等（2017）学者认为，大学文化治理的行动取向就是将文化要素融入大学各项决策当中，从治理的高度做出的对大学所作出的制度安排及其规范等。两种界定方式暗合了文化治理的理论争议，从某种意义上都有其存在的合理性。

（二）大学文化治理与大学文化建设

大学文化治理与大学文化建设是密不可分的关系，但大学文化建设不能等同于大学文化治理。首先，从发展阶段来说，大学文化建设是一个老生常谈的问题，大学文化治理则是一个比较新颖的研究话题。大学文化建设的提法比较早，从最早的《大学之理念》《大学的使命》《什么是大学》等经典论著中都能看到大学义化建设的影子。20世纪60年代之后，西方的人本主义管理理念和学生运动的兴起，使得大学文化建设逐渐成为一个比较重要的研究话题。大学文化治理起源于大学文化管理理论、文化治理理论、治理理论和中国大学文化治理实践功能的不断挖掘，但国外学者真正关于大学文化治理的研究是2000年之后的事情，中国学者对大学文化治理的研究则是 2013 年之后才逐渐兴起的。因此，从发展阶段上来说，大学文化治理研究要晚于大学文化建设这一话题。其次，从关注焦点来说，大学文化建设关注的焦点是文化，大学文化治理关注的焦点仍是治理问题。大学组织文化建设的基本理论命题是"组织文化重要"，大学文化治理的一个基本假设是"大学文化能够提升大学治理有效性"。因此，大学组织文化建设关注的焦点主要是文化问题，大学文化治理关注的焦点主要是治理问题。最后，从研究层次来说，大学文化建设关注的一般是文化的表层建设问题，更注重的是大学文化传统的延续、组织形象的识别和文化体系的完善等问题，涉及文化传统、文化提炼、文化口号、文化发展纲要、文化传播等等，稍深一点的文化建设还涉及文化入脑入心、文化认知与文化认同等层面，很少涉及文化与治理的结合问题。大学文化治理有着自己的运作思路，他比文化建设的研究层次更深。一方面，大学文化治理关注的就是文化与治理的结合问题，而文化与治理的结合都需要深究文化与治理的本质与内涵，关注"大学文化为何能够作用于治理"以及"大学文化以怎样的方式作用于治理"等基本理论问题。另一方面，大学文化治理不仅强调"文化入脑"，更强调"文化践行"，强调的是如何通过发挥和释放大学文化发挥治理作用以提升大学人的价值认同和行动自觉，进而提升大学治理的效能等行动转化问题。

（三）大学文化治理与大学文化管理

从大学文化治理的概念比较上来说，明确大学文化治理的概念界定有必要从大学文化治理与大学文化管理的概念比较中予以辨明。大学文化治理与大学文化管理仅有一"字"之差，存在着明显的包容和交集关系：一方面，大学文化管理是大学文化治理的思想基础，在很多时候大学文化治理基本可以等同于大学文化管理，甚至很多学者在论述大学文化治理和文化管理的过程中常常混用；另一方面，大学文化治理与大学文管理具有许多相似之处，如都强调以文化为基础，都强调人的主体性作用，都强调理解与沟通等等。仔细区分的话，大学文化治理与大学文化管理主要存在着两点差异。

1. 两者的概念范畴和目标取向不同

大学文化治理与大学文化管理都强调以文化为基础，都强调文化的作用，尽管两者的最终目的都是为了实现组织的良好运作与绩效的提升，但两者却属于不同的概念范畴，具有不同的目标取向性。丁笑梅认为，治理的任务就好比为列车铺设轨道，管理的任务则是让列车快速推进到达目的地。从这个方面来说，大学文化管理属于组织目标管理的范畴，强调的是任务取向，主要属于大学管理（领导、控制、组织、协调等）的领域，其目标可以在一定程度上量化，主要是依靠行政或者学术权威等来实现，基本路径是大学管理部门通过建构或者营造一种良好的文化秩序以规范大学人的组织行为，确保大学科学研究、人才培养和社会服务等各项既定组织管理目标的实现。大学文化治理则属于组织战略规划和设计的范畴，是以大学组织战略为取向的，属于大学治理（多中心性、互动性、非线性性）的领域，涉及大学的结构优化、环境设计、制度实施与行为实践等多个领域，基本路径是大学各利益相关者通过张扬和释放大学文化的治理功能实现价值认同，并在协同合作的基础上激发内生动力，自觉转化为治理行动，优化治理成效。换句话说，大学文化治理与大学文化管理具有不同的目标取向，大学文化治理的战略取向比较凸显，大学文化管理的任务取向则比较突出，大学文化管理更像是大学文化治理的一种手段，而大学文化治理则如同大学义化管理的一种目的。

2. 两者的作用主体和中心不同

大学文化管理仍然属于管理的范畴，主张通过建立自上而下的价值规范系统以防止越轨行为的出现，它的行动主体是大学组织的相应管理机构，是大学为优化内部管理秩序和提升自己的内部管理效率而采取的种种计划、组织、控制、激励等管理手段和举措，不涉及政府、企业、社团等外部主体。因此，大学文化管理的主体主要是管理者与被管理者，作用中心主要在大学内部。大学文化治理属于治理的范畴，主张利用和借助大学文化的作用以使多元的治理主体都参与进来，形成上下互动的价值互动与整合体系，目的是塑造大学治理的内生性动力，并具有很强的弹性和自主性。因此，大学文化治理的行动主体既包括外部利益相关者，也包含内部利益相关者，如政府、企业、社团、家长、教师、学生、管理人员等各种机构和人员。换言之，大学文化治理的作用主体是广泛的，作用的中心既在大学内部，也在大学外部。

总之，大学文化治理是对大学文化管理的创新和超越，与大学文化管理任务性取向不同，大学文化治理十分强调治理过程的战略性，突出了治理主体的多元性和治理过程的交互性，也凸显了管理手段的弹性。从大学文化管理到大学文化治理，体现了一种思维模式的转换，即人人都是治理的对象，也都是治理的主体，目的是形成是一种"人人为我、我为人人"的多元互动性治理格局。但是，需要指出的是，在大学改革和发展的过程中，大学文化治理与大学文化管理不是一种替代否定的关系，而是一种补充增益的关系。大学文化治理规定着大学的文化管理方向和模式，大学文化管理则是大学具体文化建设必不可少的基本环节，科学的大学文化管理是有效实现大学文化治理的前提，两者不可偏废，也不可用一种模式去否定另一种模式。

综上，大学文化治理并非一个不言自明的概念，立足于不同的视角来看待大学文化治理就会有不同的理解。本研究采信"工具论"的文化治理研究范式，认为文化是治理的杠杆，文化的动力性质决定了文化是"一个在满足人的要求中，为应付该环境中面临的具体、特殊的课题，而把自己置于一个更好的位置上的工具性装置"[①]。基于此，本研究认为，大学文化与大学治理是密不可分的关系，大学文化治理的过程就是以大学文化为基础来绘制大学治理的意义，促使个体形成共同的角色认知、文化期望和理想信念等，进而形成大学治理的集体行动。简言之，大学文化治理就是以大学文化为治理工具，将大学文化有效嵌入在大学治理的结构和过程之中，发展共同治理价值和集体意识，进而优化大学治理效能的一种治理类型。

---

① 庄锡昌，等.多维视野中的文化理论［M］.杭州：浙江人民出版社，1987：371.

第三章 大学文化治理的文化嵌入机理

　　大学文化治理的本质是通过大学文化嵌入以释放大学文化的治理功能，进而提升大学治理成效，因此如何通过文化嵌入以释放大学文化的治理功能是本研究的核心意旨所在。也就是说，在大学文化与大学治理相互作用的过程中，大学文化通过怎样的机制，借助怎样的载体，发挥怎样的作用，这都是分析大学文化治理"何以可能"以及"是什么"的重要参考维度。为此，本章结合前文的理论分析成果，立足于文化嵌入的视角，探讨了大学文化治理的本质、机制、载体和功能等，明确了大学文化治理的基本内涵与行动机理。首先，本章立足于文化治理理论的相关研究成果，指出了"文化治理性"是大学文化治理的逻辑前提，大学文化治理之所以可能首先就在于大学文化本身就具有治理性。其次，本章立足于嵌入性的研究视角，明确了大学文化治理的本质是大学文化嵌入，大学文化的治理性正是大学文化在嵌入大学治理的过程中彰显出来的独特治理功能。再次，本章认为在大学文化嵌入的过程，大学文化通过"认同—内化"与"冲突—调试"两种作用机制来实现大学文化治理功能的释放（这也是文化治理理论的研究成果），形成了大学文化对大学治理的制约作用或者促进作用。最后，本章在嵌入性理论和社会学新制度主义理论研究成果的基础上指出，大学文化嵌入的目的是为了释放大学文化的治理功能，但大学文化治理功能释放不是凭空的，必须借助于一定的载体和平台，即组织、制度和人，且三者在整体上构成了大学文化嵌入并发挥制约与促进功能的作用载体和空间。大学文化的治理性体现了一种独特的大学文化治理功能，这种治理功能是在大学文化嵌入大学治理的过程中产生的。

第一节　文化治理性与大学文化嵌入

大学文化治理之所以可能，根本原因在于文化本身具有"治理性"。从这个意义上来说，不阐明文化的"治理性"，就很难说明文化治理是什么，也难以说明文化为何能够作用于治理。我们认为，文化的"治理性"就是文化与治理（包括治理主体和对象）在相互作用的过程中彰显出来的一种特殊的"治理属性"，这种独特的"治理属性"为文化本身所固有，并在文化与不同治理对象相互作用的实践关系中彰显出不同的"治理功能"。大学文化也具有治理性，大学文化的治理性是大学文化在嵌入大学治理的过程中彰显出来的特殊治理功能。从这个意义上来说，文化治理性是大学文化治理的前提，文化嵌入则是大学文化治理的本质。

一、文化治理性

如何理解文化的"治理性"是有效理解文化治理的前提。正是因为文化"治理性"的存在，文化治理才得以存在和可能。理解文化的"治理性"可以有不同的角度和方式，将文化之"治理性"放在不同的学科中去审视，就会有不同的理解。从"治理性"的学科属性来看，"治理性"的概念起源于福柯开创的生命政治学研究领域，而后逐渐扩展到文化学、组织行为学、管理学等不同的学科。为此，我们从文化学、组织行为学、管理学等多个不同的学科视角来进行阐释和理解文化的"治理性"。

（一）文化学：文化能够促进人的自我反思与建构

文化是一系列知识、观念、信仰、意识的价值整合体系，文化"促进受众进行自我监督与管理"的功能体现了文化作用于现代社会统治的特殊"属性和功能"，彰显出文化的"治理性"。从"治理性"的概念起源上来讲，"治理性"的概念是由法国社会学家米歇尔·福柯（Michel Foucault）于 1970 年代末期在法兰西学院演讲期间正式提出。"治理性"，也叫治理术，是福柯对宏观政治领域中治理问题长期思考的结果。"治理性"概念提出之后，经过福柯的多次补充、修正和完善，成为凝结福柯一生学术思想的精髓。福柯认为，心灵是接收外在讯息的源头，现代社会的统治技术是以统治心灵的途径进行运作。因此，现代社会的统治方式与葛兰西等人强调的"统治""控制""暴力"等大为不同，现代社会统治方式的主要形态是"治理性"。在福柯那里，"治理性"表征的是一种新的统治技术，这种统治技术不依赖于司法制度的强制性，而是来源于社会成员自我意识的觉醒，统治的窍门在于建构社会成员的主体性，是社会成员产生自我约束。英国著名文化学家托尼·本尼特（Tony Bennett）站在福柯生命政治哲学的立场上，同时结合泰勒、威廉斯和福柯等人的研究成果，从文化学的视角明确提出和重新阐释了文化"治理性"的相关内涵。本尼特主要借助博物馆空间治理的隐喻，来说明文化"治理性"的内涵。本尼特认为，博物馆空间通过收藏和展览，以及空间设计和一系列技术装置，为大众提供接近文化艺术的机会和体验，并借此对大众言行进行"监督"和"规训"，让受众对自身的行为方式进行自我监督、自我治理，以促进其文化知识素养，养成良好行为习惯，达到治理的效果。不难看出，本尼特之所以提出文化的"治理性"的问题，根本原因在于他看到了文化独特的作用机制，即文化"治理性"彰显的正是文化能够促进人进行自我反思和建构的独特的治理功能。

（二）组织行为学：文化是组织成员共享的心理程序

从组织行为学的视角来看，文化是一种浸淫于组织成员内心的共享性心理图式，文化作为组织治理的"隐性秩序"的特性体现了文化作用于组织成员心智和行为的特殊"属性和功能"，折射出文化的"治理性"。霍夫斯泰德在《文化与组织：心理软件的力量》一书中以计算机编程的方法为类比，将文化看成一种"心理软件"和"心理程序"[①]。从这个意义上来说，任何组织都具有某种特殊的文化认知图式，这种特殊的文化认知图式使组织成员形成了具有某些共享特征的"心理程序"，它是直接作用于组织成员之内心的，并潜移默化地发挥作用。这种"心理程序"在很大程度上影响着组织成员在行为之前总是要做出"为何要做""为何要这样做""什么可以做""什么不能做"等价值判断，保证组织成员行为是在符合文化要求的前提下开展的高度自觉性的活动。或者说，组织文化是组织信念、意识形态、语言、仪式和神话的集合体，常常以"习焉不察"的形式而存在，组织中人总是不自觉的按照一定的文化模式而行动，其行动的范围总是限制于文化认为合适且可接受的变动范围之中。因此，作为一种无时不在、无处不有的"心理程序"，文化是潜藏在组织治理的结构和过程之中的一种"隐性秩序"，决定着组织成员的行为选择，彰显出文化独特的内在作用机制。

（三）管理学：文化具有特殊的管理功能

从管理学的视角来看，文化是管理的基本手段和工具，文化的引导、激励与控制等管理功能体现了文化作用于管理的特殊"属性和功能"，显示出文化的"治理性"。霍夫施泰德认为，管理不是处理具体的

---

① ［荷］吉尔特·霍夫斯泰德，［荷］格特·扬·霍夫斯泰德. 文化与组织：心理软件的力量［M］. 李原，孙健敏，译. 北京：中国人民大学出版社，2010：3.

东西，而是处理对人有意义的"信号"，这个信号实质上就是文化。任何管理行为，本质上都是一种文化的行为，因为"管理是文化的产物，也是文化的过程"①。在文化与管理结合的过程中，文化的"管理性"逐渐被挖掘出来。20世纪80年代以来，管理学家在研究管理绩效与组织成功的核心竞争力时，逐渐达成共识，即"强烈的文化是组织取得成功的新的'老法则'"②。为此，学者们逐渐将目光从经验管理、科学管理的窠臼中解脱出来，开始需求"第三种管理维度"，那就是文化，组织文化管理研究逐渐兴起。人们逐渐意识到，管理"并不是依靠某种单一的竞争力，而是寻求发挥企业总和的整体化的持久的核心竞争优势，即建立一种组织优势—文化优势"③。文化独特的管理功能主要体现为在内在激励、战略引导和非正式控制等三个方面。

1. 文化具有内在激励的管理功能

"激励"是管理学研究的一个核心概念，关于激励的手段主要有外在激励和内在激励两种。外在激励是一种有形的激励，如薪资待遇、职位晋升、荣誉称号等等，而内在激励是一种无形的激励，如兴趣、理想、愿景、信仰、道德、使命等等。文化（精神、价值和意义等）的激励作用主要是一种内在激励，而"内在激励符合以人为中心、价值观管理、文化竞争这三项文化管理原则"④。文化的激励作用体现在组织绩效

---

① 吴福平.文化全面质量管理：从机械人到生态和谐人［M］.北京：中国社会科学出版社，2006：2.
② ［美］阿伦·肯尼迪，［美］特伦斯·迪尔.公司文化［M］.印国有，葛鹏，译.北京：生活·读书·新知三联书店，1989：21.
③ 张德.文化管理：对科学管理的超越［M］.北京：清华大学出版社，2008：140.
④ 张德.文化管理：对科学管理的超越［M］.北京：清华大学出版社，2008：156.

管理的相关研究中，管理文化的差异以及对这种差异的运用直接影响着组织管理效率和竞争优势。这个结论已经被诸多研究所证实。譬如，加利福尼亚大学的威廉·大内教授（William Ouchi）在考察了日美两国企业文化的基础之上提出了 Z 型组织文化理论证明了文化对企业（组织）绩效的关联[①]；迈克尔·波特（Michael Porter）的竞争战略理论论证了组织文化可以强有力地提升组织的竞争优势[②]；美国学者罗伯特·E·奎因 (Robert·E·Quinn) 和金·S·卡迈隆 (Kim S. Cameron) 等通过大量的文献回顾和实证研究发现，组织中的主导文化对组织的绩效表现产生显著影响[③]；罗伯特·欧文斯的研究指出，组织文化是区别高效组织与低效组织的重要标准，"改进组织表现的关键因素是改变其文化"[④]。总之，已有研究表明，组织文化是组织绩效管理的必要条件，并且文化的强度越高，组织的绩效一般也越好。正是由于组织文化对组织管理绩效的密切关系，内在决定着组织对文化的重视程度，也凸显了文化的独特的"治理性"。

2. 文化具有战略引导的管理功能

战略管理学研究认为，战略管理是一种系统管理活动，既离不开数学工具或者数学模型等理性的管理手段，也要强调发挥人的观念、心理、情感等非理性因素的作用。文化是管理者在自身存在的内外部环境

---

① ［美］阿伦·肯尼迪，［美］特伦斯·迪尔.公司文化［M］.印国有，葛鹏，译.北京：生活·读书·新知三联书店，1989：21.

② ［美］迈克尔·波特.竞争优势［M］.陈小悦，译.北京：华夏出版社，1997：25.

③ Kim S. Cameron，Robert E. Quinn. Diagnosing and Changing Organizational Culture：Based on the Competing Values Framwork[M]. Englewood ：Prentice Hall，1999:42-46.

④ ［美］罗伯特.G.欧文斯.教育组织行为学［M］.窦卫霖，等译.上海：华东师范大学出版社，2001：202.

中逐步形成的以价值观为核心的思维方式、行为规范和外部形象的总和，是一套行为、价值信念的模式[1]，是构成组织持久竞争优势的来源。也就是说，在管理的过程中，文化是一种无形的、软约束的、相对稳定且连续的意识形态，引导着组织成员应该做什么，不应该做什么，人们的行动就是某种价值规范导引下的行为选择[2]。文化的这种特殊作用使得文化为组织的战略管理提供了一般性意义的价值指引，并以价值观群化的方式使之成为组织成员共同遵守的精神和信仰的统一体。事实证明，成功的组织大都有强有力的文化，有明确的组织哲学，有共同的价值观念，有约定俗成的行为规范以及宣传强化这些观念的意识和风俗，管理组织最有效的方式就是通过文化的象征和暗示作用，用价值观引导人的行为朝着有利于组织目标实现的方向发展。文化的战略引导功能在某种程度上提升着管理的效能，体现着文化的"治理性"。

3. 文化具有非正式控制的管理功能

控制是管理的基本职能之一。在管理活动中，对组织或人的控制主要有两种方式：一种是正式控制；另一种是非正式控制。正式控制主要是一种直接控制或硬性控制，体现为制度、规范、章程等的控制作用，非正式控制主要是一种间接控制或软性控制，体现为价值观、习俗、惯例等的控制作用。文化的非正式控制性是建立在人对自己内在认同的基础上，强调把人作为有意识、有思想、有情感的观念人、主体人和能动人来看待。文化的非正式控制功能表明，文化作用于管理的方式是由内而外的，其管理重点不是人的外在行为，而是个人内在丰富的精神世界。也就是说，基于文化的非正式控制有利于强化认同，减少冲突，

① Denison D,Spreitzer G M. Organizational culture and organizational development:A competing values approach[J]. London:JAI Press，1991(5):1−21.

② 魏海涛. 集体行动的形成：一个文化视角的理论模型［J］. 社会学评论，2019，7（04）：75−87.

并能及时的发现和纠正偏差，这体现了文化对于管理而言的独特"治理性"。

总之，从管理学的视角来看，文化本身就具有特殊的"管理功能"，这种特殊的"管理功能"体现的正是文化特殊的"治理性"，而这种"治理性"也是文化与管理在相互作用过程中而不断彰显和释放的。

二、大学文化嵌入

大学文化治理的根由在于文化本身具有治理性，正是因为"文化治理性"的存在，大学文化治理才能成为一种可实践的治理模式。同时，大学文化的这种"治理性"也是在大学文化嵌入大学治理过程中彰显和释放出来的。也就是说，没有文化的"治理性"，大学文化治理就不可能存在，而没有"文化嵌入"，也就谈不上大学文化的"治理性"，也就无所谓释放大学文化的治理功能。因此，文化"治理性"是大学文化治理的前提，而"文化嵌入"则是大学文化治理的本质，大学文化治理要关注和解决的关键问题是大学文化如何有效嵌入的问题。

（一）大学文化与大学治理是典型的嵌入关系

大学文化与大学治理是一种天然的嵌入关系，不可能存在脱离特定文化背景的大学治理。嵌入原是经济学中的概念，最早由匈牙利裔英国经济史学家卡尔·波兰尼（Karl Polanyi）在《大转型》（*The Great Transformation：The Political and Economic Origins of Our Time*）一书中提出，并着重探讨经济动机与社会的嵌入关系。随后，很多学者都对嵌入的问题进行了研究，嵌入的概念在经济学、社会学、管理学和心理学等多个研究领域得到了广泛研究和应用。嵌入代表了某种关系的轮廓，大学文化与大学治理的嵌入关系主要回答的是"大学文化"（主体）以"怎样的方式"（how）镶嵌在"大学治理"（客体）之中的。事实上，文化嵌入的思想最早可以追溯到埃德加·沙因（Edgar H.Schen），早在

1985 年，沙因就使用"嵌入"一词来描述和分析企业员工受组织文化影响的社会化过程。文化嵌入的正式提法来源于祖金（Zukins）和迪马乔（Dimaggio）的相关研究，凸显的是个体（个人或企业）嵌入于广泛文化背景中的内容和程度等，关注的是共有信念和价值观对行为的影响。在大学治理过程中，大学文化是一个"无缝之网"（a seamless web）[1]，渗透在任何大学治理的整体结构和过程之中，好比是大学生存发展的"组织氛围"或者"组织空气"，它虽然隐而不见，但却无时不有、无处不在。换句话说，大学文化就是引导和塑造大学人组织行为的一套心理程序，它沉淀着一所大学的精神内核和治理传统，凝聚着大学办学理念和办学追求，反映着师生对大学本身的总体认知和理想信念，渗透在每个大学人的精神与血脉之中，嵌入在大学治理的方方面面，渗透在大学治理的整个过程之中，发挥着潜移默化的治理作用。正是这种无处不在、无时不有的意义昭示，使得每一个大学人身上都不自觉地带着某种文化标签。清华人的科学理性精神和北大人的自由浪漫气质，都会在举手投足间不经意流露出来，我们无须论证，也不需辩驳。可以说，大学文化是大学治理的无形环境，虽然如空气一样看不见摸不着，但却无时无刻不在发生治理作用，缺少了大学文化的大学治理，不仅不可能，也不存在。当然，大学文化也受大学治理实践的影响，因为大学文化的本质就是大学人实践活动的结果。从这个意义上来说，大学文化与大学治理体现出一种天然嵌入关系。

需要指出的是，大学文化嵌入大学治理既不是"全嵌的"，也不是"脱嵌的"，而是有限嵌入的。也就是说，大学治理既不是完全由大学文化影响和支配的，也不是完全与大学文化脱节的。原因在于：一方面，由于政治、经济和人性的因素的客观存在，完全受文化价值因素支配的大学治理不仅是机械的，而且也是不存在的；另一方面，由于大学治理总是镶嵌在某种特定的大学文化环境之中，国家的文化、社会的文化、高等教育体系的文化与大学内部某些特殊的文化形态等总会对大学治理产生影响，因此完全脱离大学文化的大学治理则是孤立的，也是不存在的。实质上，不管是"全嵌"还是"脱嵌"，两者都是一种片面的、孤立的视角来看待大学文化与大学治理关系。这是因为，真实的大学治理是鲜活的、动态的、灵变的，它既在大学文化之中，受大学文化的引导和制约，也在大学文化之外，受变化的环境因素以及治理主体个人因素的影响。也即说，大学文化与大学治理的关系是一种有限嵌入的关系。

从大学文化嵌入的内容上来说，基于不同国家、社会、区域和行业高等教育文化背景的不同，再加上不同的大学领导者独特的个人经历、认知水平、领导能力和思维方式，使得不同的大学形成了不同的历史传统、价值理念、管理习俗等，不同的大学在进行治理的过程中嵌入的文化内容必然是不同的。从大学文化嵌入的程度来看，大学文化嵌入的强弱（广度和深度）等往往会形成不同的知识流动效应，造成关系强度和学习行为的不同，进而对大学治理行为往往会形成不同的效应。文化嵌入越强，越利于隐性知识的传递和流动，相应的也越容易形成组织联系的紧密性和一致性，大学治理采取一致行动的可能性就越大，但也容易造成大学的习惯性防卫，减少对异质文化因素的探索，影响大学创新的效率；文化嵌入越弱，有利于成员获得异质、新奇的信息，但不利于大学的内部连接和一致性行动。

总之，大学文化治理体现了大学文化与大学治理之间典型的文化嵌入关系，不同文化的嵌入将产生不同的治理效果。理想的大学文化嵌入应当是合理的和适当的，体现出嵌入的适切性与灵活性，并以提升大学治理的整体效能为目标。

（二）大学文化嵌入与大学文化选择密不可分

大学文化嵌入大学治理结构和过程之前，总是需要做出"是"还是"应当"，"是如此"还是"应如此"，"是其所是"还是"是其当是"的价值判断，这种是非好坏的价值判断就是大学进行文化选择的过程。也就是说，文化选择是大学文化嵌入的第一步，因为大学总是要面对各种各样的价值形态，只有经过理性选择的文化形态才能被引进和嵌入在大学治理的结构和过程之中，故而大学有效的文化嵌入是通过文化选择的方式呈现的：它要么提倡某种文化、要么坚守某种文化、要么反对某种文化、要么培育某种文化，这种提倡、坚守、反对或者培养的过程其实质就是大学进行文化选择的过程。何为大学文化选择？简言之，大学文化选择就是对大学文化的价值判断，其实质就是指作为治理主体的大学师生，根据大学的组织目标与使命，在多元文化的矛盾、冲突和相互作用关系中择美择优择善，并且赋予其个性化含义的过程[1]。反言之，没有文化选择，大学文化的嵌入就是盲目甚至是无效的，没有健康向上的文化理念和价值追求，大学就无法平衡工具理性与价值理性的矛盾，更无法塑造科学的文化内涵，形成先进的文化发展方式[2]。总之，在大学治理的过程中，大学文化嵌入与大学文化选择是紧密联系、不可分割的，文化嵌入的过程也同时是文化选择的过程，大学文化选择就是大学对某种治理价值能否"达到目的"或"满足需求"而做出的审视、判断、取舍、整合与创新，它无时无刻不在大学治理进程中发挥着重要的作用。

纵观世界高等教育的发展图景，不同的大学治理模式之所以千差万别，莫不是文化选择不同的造成的。历史上，美国、英国与欧洲大陆的大学治理模式向来被认为是世界大学治理的三大主导模式。但事实上，

---

① 王新华，刘永志. 大学的文化选择［J］. 教育理论与实践，2014，34（09）：3-5.

② 杨胜才. 论大学的气节［J］. 高等教育研究，2016，37（11）：22-27.

三种大学治理模式本质上是同源的，皆可以在欧洲中世纪大学的"行会治理模式"中寻觅起源。随着历史的变迁、环境的变化、大学规模的扩张与各项事务复杂性的加剧，英、法、美等传统的高等教育强国逐渐形成了不同的大学治理模式。譬如，英国大学治理模式受牛津、剑桥等传统名校的影响，向来崇尚自由主义教育理念，大学在选择自身的治理模式是更为尊重学者权力，推崇教授治校，因此英国大学治理主要是一种学术力量主导的大学治理模式；法国大学属于欧洲大陆大学治理模式的典型代表，其大学治理模式的典型特征是"政府具有直接参与和控制大学的历史，政府与学术界有直接的关系，以及以学科为基础的决策方式"[1]，大学被视为是"国家直接权力经纪人的学者聚集的地点"[2]，大学在选择治理模式时受国家行政权力的影响较大，因此法国大学治理主要是一种行政权力主导的大学治理模式；美国是一个典型的"以反国家主义、个人主义、民粹主义和平等主义为特征的国家"[3]，美国大学在选择治理模式时遵循的主要是实用主义办学理念，州政府为了激励大学的效能，主要以松散管制、权力下放和决策权下放的方式来治理大学，这就给了大学很大的自治权，因此美国大学主要是一种学术与行政两权分开但又相互关联的大学治理模式。总之，世界大学治理模式的多元化特征正是不同的大学基于自身独特的区域环境和办学使命而进行文化选择的结果。

---

① Catherine Paradeise.Christine Musselin.University Governance: Western European Comparative Perspectives[J].Springer,2009:21-49.

② ［加］伊安·奥斯丁，格伦·琼斯.高等教育治理：全球视野、理论与实践［M］.孟彦，刘益东，译.北京：学苑出版社，2020：125.

③ Skolnik，M.Jonrs,G.A.A comparative analysis of arrangements for state coordination of higher education in Canada and the United States[J].Journal of Higher education，1992(2):121-142.

第二节　大学文化嵌入的两种机制

文化治理理论认为，文化作用于治理的过程是通过内化与调适两种机制发挥作用的。同时，结合大学文化的本质来看，某种大学文化在嵌入大学治理的过程中，面临着"接纳"或者"抵制"两种状况，这就构成了大学文化嵌入并发挥治理功能的两种作用机制，即"认同—内化机制"和"冲突—调适机制"，如图 3-1 所示。

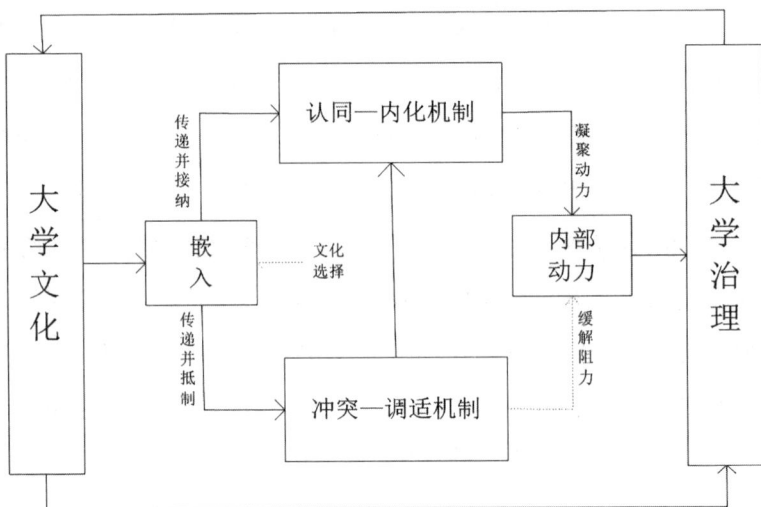

图 3-1　大学文化嵌入的两种机制

一、"认同—内化"式的文化嵌入机制

大学文化是一个纷繁复杂的价值整合体系，大学所宣扬和嵌入的各种价值诉求如果不是根基于大学治理主体的内在文化认同，那么这种价值只能成为大学治理主体的一种"文化口号"。只有当行为主体对组织

文化达到一种内在的文化认同，并产生行为自觉时，大学治理主客体所宣扬的各种价值诉求与文化治理的实践活动才不会成为"两张皮"，大学行动主体对外部规则的遵从才不会表现出一种被动的"不得不为"，而成为他们自身的一种存在方式，体现为一种"愿为善为"。大学文化治理强调通过释放文化的力量引导人为组织和社会的发展而努力①，这种力量一定是文化内化后的自觉性力量。进言之，大学文化治理功能释放和实现的过程就是一个将某种经过选择的外在价值规范通过一定的手段过渡和转化为大学治理主体的内在价值自觉，进而影响大学治理主体行为的治理过程。因此，大学文化的内化是大学文化治理的客观条件，因为没有被行动主体接受和内化的文化形态无法发挥出应有的治理功能，而推动、促进和实现大学文化的内化是大学文化释放其治理功能的必然路径。

内化就其字面意思来看，表示的是一个由外而内的过程。内化在中西方语境中都是一个古已有之的概念。在中国，内化是儒家文化中"外礼内省"式的道德教化模式的一个重要途径。譬如，先秦时期的孟子曾在讨论人性问题、伦理德性等问题时就提出过"内求说"，认为"君子所性，仁、义、礼、智根于心"，即人的道德、知识、智慧生来就存在于人的内心之中，只不过需要借助外部的力量进行发掘和扩展。明代思想家王阳明在《训蒙大意示教刘波颂等》一文中系统提出了道德内化的四个步骤，一是"开启知觉"（即提高认知），二是"条理其性情"（即发展情感），三是"发其意志"（即锻炼意志），四是"导其习礼"（即训练行为）。在西方，内化是社会学、心理学、文化人类学等诸多学科研究中的一个重要学术名词。西方学者最早提出"内化"概念的是法国社

---

① 魏文斌.第三种管理维度：组织文化管理通论［M］.长春：吉林人民出版社，
2006：8.

会学家迪尔凯姆，他在《道德教育》一书中指出，社会意识超越个体意识而存在，社会意识通过内化作用转化为个人意识，而个体良心只不过是这些机体命令内化的结果，这个内化的过程也就是今天我们讲的社会化。西方也有很多学者（如皮亚杰、列昂节夫、布卢姆、维果茨基等人）是从心理学的视角解释"内化"的，认为"内化"是能动主体在与客观世界的相互作用过程中，经过"同化"和"顺应"机制而形成相对稳定的认知结构的过程。不难看出，尽管中西方学者关于内化概念的观测点和解释方式不同，但都有一个共同的侧重点，那就是"内化"暗示是一个主体通过理解、学习和实践活动，将外部的知识、思想、价值规范等转化为自己内在知识和价值观念的过程，这是内化的本质特征所在。

文化内化的前提是文化认同，没有文化认同就无法实现文化内化。认同的建立意味着一种契约精神的成立，这种契约精神意味着组织个体能够觉察自己的组织身份，并愿意以"部分权力让渡"的方式共同建构的一种尊重规则的意识，显现于对秩序的维护、利益的制衡以及道德自律等方面。社会学相关研究认为，身份认同是"行动者获取意义的源泉，行动者在某个社会结构下采取的行动，往往不是对该结构的直接反应，而是经历了认同的中介作用"[①]。如果将大学文化治理作为一种有组织的集体行动来看待，大学个体对组织、对群体的认同感越强，大学治理作为一种集体行动的效能就越高。从其生发条件来看，这也意味着在某种程度上大学人需要以一种"权利让渡"的形式保障大学组织利益的实现，即个体愿意放弃自身的某种文化私权而愿意为了某种目标致力于文化公权力的实现。反过来说，认同也意味着当治理的参与者无法在内心达到某种形式的价值认同时，文化治理就难以获得自身发挥作用的心理基

---

① 卢晖临，潘毅. 当代中国第二代农民工的身份认同、情感与集体行动［J］. 社会，2014（4）：1-24.

础，文化治理的合法性就会受到质疑，文化治理的功能也难以生发。也就是说，大学文化治理不是一种强硬的管制性治理，它的作用机制是由内而外的，这意味着大学文化治理的功能生发不是随意的，必须达到一定的作用条件，这个条件就是认同。总之，认同意味着对共同意志的遵守与维护，更意味着个体愿意以权利转移和让渡的方式保障是大学治理的内在秩序，这是大学治理的合法性基础，也是大学文化嵌入大学治理并释放其治理功能的必要前提。

文化内化的结果不仅是形成治理主体的"内在精神结构"，更是形成治理主体的行为自觉。大学文化内化于人的过程，实际上大学文化展现其治理力量的过程，这个过程是在大学治理主体在互动交往的过程中，通过自我心理运动对大学嵌入的某种道德观念、行为规范、模式等进行认知、理解、接纳并最终实现价值认同和行为转变的过程。也就是说，文化内化是大学治理主体从隐性的文化感知过渡到显性的自觉行为的桥梁。首先，大学治理行动主体正是通过交往互动而进入一定的文化背景，同时交往互动又把一定的价值因素传递给各个行动者，从而形成了行动者与文化之间的交互作用，促进了文化的传播、濡化和群化。也就是说，文化是群体在交往互动的过程中逐渐形成的具有共享特征的价值整合体系。其次，大学治理主体在自我与他人的文化比较中重新进行自我认知、自我理解的心理运动，并在此基础上走向更高层次的心理认同（认同不等于内化，但是内化却是一种更高层次的认同）。最后，在文化认同的基础上，主体乐意接收某种文化理念并将其内化为自身的"行动标准"，并产生大学治理的行动自觉，进而作用于大学治理实践。也即说，大学文化内化的实现程度或成功与否，关键是看大学治理的行动主体在治理实践中表现出怎样的行为实践。因此，衡量大学人或者组织有没有达到一种行为自觉的状态，可以从大学的制度设计、大学的仪式、大学人的行为、大学器物环境与外部符号等表现出来。譬如，大学的制度设计能够根基于大学的期望和理想而制定，大学人的道德或者自律行为不需要通过规章制度等非强制性的手段即能完成，大学的器物、符号等处处体现出文化育人的价值追求，大学的一草一木皆发挥出无声的文化育人之功能等等。

二、"冲突—调适"式的文化嵌入机制

大学是一个由众多学科、学院构成的大型组织[①]，文学院浓厚的人文气息，理学院缜密的思维逻辑，化工学院严谨的科学态度，社会学院求实的工作作风等，各院系虽然是学校的子文化系统，是大学密不可分的"身体组件"，但并不总是期望贯彻上级文化，尤其是行政意志。在大多数情况下，不同的学科或者学院有着不同的文化诉求，它们遵循不同的文化追求而行事，并希冀以一种适合自己学科文化特色的制度架构和行为准则自行其是，这种现象被称之为"文化部落主义"。"文化部落主义"体现了大学文化的多样性特征，也体现了大学文化冲突的客观性。大学文化冲突是客观存在的，文化嵌入的过程不可能不面对广泛存在的文化冲突，但是能够允许、容忍冲突存在并不意味着面对冲突应该听之任之，完全无视，这就需要通过文化调适来应对不同文化部落之间的价值冲突以推进有效治理的实现。大学文化治理的过程就是不同的价值力量在此消彼长的相互博弈中通过文化调试最终实现的，其中"调"既包含了对矛盾和冲突的调节、调整、调解、协调等意蕴，并且也包含了创新、树新、以旧代新等内涵，"适"既意味着对环境、外在物等的适应、适当、适度等意蕴，并且也包含了自我变革、自我审视、自我觉醒等内涵。总之，大学文化治理中的"冲突—调适"机制就是不同治理主体

---

① 季诚钧.大学属性与结构的组织学分析［M］.北京：人民教育出版社，2006：
　　120-122.

所代表的治理力量在相互的理解、适应、对话和交流中呈现出的此消彼长、波浪式运动的文化互动过程。大学文化调适的目的有两个，一是为了最大可能的维持大学文化生态的动态平衡；二是为了增进文化治理的整体有序，实现文化包容性认同。

（一）文化调适能够减少文化治理的隐性冲突，最大可能的维持大学文化生态的动态平衡

从生态学角度来说，任何文化生态集群之所以能够存在并生生不息，关键在于这个文化生态集群内部实现了某种生态平衡状态。生态平衡是一种自然现象，没有平衡，就没有永恒，大气的动态循环、日升日落、生物世界生产者、消费者、分解者之间所构成的一种能量传递和动态演化等都是一种通过自组织和自适应而达成的生态平衡现象。满足平衡性同样也是组织行动的必然要实现的内部条件。事实上，大学的文化冲突尽管以常态的形式而存在，但在大部分情况下并未真正展现和爆发。这是因为，大学文化本身就潜移默化地起着调适的作用。在一定限度内，大学文化的文化冲突都是内隐性的，只有当大学文化的冲突比较剧烈，并突破一定的临界值，大学冲突才会彰显出来，这就需要通过更有力的变革的方式来实现新的文化均衡。因此，大学文化治理不能不面对大学文化生态的多样性，并通过有效的文化调适使得大学内的不同文化在不同的生态位上各司其职，达成一种文化动态平衡的发展状态。

（二）文化调适有助于增进文化治理的整体有序，实现文化的包容性认同

复杂性科学认为，事物的存在是复杂的，既融合着统一性和多样性，也彰显着有序性和无序性[1]。大学文化既呈现处内部文化形态的无序性，也体现出大学组织文化的有序性，大学文化整体上呈现出局部无

---

① 李泉鹰：高等教育选择论［M］．北京：中国社会科学出版社，2011：28.

序与整体有序的辩证统一。大学作为多元文化汇聚的集群，如果缺少了对不同文化的包容性认同，那么大学就很难作为一个文化共同体而有序开展各项活动。换句话说，一个充满猜疑、顾忌、对抗的组织是无法有效开展集体行动的，这就需要组织积极协调各个内部主体之间的利益关系，使组织作为一个整体有序的行动系统而运行，这是实现组织行动的必要条件。因此，"整体有序而局部无序"是大学文化治理的内在要求，大学文化调适的目的就是在尊重大学文化多样性的基础上，进一步强化组织交流与沟通，实现文化的包容性认同。

总之，大学文化是一个具有多样性、异质性、开放性、整体性、关联性、互涉性等不同的特征的生态系统，大学文化发挥治理功能的过程不是一个简单的、封闭的、静止的、线性的、一次性的大学治理过程，而是一个在大学实践过程中复杂的、开放的、动态的、关联的、循环往复的大学治理过程，这就涉及文化理解、文化调适、文化尊重、文化认同、文化内化等不同手段的运用。立足于文化治理理论的基本内涵，研究从文化"认同—内化"与"冲突—调试"等两个层面阐释了大学文化作用于大学治理的内在机理，并且，这两种机制是相互关联、密不可分、缺一不可的：没有文化内化，大学文化就无法作用于治理主体，它仅仅是"宣传的口号"或者"充饥的画饼"，无法实现治理主体的内在认同；没有文化调适，就无法缓解大学内外部复杂的文化冲突，无法实现治理主体之间的互动平衡。

第三节　大学文化嵌入的主要载体

大学文化治理要解决的关键问题是如何将大学宣扬的理念、态度、精神等隐性价值观嵌入大学治理并通过内化和调试两种机制作用于大学治理效能的提升。大学文化的内化与调试机制要发挥作用，必须借助一定的载体和平台，使其持久的作用于大学治理，提升大学治理效能。根据嵌入性理论与社会学新制度主义理论的的相关研究成果来看，大学文化嵌入可以分为三个层次，即大学与国家（社会）之间（民族的、政治的、行业的）的文化嵌入与内化、大学人与组织之间的文化嵌入与内化以及大学人通过交往与互动而形成的文化嵌入与内化等。其中，大学与国家（社会）之间的文化嵌入其作用载体是组织，大学人与大学组织之间的文化嵌入其作用载体是制度，大学个体之间通过交往互动而形成的文化嵌入其作用载体是人。从这个意义上来说，组织、制度和人是影响大学文化功能转化的基本载体和平台。也就是说，大学文化治理的基本过程受到"组织—制度—人"的共同塑造。在"组织—制度—人"构成的逻辑框架内，大学文化治理的基本过程可以表述为，大学（组织）通过支配其认知资本（文化），建立起组织实现其愿景与目标以及管理其成员的制度体系（规则和规范），一定的制度体系又在一定程度上塑造着组织和人的行为过程，进而生成更为复杂组织结构、组织关系和组织文化。反过来说，大学文化释放其治理功能，也必须在"组织—制度—人"构成的复合性框架中才能发挥作用。如下图 3-2 所示。

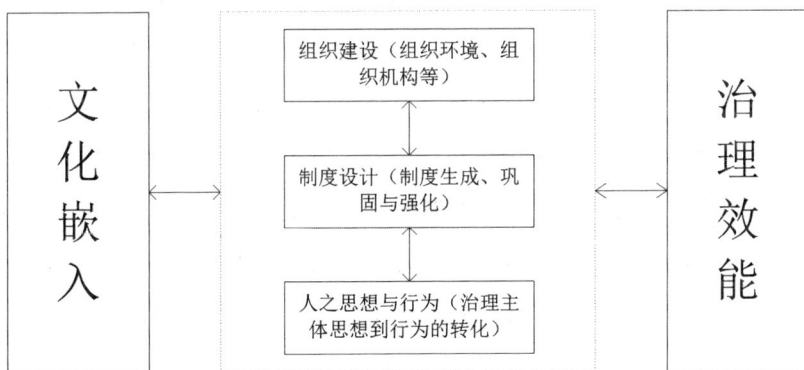

图 3-2　大学文化嵌入的主要载体及其内在关系

一、组织性载体

大学文化要发挥出特定的治理功能，促进大学文化自觉地转化为一种有目的、有意识治理行动，首先需要组织保障。总的来看，大学组织之所以是大学文化嵌入并发挥治理作用的载体，可以从以下四个方面来理解。

（一）大学本身就是的一种独特的组织文化存在

人类社会发展至今，形成了多种多样的组织形态，如政府、军队、医院、企业、学校等等。正是通过组织和组织化的力量，人类才能应对和解决诸多不确定性的社会问题。组织在长期发展过程中，逐渐沉淀和形成了不同的组织文化，这种组织文化又成为辨识组织身份的一种内在标识。因此，组织不仅是一个目标体系，也是一个文化体系，即组织主要有两种含义，实体层面的组织和文化层面的组织。从实体的层面来考量，组织是按照一定的规则和程序为实现共同目标而结成的实体或机构。实体层面的组织是可感可见的，如组织空间布局、目标设置、组织结构和组织成员等等都是必不可少的组织构成要素。从文化的层面来看待，组织可以理解为一种文化单元，是一些具有共同价值背景和心智模式的人共建共享的组织化心理。也就是说，独特的文化成就了独特的组织，组织也在无形中建构和强化着某种特有的文化。大学同样兼具实体性组织与文化性组织的双重属性，只不过作为实体组织的大学其功能形态是模糊而多样的，并不像政府、企业、军队等组织那样具有明确的组织目标和组织职能，但它的存在时间却超过了任何形式的政府和企业组织，究其原因，还在于大学作为一种文化组织的强大生存能力。王冀生先生指出，大学的本质既是一种存在更是一种信仰，它不仅是客观物质的存在，更重要的是一种文化存在和精神存在[1]。从这个意义上来说，大

---

[1] 王继生.我的大学文化观［M］.天津：天津大学出版社，2014：136-138.

学更重要的是作为一种文化型组织的形态而存在的。进言之，大学组织本身就是的一种独特的文化存在，而大学文化也映射着独特的大学组织形态。

（二）大学的组织特性决定大学文化嵌入的特质和内容

大学文化与大学组织是密不可分的两个概念：一方面，大学文化本身是大学组织以"集体记忆"的方式积淀下来的认知资本，组织的英雄、传奇、神话、器物等都是文化的表征，是大学组织之所以成为一个组织的"独特认知"；另一方面，大学组织本身也是一个文化化的实体，并且组织的生存与延续也是通过大学文化得以再生成和再生产的。可以说，大学组织本身就是大学文化的一种存在和发展方式，大学的组织使命、形象、愿景、战略目标达成以及各种功能系统既受大学文化的影响，也是生发、形塑、建构、理解、发展和创新大学文化的主要载体和平台。进言之，大学不是政府，也不是企业，大学文化嵌入的目的不是要维持社会整体的秩序，也不是要向消费者提供具体的产品，而是必须根基于大学独特的组织使命与组织愿景。蒂尔尼教授（Dr.Tierney）认为，从文化的视角审视大学治理，其基本原则是大学"需要不断地向内部和外部的支持者解释环境和组织"[①]。对于大学的内部和外部支持者而言，理解大学的组织特性和组织形象（如大学的办学层次与目标、人才培养的类型、区域环境对大学的要求等），就能理解大学是什么和追求什么，也能理解大学要发展什么和走向何方，这都有助于发展大学内外部治理主体之间共同的理解和对治理的集体意识，增强合作治理的有效性。因此，不管从哪个方面来考量，不理解大学的组织特性（结构、战略、目标、使命、功能等），就不能理解大学文化的特性，更遑论释放大学文化的

---

① WG Tierney.a cultural analysis of shared governance : the challenges ahead[J].Higher Education : Handbook of Theory and Research，2004:85−132.

治理功能。因此，在大学文化治理的过程中，大学文化嵌入不是随意的、盲目的，而必须建立在对大学独特组织使命和组织功能进行准确透视和把握的基础之上的。譬如，研究性大学的文化嵌入必然不同于应用型大学的文化嵌入，综合性大学的文化嵌入必然不同于单科性大学的文化嵌入、国际性大学文化嵌入必然不同于区域性大学的文化嵌入，等等。

（三）大学的组织成熟度影响大学文化的生命力（传播和延续能力）

一般来说，组织建设程度可以用组织的成熟度来衡量。判定组织的成熟度又有不同的标准，如管理能力的成熟度、组织机构的完善度、组织技术的复杂程度等等。从更深层来考量，组织的成熟度与组织文化的发展程度密不可分，一个成熟的组织与一个不成熟的组织之间最大的差别可能不在于治理的机构设置或者规章制度的多寡，而在于其文化的发展程度。因为，规章制度和机构设置可以轻易移植与模仿，但文化却很难复制和抄袭。从这个方面来说，大学的组织成熟度与大学的组织文化发展度是正相关的，即大学的组织化成熟度越高，大学文化生命力就越强。从这个意义上来说，越是成熟的组织，文化积淀也越是深厚，也越是能将大学文化中所包含的一些模式、图式、策略性原则、思想预建构、逻辑的运用、概念的组合、深层的话语秩序等都映射在大学治理的方方面面，并通过代代传递的方式将某些价值理念延续、传递和强化。也即说，大学文化如要对大学治理产生作用，就必须具有广泛的传播力和强大延续能力，保障文化不会因外力因素的干预而夭折。

（四）大学组织建设有助于大学文化治理功能的释放

组织建设是大学文化嵌入的重要一环，也是大学文化释放其治理功能的基本抓手。在大学文化通过组织建设发挥和释放其治理功能的过程中，组织环境的设计、组织机构的设置是最为重要的两个方面。其中，组织环境既是一种文化的存在，也是一种文化发展的外部动力。譬如，哈佛大学的威德纳图书馆、剑桥大学三一学院的"苹果树"、斯坦福大学的"胡佛纪念塔"、哥伦比亚大学的"饥饿的狮子"铜像、东京大学"安田大讲堂"、北京大学的"博雅塔"与"未名湖"、清华大学的"二校门"、北京师范大学的"木铎金声"、复旦大学的"驴背诗思"塑像、厦门大学的"嘉庚楼群"、云南师大的"三绝碑"等，他们都是一种组织环境，无形中昭示和强化着某种文化理念。大学组织机构的设置与完善是宣示、承载、改造与推进某种大学价值理念转化的重要平台和空间。大学的组织机构往往是一种组织实体，有时也可以是基于某种共同目标而结成的组织项目。大学文化要实现治理的功能，没有组织的作用是很难生根并强化的。奥斯丁教授认为，从文化的视角审视大学治理，意在"创造一个部门中的秩序，包括组织内部和组织之间的关系"①。这句话实际上表明了，大学文化治理意在创造一种新的组织秩序，而组织秩序的创造既是一种结果，也是一个过程。因为，文化如果没有被组织化，要创造组织的新秩序几乎是不可能的。总之，在大学治理的过程中，大学通过嵌入治理的意义，将大学的愿景、目标等通过组织的作用（机构设置与引导、角色赋予等等）传达给大学内外部治理主体，大学内外部治理主体逐步会形成共同的认知、规则、角色、期望和信念，从而形成集体行动，并作用于大学治理。

二、制度性载体

一种新思想或者新文化的诞生往往不是一蹴而就的。新思想或者新文化在诞生之初往往比较脆弱，若要让其落地生根，在初始阶段必须要有一个"微培养基"，即有一个小众群体的认可、拥护、宣传。而后，随着新文化的传播与扩散，能够接纳并具有热诚之心的拥护者和崇拜者

---

① ［加］伊安·奥斯丁等.高等教育治理：全球视野、理论与实践［M］.刘益东，
　译.北京：学苑出版社，2020：31.

会增多，直到一种新思想成为一种主流思想。法国著名思想家埃德加·莫兰（Edgar Morin）认为，一种主流思想的形成过程同时也是这种思想的文化合法性过程，即若要使某种新观念变得值得尊敬和受人尊敬，必须要通过"制度化"的作用在自己的势力范围内建立起自己的规则[①]。也就是说，某种主流文化要变的值得尊敬和受人尊敬，就需要通过制度来确立自己势力范围，这个势力范围的建构过程就是"文化—制度"的转化过程。也就是说，文化要作用于治理并发挥作用，没有自己的"势力范围"（制度）是很难巩固并落实的，因为制度界定了法律与道德的边界，也确立了组织秩序的支架，它常常被理解为一些具有约束性质的规则和标准，对个体或者集体行动进行控制、约束或者激励。从文化与制度的关系来说，制度源于文化，制度也在反映和巩固着某种文化，"如果不考虑文化，我们就无法理解制度，而理解文化则意味对制度的考察。缺乏对其中任何一个的解释都是无效的"[②]。因此，制度化是文化功能落地的一个重要步骤。那么，大学文化、大学制度与大学治理之间的内在关联究竟体现在哪些方面呢？

（一）大学文化附着于大学制度和支持这些制度的价值观念之上

社会学新制度主义的杰出代表，迈耶（Meyer）和罗恩（Roman）始终把制度视为一种文化性的规则复合体，这在某种层面证明了制度与文化之间的内在联系。从深层次上来说，大学制度是一个由"符号、脚本和惯例"构成的文本世界，它们存在和发展的背后莫不与文化有着千丝万缕之关联。也就是说，在某种意义上，大学文化附着于大学制度和

---

① ［法］埃德加·莫兰.方法：思想观念——生境、生命、习性与组织［M］.秦海鹰，译.北京：北京大学出版社，2002：25.

② ［荷］吉尔特·霍夫斯泰德，［荷］格特·扬·霍夫斯泰德.文化与组织：心理软件的力量（第二版）［M］.李原，孙健敏，等译.北京：中国人民大学出版社，2010：20.

支持这些制度的价值观念至上，体现为一整套不可言传的规则系统，包括语言、思想、价值、习俗、惯例等，甚至还包括工具、技能、艺术作品，以及支持文化中的纯制度性部分的各种利益和符号，决定着大学人潜在的行为秩序。更进一步说，大学文化是大学制度合法性的来源，大学文化是制度背后的选择逻辑，大学制度生成和实践如果脱离文化的根基和土壤，大学制度的合法性就会受到质疑，大学制度实践的有效性也会受到削减。正如美国学者加里·巴尔迪（Gary Baldi）和费尔·南德斯（Fernandez）所言，文化因素是一个任何组织改革都应当考虑，但又经常被忽视的因素，在没有考虑文化时，制度的改革或许也能发生，但需要的时间必然会很长或遭到抵制，可能出现的结果是变化出现在边际上而使改革成为一种令人泄气或只能是部分成功的行为①。需要指出的是，大学文化对制度的塑造存在着趋同和趋异两种类型：在大学文化环境差异较大（一致性程度较低）的治理情境中，大学制度的表现方式千差万别，大学治理的具体实践殊为迥异，大学治理的问题也是各不相同；而在文化环境差异较小的治理情境中（一致性程度较高），大学制度趋同现象比较明显，大学的具体治理实践比较相似，大学治理的诸多问题也比较相似。可以说，大学治理很多时候都是在制度层面予以保障和运行的，或者说大学治理本身就是大学文化被制度化的一种生存方式。

（二）大学文化治理功能的落地是大学文化体系向制度体系合理转化的结果

鲍威尔和迪马乔等人在《组织分析的新制度主义》一书中进行了一个十分著名的实验，即文化传播实验②。该实验证明，制度化水平越高，

① 施晓光.文化重塑：大学治理能力现代化之锥［J］.探索与争鸣，2015（7）：54-56.

② ［美］鲍威尔，等.组织分析的新制度主义.［M］.姚伟，译.上海：上海人民出版社，2008：97.

则文化传播能力越强，文化的维持越高，组织成员对变革意图的抵制程度就越高。这从一个层面说明，制度化水平越高的组织，其文化的生命力就越强，越容易被传播和接纳。从这个意义上来说，某种新的思想或者观念（大学文化）只有通过制度化的保障才能真正落地生根。从大学文化与大学治理的关系上来看，大学制度具有基础保障性作用，在某种形式上能够"固化"和"强化"文化，大学文化观念也只有通过有效建制（制度化）才能最大限度地在代际间传递和延续。换言之，只有将大学人最认可的价值理念通过制度文本彰显出来，并将其作为大学治理主体的共同目标追求和行动边界，才能达成文化内化和强化的目的。大学文化转化为大学制度的过程称之为"建制化"。所谓"建制化"，就是将某种大学治理的思想观念或者价值理念的文本化、规范化，使其带有一定的惩戒刚性，表现为以大学章程为核心的制度体系。文化"建制化"是"由社会建构的、在惯例中不断被重复的程式或制度体系，它对人们的行动起限定性的作用，但是又难以为人察觉其在环境中的存在"①。建制化处在文化选择与治理行动之间，其中一个重要过程就是文化理解。建制化程度高的行动，文化理解就易于在代际间获得传递，不需要额外的社会干预对其进行维护，对变化的抵抗性比较强，因而易于保存，进而持续对治理产生影响。譬如，19世纪，科学思想在普鲁士已经得到一定范围的传播，哈勒大学、哥根廷大学等先后设立哲学院，并将数学、物理、经验心理学、自然法、政治、物理学、自然史、纯数学和应用数学、地理、古典文本、艺术、语言等近代科学引入大学课程，并逐渐确立了学术自由的思想原则。彼时，洪堡为了把大学的理想落实到普鲁士的现实上，创办了柏林大学，并将崇尚科学的精神植入柏林大学，确立

---

① 任玥.美国公立研究型大学组织文化变迁［M］.北京：高等教育出版社，2016：15

了"学术自由""教学与科研相统一"和"科学统一"等三项基本原则，并设计了自由选课制、教授会制度等多种制度，使得柏林大学成为德国近代大学模式的象征。试想，如果没有设立相应的制度设计，很难想象洪堡研究性大学的理念能在柏林大学甚或整个普鲁士王国的大地上获得如此庞大而持久的生命力。

（三）大学治理体系的完善需要大学文化体系与制度体系有机结合

大学治理体系的完善既有文化的因素，也有制度的因素。大学制度确定着大学治理的轨道和边界，是保证大学治理有序运转的行为基石。更进一步说，制度、规则等虽然确定了大学治理的程序、边界和底线，但仔细考察便会发现，不管是大学的教师、学生还是管理层，一些重大决策或重大事务流的执行过程中，往往存在着"超越规则"的行为，遵循着一种默会的逻辑体系和非正式的运动规则，也即文化的逻辑和力量。反过来说，制度、规制等硬性治理手段本身存在着不完备性，再周密的制度也无法观照人的心灵、情感和道德需求，并且一项合理的、有效的制度不仅具有内在的说服力，还必须具备自我强化的动力机制，否则一些看似设计良好的大学制度难免会出现"失灵"或"空转"的窘境。在大学治理的过程中，文化的因素往往镶嵌在制度结构之中，或者潜藏于组织活动背后，虽然无法直观，但却弥散在大学校园的各个角落，成为直接或者间接影响大学组织转型和组织发展的重要支配力量。从这个意义上来说，大学治理的"表层是一种制度发展范型，而深层则是文化发展历程的必然结果"[1]，大学的有效治理是一种"制度与文化"相结合的大学治理体系，制度为大学治理提供了结构、程序和框架，文化为大学治理提供了思想、沟通和理解。大学治理背后既是建构和完善现代大学制度的问题，也是重塑和张扬大学文化的问题，两者缺一不可，既不

---

[1] 刘亚敏. 大学治理文化：阐释与建构 [J]. 高教探索，2015（10）：5-9，24.

能因为"单向度"的建设大学制度而丢失和放弃大学文化，也不能因为"优先性"的建设大学制度而怠慢或忽视大学文化等软性治理手段。真实的大学治理是情境的、动态的、鲜活的，是不同的治理主体在互动交往的过程中以某种不可见的方式运行着的，是在治理文化的长期蕴染下体现出来的行为惯式①，不管是以制度建设为主的"硬治理"，还是以大学先进文化建设为主的"软治理"，两者在大学治理过程中都是不可或缺的，它们是一个问题的两个方面，要达成大学文化治理的理想目标，就必须实现制度之"硬治理"与文化之"软治理"的共契。

三、主体性载体

在大学文化嵌入的过程中，组织性载体和制度性载体不可能巨细靡遗地对大学治理的具体行动实践产生效用，最终还要落实于大学治理主体的思想和行为转变。如前所述，大学文化治理的过程可视为，通过文化嵌入以塑造一种治理主体基于共同理解的"精神圈层"的过程，这个"精神圈层"的形成是通过文化的"冲突—调试—变革"与"认同—内化—共生"等内在作用机制作用于治理主体的内在精神结构而进行的一个新的"精神生产"活动，它类似于一个中介意义的治理环境，处在大学文化与大学治理产生联系的中间地带，使不同的治理主体能够受其影响而积极参与到大学治理的过程中来。因此，从各个方面来考量，大学人既是大学文化生成和实践的因素，也是考察大学治理的因素，正是因为大学人的作用，大学文化与大学治理才能真正产生关联。大学文化、大学人与大学治理的逻辑关系可以用下图3-3表示。

① 何晓芳.在"断裂"的科层体系中"牧猫"——美国大学二级学院治理制度文化分析［J］.高教探索，2019（03）：85-89.

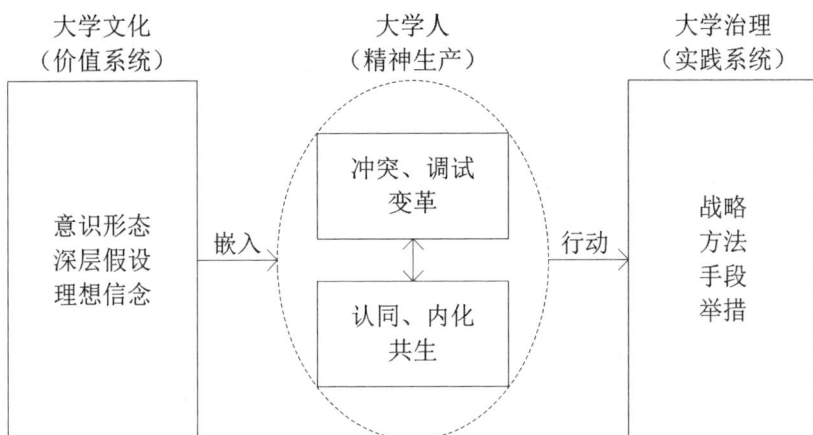

图 3-3 大学文化、大学人与大学治理的逻辑关系

需要指出的是，人的作用在大学文化的生成、传递和发挥作用的过程中是双向的，即人既是文化的被制约者、被规定者和被生产者，人也是文化的制约者、规定者和生产者。大学文化要通过人的精神来实践和传递，而人的精神又具有潜在的自主性。认识社会学认为，个人与文化的关系有两种，即"全息摄影"和"循环"。所谓"全息摄影"，是指文化在个人精神中，个人精神也在文化中，从某种文化中可以认识到个人的精神气质，也可以从个人的精神气质中认识到某种文化内核，两者是相互映射、相互呈现的。所谓"循环"，是指文化既参与到每个个体的认知生产之中，文化也通过个人认识的作用和反作用而存在、演化和发展。或者说，文化既生产着人们的认知模式，人们的认知模式也生产某种特定的文化。从任何方面来说，人的精神世界都与某种特定的文化结构、社会组织或者历史实践相联系，人的精神世界或者认识世界总是会被某种文化所生产，被某种文化所支配，但这种支配是有限度的。因为个人的精神具有相对自主的潜力，即使是在最封闭的文化条件下，个人也不都是、不总是一些准确无误的遵守社会秩序和文化命令的机器。也就是说，大学文化是通过人的能动的作用（受制约和有选择的执行）而

作用于大学治理的，这种能动的作用其实也是大学人与大学文化在相互作用的过程中实现"精神再生产"的过程。从这个意义上说，大学文化要释放治理的功能，取得治理实效，最终要转化为大学人（大学治理主体）的具体行动才能实现，即人是大学文化治理功能彰显和释放的主体性载体。一般认为，大学文化治理功能落地的主体性载体主要有两种，即大学治理中的关键个体和一般群体。

（一）关键个体

所谓关键个体，指的是对大学治理过程起到引领、带动和支撑作用的关键个人，他们要么是由上级组织任命的领导者和掌舵者，要么是某一知识领域内经由学术权威而公认的精神领袖或知识权威，如大学校长、二级学院院长、学术权威等。大学组织的中关键个体能够基于自身的法理性权威或者个人魅力影响甚至主导某种文化的生成、变革、落实与强化，并且其一言一行能够起到良好的示范带头效用，保障某种大学文化在大学组织内得以凸显、传播、转化并强化为大学人自觉遵守的价值追求和行为规范。大学文化尽管是一种群体文化，但在大学文化的形成、发展、演变与实践的过程中，关键个体的作用是十分明显的。同样，在大学治理的过程中，关键个体对大学文化的嵌入和功能释放起着重要作用。这样的事例不胜枚举。譬如，洪堡以一己之力将科学的精神嵌植于柏林大学的组织使命之中，认为科学的追求是大学的根本价值所在，正是在这种精神理念的引导之下，柏林大学才成为"除去镣铐"的无拘无束追求真理的地方，被尊称为"现代大学之母"；范海思凭借卓越的眼光将"大学直接为社会服务"的理念嵌植于威斯康星大学的组织使命之中，认为大学要走进社区，为区域经济与社会发展服务，这打破大学的传统封闭状态，使得威斯康星大学以其卓越的办学成就而成为当时美国各州大学所效仿和学习的典范，客观上促进了美国现代大学的崛起；蔡元培以无畏的勇气和魄力将"兼容并包、学术自由"的思想植入北京大学，使得北京大学一扫清末大学的"官僚风气"，真正成为追求知识和真理的殿堂，也成为近代中国思想和人才的摇篮。洪堡、范海思、蔡元培等人都是卓越的大学领导者，他们对大学文化的形成与发展其中至关重要的引领和塑造作用。也正是因为他们的远见卓识和亲力亲为，世界大学才形成了现今多样化的发展格局，才能不断从一种卓越走向另一种卓越。因此，大学文化在大学治理中的生成、传递和落地，与大学关键个体的关系密不可分。

（二）一般群体

作为一般群体，指的是大学内部有别于关键个体之外的大学治理主体，主要指的是大学内部广大的教师、学生和行政管理群体。大学的一般群体是大学最为广泛的"文化替身"，他们是大学文化的创建者、培育者、承担着、维护者、践行者和发展者。英国克兰菲尔德大学国际生态技术研究中心的马克·莱蒙（Mark Lemon）与帕尔明德·辛格·萨霍塔（Parminder Singh Sahota）教授在《组织文化作为增强创新能力的知识库》一文中通过研究发现，组织成员频繁的近距离接触、互动和交往会更有利于深层次的、不可见的缄默性文化的传递[①]。沙因的组织行为学理论也认为，组织成员在组织发展中的共同经历是组织文化的来源之一。从本质上来说，文化是由多数人所共享共建的一种心理共识，大学文化是大学众多的参与者在长期的活动交往中共同塑造的，这种互动交往更多是来源于大学内一般群体的共识、谈判甚至局部妥协。大学文化的五彩缤纷与百花齐放与大学人之间的互动、传递、交流和积淀密不可分。也就是说，大学文化的传播、扩散、复制、积淀与繁殖，离不开大学人之间的互动交往，没有被大学一般群体所认可的文化称不上是大学

---

① Lemon M，Sahota P S . Organizational culture as a knowledge repository for increased innovative capacity[J]. Technovation，2004，24(6):483-498.

人共有的文化。譬如，大学一般群体之间的互动形成了大学的某些典礼、仪式或者活动，而丰富多彩的活动和仪式是具有典型文化符号意义的高度结构化的社会行动，都有助于加强人际之间的沟通互动，实现大学文化在大学不同集群之间的传播、流动和强化。需要指出的是，大学文化在一般群体之间的流动速度和频率是不一样的。这是因为，大学是由不同的文化部落而形成的整体，不同的文化部落由于知识背景、成长经历和学术理念的相近性而形成相应的文化集群，这影响着集群内人员的结网意愿、网络关系的建立、稳定和持续水平。因此，大学文化作为一种默会和隐性的知识形态在大学文化近似群体（相似的学术背景、兴趣爱好和工作领域等）之间的流动更为频繁，文化治理功能的释放与落实也更加明显。

总之，组织、制度和人是大学文化治理功能释放的主要载体，但文化释放其治理功能的组织性载体、制度性载体与主体性载体不是相互孤立的，而是层层嵌套并相互作用的。大学组织建设不可能脱离大学制度和大学人的作用而独立（因为大学组织往往是制度化的，而大学人是构成大学组织的基本要素），而大学人的行为则又往往"嵌套"在赋予其机会和束缚的组织和制度之中①，三者之间是相互依存、相互影响，并在某种程度上可以相互转化的。

第四节　大学文化嵌入的基本功能

大学文化治理的本质是一种文化嵌入式治理，其目的是通过有效的文化嵌入释放大学文化的治理功能，以提升大学治理的效能。也就是说，

---

① ［法］帕特里夏·H·桑顿，［加］威廉·奥卡西奥，龙思博，等.制度逻辑：制度如何塑造人和组织［M］.王少卿，等译.杭州：浙江大学出版社，2020：89.

文化嵌入是大学文化治理的本质，而制约和促进则是大学文化在嵌入大学治理的过程中衍生的，是随着文化嵌入而逐渐生发的必然结果。以此来看，在大学文化治理的过程中，大学文化嵌入所产生的两种功能可以用下图 3-4 表示。

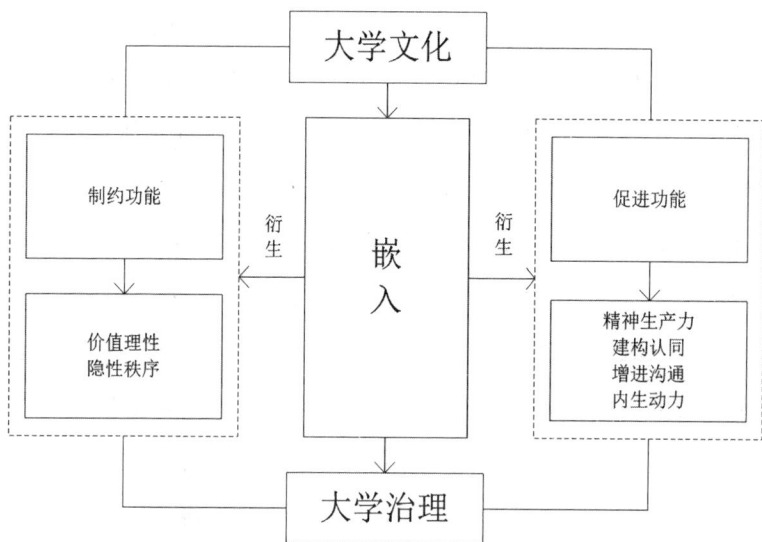

图 3-4　大学文化嵌入的基本功能

一、制约功能

所谓制约，指的是"规制""限制""约束"等含义。大学文化提供了大学治理的话语体系（学科话语、专业话语）、进入准则（成员是否被接受的价值标准）和独特交流方式（校歌、讲座、论辩等），是大学人生活方式的一种公共表达，也构成了大学治理的软性约束环境，而一旦大学在追求自身组织目标的过程中出现行为偏失，大学就会自觉地"在现实生活中主张、寻求和认可那些作为尽善尽美的理想权威，反对和谴责作为对人类基本价值背叛者的既存权威"[1]。大学文化之所以能够

① 孙华.大学公共危机研究［M］.青岛：中国海洋大学出版社，2010：76.

对大学治理产生规制性作用，关键在于大学文化本身就在某种程度上代表着大学治理的价值理性（实践理性和批判理性的统一），这种价值理性（实践理性和批判理性的统一）内在的对大学治理产生隐性制约。

（一）大学文化代表着大学治理的价值理性

文化是一个价值集成的意义世界，"价值理性"是文化学研究的一个重要概念。"价值理性"既可以指身处一定价值网络中的人们在进行价值选择、借鉴和判断的一种思维形式，也是指价值主体在进行认识、理解、思考和行为决策时的一种控制能力。可以说，价值理性是人们进行行动的基础，也是实践活动从"文化自在"走向"文化自觉"的桥梁。事实上，任何组织的治理都要面对已经"被文化了的"或者"正在被文化"的人，因此组织的治理首先要面对价值评判问题。大学是一个强调和关心价值理性的场域，大学的价值理性是大学人对大学文化及其价值有了全面的认识后，进而形成的对大学清醒的文化自识、高度的文化自觉、自强不息的文化自信、严肃的文化自律[1]。可以说，尊崇价值理性是大学文化的基本特征，这是大学文化不同于政府文化、不同于企业文化的最大特征。大学文化内蕴的价值理性能够保证大学能够自觉担负起价值批判功能，承担和守护着人类理想社会价值观的组织使命。现代社会发展离不开大学，现代大学治理离不开大学的价值理性，因为大学不仅是"一个由制度规范构成的结构与网络，本身还具有特殊的文化含义"[2]。也正是因为如此，大学总是自觉将自身行为与某种神圣的理性信仰相联系，自觉地承担起传承、保护、发扬和批判的社会使命，也使得大学成为守护人类文明的最后一片净土。张扬"价值理性"本身就是大学治理实践的一种现实需求。有学者认为，"判断一所大学是不是进入了文化管理的

---

① 眭依凡. 大学的文化理性与文化育人之责［J］. 中国高等教育，2012（12）：6-9.

② 林杰. 美国院校组织理论中的文化模型［J］. 清华大学教育研究，2008（2）：20-30.

阶段，关键要看大学文化是否在大学管理体系中发挥了主导作用，占据着核心地位"①。同理，判断一所大学是不是进入了文化治理阶段，则主要是看大学的治理实践是否尊重了价值理性，或者说价值理性是否在大学的各项行动决策过程中占据了主导地位或者重要地位。

大学文化的价值理性首先是一种实践理性。大学治理本身是一个现实命题，是对大学发展的现实问题进行关照而产生的。大学治理与公司治理的最大区别之处就在于，大学治理的成效不是能简单用绩效差异就能衡量和说明的，而是需要根基于神圣而不可侵犯的价值理性追求。在大学文化与大学治理的对接中，价值理性讨论的是诸如"大学是谁""大学在哪里""大学往哪里去"等关于大学治理实践的价值判断问题。譬如，大学是追求高深知识和真理的组织，大学治理的学术权威往往要来源于学术能力而不是行政级别大小，当行政力量损害了学术传统时，大学师生基于对真理的捍卫、对学术的信仰和对学术规范性的坚守等，往往能够不畏强权，勇于斗争；当大学聘任新教师时，往往不是由领导拍板的，而是依据公认或缄默性的文化传统，采用同行评议的方式决定的，而一旦有人破坏了这种传统，总是不乏仗义执言的教师去维护既存的规则体系。可以说，价值理性表明大学文化是大学发展的战略资源，它是"人们心目中未必意识到却支配他们生活的观念世界"②。正是由于大学文化负载的"价值理性"的存在，大学才能时刻保持冷静的头脑，维持着理性的批判，思考着大学究竟是谁？正如耶鲁大学校长吉亚麦蒂所说，大学是一个终生负载价值的组织，大学的目标不是市场的扩张，也不是利润的多寡，还不是不断增长的经济效益，而是学术的优异、知识的进

---

① 吴剑平，李功强，张德.试论大学管理模式与世界一流大学建设［J］.清华大学教育研究，2004（02）：51-56.

② 葛兆光.七世纪前中国的知识、思想和信仰世界（第一卷）［M］.上海：复旦大学出版社，1998：19.

步以及不断地思考①。可以说，正是因为大学的价值理性，大学才不会随着社会的风向标而随波逐流，不会因为环境变化而轻易变更其组织使命，不会屈从于外部力量的强压而违背大学教育的育人初衷，大学人才能不断地思考自己发展前行的每一步，或质疑、或反思、或批判，使大学始终坚守自己的精神高地，不至于沦为世俗文化的附庸品。

大学文化的价值理性本身也是一种批判理性，带有强烈的现实关切。价值理性问题，起源于文化社会家们对自身所处生存世界"现实境遇"的文化追问和反思。工业文明时代的到来，财富不断增长，人们对物质利益的追求加剧了工具理性和技术理性的迅速膨胀，这种极具扩张精神的"技术的物化模式"逐渐渗透到的人类生活的方方面面，导致人类的生活世界被"异化"，呈现出种种"技术化""工具化""机械化"的实践追求，精神危机频发。西方一些著名的文化社会学家和文化哲学家将这一现象集中在文化的社会现实批判上，开始以强烈的使命感和社会批判意识来关注人类社会和人的存在，如斯宾格勒（Spengler）对"西方的没落"的检讨，海德格尔（Heidegger）对"技术异化"的反思，西奥多·阿多诺（Theodor W.Adorno）及马克斯·霍克海姆（Max Horkheimer）对"文化工业"的批判，赫伯特·马尔库塞（Herbert Marcuse）对"单面人"的揭示等，这都是文化价值批判功能的彰显。在某种意义上，大学文化开辟了一个独立的反思空间，让大学在进行实践活动的过程不断进行自我审视与反思；它强调要关注不同主体之间的价值诉求和价值互动，以保障不同治理主体之间的价值和意义体系得到引导、调整、规范和确立；它在观念上建构一个超越于现存经验世界的理想世界，这个理想世界就是大学前行、趋赴的目标，并引领着大学的

---

① A. Bartlett Giamatti. A Free and Oredered Space : the Real World of the University[M].W.W.Norton&.Company，1988:36.

实践变革进程。

从发生学意义上来说，教育之本，源于现实人生的需要。教育之悲，皆因背离大学内在的价值理性而产生。英国学者巴纳特（Ronald Barnett）也指出，如果大学缺失了批判理性、真理、真知和对话等观念，则它将很难担负得起上"大学"这项桂冠①。然而，现实中的高等教育总是追寻着某种伯恩·鲍姆（Robert Brinbaum）所言的"管理时尚"，却往往丢失了他的灵魂，大学治理过程中出现的种种师德败坏、学术失范、研究功利化和精神庸俗化等问题都体现了大学治理过程中的价值危机和行为偏失。因此，有学者认为，当前大学发展最大的危机就是若干大学过分追逐市场或政治利益而导致自身发展观念的扭曲及非理性②。20世纪80年代开始，世界各国大学对绩效都更加追求，世界高等教育组织管理模式逐渐走向市场化和商业化的道路，大学内部学术团体商业、行政团体官僚化趋势增强，这背离了大学的教育追求和教育宗旨。美国加州大学伯克利分校公共政策研究领域的大卫·科伯（David Kirpd）教授出版的《高等教育市场化的底线》一书就曾研究了美国高校在"追求市场效益"和"保持学术自由"时的摇摆不定、内在纠结和两难境地，尤其是批评了美国高校以收益为中心的管理模式导致了大学"盈亏底线的暴政"③，校长办公室成了"克里姆林宫"④。在我国，改革开放以来，高等教育发展也深受"经济建设为中心"思想的影响，大学在快速发展的同时，也出现了种种行为偏失，如高楼路线、规模发展、合并风波、刻意追求

① 施晓光.一流大学要有一流的制度德性［J］.探索与争鸣，2016（07）：16-19.

② 眭依凡.论大学的观念理性［J］.高等教育研究，2013（1）：1-10.

③ ［美］大卫·科伯.高等教育市场化的底线［M］.晓征，译.北京：北京大学出版社，2008：47.

④ ［美］大卫·科伯.高等教育市场化的底线［M］.晓征，译.北京：北京大学出版社，2008：123.

市场化、盲目追求大而全等治理行为，其背后正是大学工具理性膨胀而价值理性式微的结果。从这个意义上来说，大学发展过程出现的种种问题，其背后正是文化力量孱弱而导致行为偏失的表现，解决这些问题的根本方式就在于重回大学作为一个文化理性（价值理性）组织的内在价值。

当然，大学文化治理追求和尊崇价值理性，并不是说就要阉割或舍弃掉大学文化的工具理性（技术理性），反而正好是要利用和借助文化的价值理性来激发大学治理的工具理性（治理效能），进而推动大学有效治理目标的整体实现。事实上，大学既离不开价值理性，也离不开工具理性（技术理性），大学治理常常是两种理性精神共同推进的产物，大学治理的困境常常是两种理性的矛盾或者缺失造成的。任何治理都无法忽视治理的效率问题，工具理性为大学治理建构了是一个具体的、有形的、可感可知的经验世界，而价值理性为在大学治理建构了一个抽象的、无形的、难以直接感知的精神世界和理念世界。大学文化治理之所以更为强调价值理性，主要是因为以工具理性（或者技术理性）为取向的治理手段往往容易忽视人的情感、心态、追求等精神价值，湮没公平、正义、回应性、差异性等内在价值。总之，大学文化治理不排斥工具理性（技术理性），而只是反对单一的、片面的、过分追求工具理性（技术理性）的治理行为，尤其是反对工具理性（技术理性）遮蔽价值理性而出现的越轨的或者片面的治理行为。

（二）大学文化代表着大学治理的隐性秩序

美国人类学家克利福德·格尔茨（Clifford Greertz）指出："人是一种悬浮在他自己编织的意义之网中的动物。而这只'意义之网'就是文化。"[①] 文化是无处不在的，大学文化同样如此。大学文化就是大学在长

---

① 施晓光.文化重塑：大学治理能力现代化之锥［J］.探索与争鸣，2015（07）：54-56.

期的办学过程中编织的意义之网，这张意义之网是大学人进行意义沟通和互动交流的媒介和桥梁。作为一种氛围，一种习俗、一种风气，大学文化以无形之网的形式弥漫在大学治理的各项重大事务决策与事项环节之中，影响着人们的价值取向、思维方式和行为选择。大学文化是大学人在长期的实践活动中所形成的，并为成员普遍认可和遵循的价值观念、团体意识、行为规范和思维模式的总和，是大学信念、意识形态、语言、仪式和神话的集合体，代表着大学治理的某种隐性秩序。这种隐性秩序是一种区别于制度规制的第二种更普遍的规制形态，它的规制性作用是无处不在的，体现在大学治理的方方面面，甚至在一定意义上超越了大学治理的有形规则。也就是说，文化虽然不是一种具体的行为，但具体的行为常常是潜在文化的反映。从实践意义上讲，大学治理也是一种行为实践，其治理过程很难也不能脱离或丧失文化无形而隐蔽的约束与规范。或者说，大学人总是不自觉的按照一定的文化模式而行动，其行动的范围总是限制于文化认为合适且可接受的变动范围之中，保证大学治理行为是在符合文化要求的前提下开展的高度自觉性的活动。

1. 大学文化具有隐蔽的制约作用

大学文化是大学治理体系中无处不在但往往难以被"局外人"直观觉察的一种存在形式，虽然看不见、摸不着，但却是大学形于内而显于外的独特生命气质，是大学存在和发展的精神血脉，体现着大学人独特的组织身份。进言之，大学文化的影响是无形的，华苑深堂的书香、静默的大树、落叶的小径、微醺的山风、荡漾的水波、泛黄的木凳都是大学文化的一种生动写意，他们所表征的文化内涵到处显示出一种古朴、灵秀、委婉的气息，与外面世界熙熙攘攘、利来利往的文化氛围大相迥异。大学人可能并不总是能够感觉到到大学文化的规制性力量，这是因为大学人的行为总是与大学文化的内在要求保持一致。然而，当大学人在某种条件下去尝试反抗这种强制作用时，大学文化的力量则会显现无疑①。著名教育哲学家、国学家涂又光先生曾提出著名的"泡菜论"来类比大学文化的"濡化"作用，认为大学文化就好比这泡菜一样，人们每天生活其中，无时无处不受它的影响。组织行为学认为，人类除了受本能控制之外，也受文化控制，而且人类被文化所控制的时日，远比被本能所控制的机会要多得多②。文化控制强调把人作为有意识、有思想、有情感的观念人、主体人和能动人来看待，这也构成了文化治理的内在品质。也就是说，文化的控制性就是文化让人以自己的方式来成为人，只不过文化控制往往是建立在人对自己的内在认同的基础上，这也决定了文化的控制性主要是一种自我控制。总之，大学文化是一个隐藏在大学组织行为背后的默认规则，对大学治理发挥着隐性的治理作用。

2. 大学文化具有软性的制约作用

美国高等教育研究专家罗伯特·伯恩鲍姆（Robert Birnbaum）在其著名的《共治的终结：回溯还是前瞻》一文中区别了大学治理的两种形式，即"硬治理"（Hard governance）与"软治理"（Soft governance）。通过伯恩保姆的研究不难看出，大学硬治理是以制度为核心，大学软治理是以文化为核心，它们共同构成了大学治理的两条路径。大学硬治理讲求的是秩序和边界，其一个基本特征就是治理过程的"非人格化"，即大学治理的一切活动都以规则和边界为保障，不以人的主观意志而转移，管控是治理的常用手段。但是，大学是大学人的大学，大学治理是大学人的治理，如果一个大学在大学治理的过程中，只具有制度刚性，而没有文化弹性，那么大学治理就很有可能出现"组织行为硬化"的风险，大学求真育人的神圣职责就会迷失甚至消解，大学治理就会丢失人文主

---

① ［美］卡·恩伯，［美］梅·恩伯. 文化的变异［M］. 杜杉杉，译. 沈阳：辽宁人民出版社，1988：37.

② ［美］克利福德·格尔茨. 文化的解释［M］. 韩莉，译. 上海：译林出版社，1999：63.

义的温情，沦落为冰冷的知识贩卖机构和技能型人才的加工工厂。从治理效果来看，大学的硬性治理建立在大学治理的正式规则之上，其治理效果常常是立竿见影的，但却忽视了人的因素，容易导致大学治理过程中的"人本缺失"，譬如，大学管理中重"高楼"而不重"大师"，重"指标建设"而不重"人才培养"，重"项目多少"而不重"教学好坏"等，以至于大学内部出现的种种急功近利现象等都是大学组织治理"非人化"的治理表现。进言之，以大学文化为基础的大学治理尊重人的因素，考虑到了人的复杂性和多样性，强调要回应多元利益主体的价值需求，在理解人、尊重人的基础上实现治理目标，倡导在治理的过程中保持决策的灵活性和弹性，坚持"民主"与"集中"的统一，坚决反对的是那种"官僚主义"或"个人主义"的决策形式，不能"用一把尺子"去进行治理，这本身就体现出软性的治理功效。

总之，在大学治理的过程中，"以制度为核心的硬性治理不能替代文化解决治理难题"[①]。大学文化本身的隐形约束与软性规制作用，使得大学人在长期的大学文化濡染中会自觉的根据文化的要求行事，即在优良的大学文化环境中，大学人往往能建立起一种追求真理、追求深藏于事件和行动之后的实事求是的性格，孕育出一种精神上的"自重"，自觉地对自身行为进行审视，以防止自身的越轨或偏失行为走得更远。

二、促进功能

从大学文化作用于大学治理的基本方式来看，大学文化对大学治理不仅具有制约作用，还具有促进作用，良好的大学文化对于提升大学治理的有效性具有重要作用。大学治理的有效性是衡量大学治理成效的一个重要

[①] 李娜，王济干，孙彪.研究型大学内部文化治理研究[J].江苏高教，2017（4）：39–41.

指标，大学治理有效性包含"效率"和"效力"两层含义，治理"效率"来自理性的结构设计，包括机构设置、管理程序的科学性及降低管理成本等内容，"治理效力"不仅来自理性的结构设计，还受到"合法性"的影响，即它必须获得成员来自内心的认同和接受①。大学文化是大学治理过程中衡量大学治理效力的一个基本要素，它标识了大学人的组织身份，提升了大学人的组织认同感和组织忠诚度，为大学治理的行为主体创造了共享的沟通和交流空间，这对于大学治理有效性的实现具有重要的意义和价值。

（一）大学文化本身就是一种精神生产力

在文化治理的理论视域中，文化本身也是一种治理的中介，而文化之所以能够发挥中介性的治理作用，又与文化本身蕴含的生产力功能密不可分。传统意义上，生产力的概念与资本主义工业化的发展阶段密不可分，主要指的是一种"征服、改造自然的能力"、以标准化、机械化生产为主要标志。经典马克思主义理论对生产力的概念进行了拓展和区分，认为生产力是伴随人类社会始终的、推动人类社会发展的最终决定力量，生产力的本质是人类创造社会财富的能力，这种财富既包括物质财富，也包括精神财富。相应的，人类社会的发展存在两种生产力的形式，即"物质方面的生产力"和"精神方面的生产力"。文化生产力显然属于"精神方面的生产力"。在我国，文化生产力是一个极具中国特色的概念，是中国领导层和理论界根据美国学者约瑟夫·奈"巧实力"概念加以修正，并结合中国社会实践进行创新而形成的理论成果。20 世纪 90 年代，薛勇和王恒富等主编的《文化生产力的崛起》一书中较早使用了"文化生产力"的概念，并将文化作为生产力的渗透性要素来理解的。方伟的《文化生产力：一种社会文明驱动源流的个人观》一书揭

---

① 王占军.大学有效治理的路径：知识论基础与实践准则［J］.中国高教研究，
2018（09）：37-40.

示了文化作为生产力要素在社会发展中的重要意义，并把"文化生产力"提升为与"物质生产力"同等重要的地位[1]。总之，文化的生产力不是"文化"和"生产力"两个概念的简单叠加，它实质上是一种区别于"物质生产力"的"精神生产力"，具有突出的意识形态特征，是心理、意识、道德等精神方面的整合性表现。作为一种精神生产力，文化发挥治理功能（或者说文化产生治理能力）的过程，就是文化以一种软性的治理力量作用于治理实践过程，并在这一过程中使治理主体与客体之间发生相互联系、相互作用和相互转化的一个中间环节。大学文化也具有生产力，大学文化的生产力不是"大学文化"和"生产力"两个概念的简单叠加，它实质上是一种区别于"制度""规范"等有形治理资源的"精神资源"，是大学治理的信仰、理念、传统、意识等精神方面的整合性表现。大学治理的很多相关研究发现，大学文化作为一种精神生产力，能够激励大学人的组织认同感和组织承诺意识，进而激发大学人产生和形成有助于实现大学组织目标的功能性行为，增强大学战略实施的有效性[2]，这正体现了大学文化的"生产力"功能。

（二）大学文化内在建构大学人的身份认同

参与式治理理论认为，有意义的公民参与，将导致更好的集体决策[3]。也就是说，组织成员的参与意识就越强，组织治理的成效就越好，而要提升组织成员的参与意识，首先需要强烈的身份认同。这就构成了一个简单的逻辑，即"组织成员的认同越强，参与度就越高，参与度越高，

---

① 李春华.文化生产力与人类文明的跃迁［M］.北京：中国社会科学出版社，2016：17.

② 魏海苓.适应与协调：大学战略管理与大学文化的关系探讨［J］.辽宁教育研究，2008（2）：19-22.

③ Callahan,Kathe.Citizen Participation:Models and Methods[J].International Journal of Public Administration, 2007(11):1179-1196.

组织治理的成效就越好"。作为集体行动的大学治理，同样也必须建立在大学人广泛参与的基础之上的。大学文化创建了共同的语言和概念范畴，提供了一套共享的价值标准，界定了大学人的准入与退出标准，内在规定了"谁属于这个群体，谁不属于这个群体"的价值共识，标识出组织成员特有的组织身份，建立、巩固和强化这种身份意识对于提升大学人对大学的组织归属感和认同感具有重要作用。从这个意义上来说，大学人对大学的组织认同程度越高，就越能在内心产生一种归属感和组织承诺意识，激发大学成员产生有助于实现组织目标的功能性行为。大学文化治理的一个基本前提就是认同，正是因为内在的文化认同，大学人才能够以更加积极的姿态自觉地参与到大学治理的过程之中，并积极为大学的组织荣誉而战，相应的大学治理的内生动力就充足。反过来说，文化治理能力越强的大学，组织认同感越强，大学作为一个自适应的行为有机体的自我治理能力就越强，这也是哈佛、耶鲁、牛津、剑桥等世界老牌知名高校为何能够穿越中世纪宗教神学的层层桎梏和封建城主的铮铮马蹄而依然能够屹立不倒、基业长青，始终担负着守卫、传承和创新人类优秀文明成果的关键原因所在。总之，从治理效果上来说，大学文化治理具有非强制性、非灌输性、非科层性的治理特征，尤其强调治理从"外部规约"到"内部生成"、从"强制生发"到"自主生发"，从"控制技术"向"自我技术"的策略转变，这也说明大学文化治理的动力不是由外部力量强加的，而是通过价值观的内化而实现的。

（三）大学文化能够增进大学人的组织沟通

从某种程度上来说，大学治理就是大学共同体为达到某种目标所采取的集体行动①。集体行动研究中的"公地悲剧"和"囚徒困境"的说明了，

---

① 宣晓伟.国家治理体系和治理能力现代化的制度安排：从社会分工理论观瞻
　　[J].改革，2014（04）：151-159.

在集体行动中有效的组织激励和组织沟通是必不可少的，否则大学治理的过程必然要走向混乱和无序，走向"集体行动的困境"。大学是一个充满价值冲突的场域，不同的行动主体基于不同的价值追求，选择不同的治理目标，这本身就增加了大学治理作为一种集体行动的治理难度。面对集体行动的困境，有效的沟通是不可或缺的，而相似或者的相近文化背景往往是增强组织沟通的重要因素。大学文化本身就是一种富有价值意蕴的集体空间，它提供了组织的话语体系（学科话语、专业话语）、进入准则（成员是否被接受的价值标准）和独特交流方式（校歌、讲座、论辩等），是大学人生活方式的一种公共表达和大学成员交流沟通的公共空间，允许不同利益相关主体能够以合法的方式进行协商，为聚集在一起的大学人建立了一套沟通体系，从而制造出一个允许不同价值观进行对话、交流、产生共鸣的空间，进而使得不同的价值主体产生集体协作的意愿，强化组织治理的有效性。反言之，缺失了大学文化，大学交流和沟通将难以为继，而没有交流和沟通的大学治理也不能内在调动大学各个治理主体的参与意愿，或将面临悬置或搁浅的风险。从这个意义上来说，大学文化能够有效地增进组织沟通的效率。

（四）大学文化是激发大学治理内生动力的源泉

整体来看，大学治理的动力主要有两种：一种是外赋的动力；另一种内生的动力。其中，外赋动力指的是组织在与环境相互作用的过程中由外界事物加于组织而形成的一种外部动力需求，实现目标的动力来源于大学之外，如大学的排名、大学的社会声誉、大学的财政资助以及行政拨款等。简而言之，它是一种由外在刺激而应激生发的动力形式。大学治理的内生动力是大学组织行为机制的原动力，是大学基于清晰的自我认知、准确的自我判断和高度的使命自觉而形成的一种内部动力需求，实现目标的动力来源于大学之内，如大学对学术真理精神的捍卫、对人才培养的高质量要求、自觉地社会责任感、对社会文化的批判和引领等。简而言之，它是一种由大学出于文化自觉和使命自觉而自然生发的一种动力形式。当然，大学治理的"内生动力"和"外赋动力"不是绝对的，在一定情况下"外赋动力"可以转化为"内生动力"。譬如，提升大学排名是一种外赋的动力，但有些大学由于文化自觉程度比较高，对自我有着清晰的自我认知和定位，不以"排名"论英雄，仅仅是将"排名"作为一种自我的参照和努力的方向，积极的查漏补缺，客观认识自己的办学短板，踏踏实实提高自身的办学质量，循序渐进的开展大学治理，这就实现了从外部动力到内生动力的转换。然而，有的大学则"为了排名而排名"，不顾自身办学实际，一味追求高指标，盲目向"高排名大学"看齐，大学治理完全跟着"排名走"，这就是没有实现大学治理从"外赋动力"到"内生动力"的转变。一般来说，由大学外部动力而生成的大学治理行动更加强调规范和效率的取向，强调以制度推进大学治理实践，治理过程具有快捷性、阶段性和强制性，而由大学内生动力而生成的大学治理的行动更加强调文化和人的取向，强调以价值、精神、信仰等推进大学治理实践，治理过程具有渐进性、长效性和默会性。大学治理的过程主要是在这两种动力机制下发挥作用的。

大学文化代表着大学治理的内生动力。大学治理的内生动力主要就是大学根基于自身独特的文化积淀和文化养成而形成的某种文化自知和使命自觉，进而使大学治理的内外部利益相关者自觉参与到大学治理的结构和过程之中，提升大学治理的效能。著名物理学家、哲学家俄斯特法尔特在其著作《文化学的能力基础》一书中从物理学的视角阐释了文化力的作用机制，认为文化力源于人的心力（与体力、物力相区别），而人的心力是高尚的能力，受感于外，生动于内，然后传递其动力于肢体，产生动力而工作。从以上论述都能看出，文化的力量主要是一种内生的力量。大学治理从根本上来说是一种内在动力的建构，而非外部力量的强加，大学治理的过程最重要的就是构建大学治理的内生动力，这样才能保证大学治理的有效性和持续性。从这个意义上来说，大学治理的动力既不是存储在图书馆典藏文献里，也不是高悬在大学组织运行的制度规范中，而是渗透于每一位大学人的精神和血脉之中，潜藏于大学的历史传统和文化理念之中。理解和运用大学文化的力量，大学治理就会成为一种有组织的集体行动，进而形成大学组织创新和变革的动力源。并且，优良的大学文化一旦成为一种稳固的治理价值，就会对全体成员产生无形的激励，并激发和提升大学人的组织荣誉感，使得大学人以自觉的精神参与大学治理的结构与过程之中，让大学人积极地为大学的组织形象而战，这也构成了大学治理源源不断的内在动力。反言之，如果大学的利益相关者不根基于大学独特的文化传统，强行推进大学治理实践，势必危机大学治理的人文生态，也难以取得应有的治理效果。

第四章
大学文化治理的中国式文化嵌入经验

　　记忆的需要就是历史的需要[①]。纵观中国百余年的大学治理进程不难发现，有怎样的文化，大学就呈现出怎样的治理假设、理念、战略、目标、模型、方法论体系。一个大学选择怎样的治理范式，与这个大学的独特的历史传统、意识形态、价值规范、外部环境等一系列综合性的文化因素密不可分。大学治理实践的背后是大学不断进行文化比较和反思的结果，也是关于大学治理核心价值观念不断转换的结果。从这个意义上来说，一部中国大学治理史就是一部中国大学文化变迁史，一部中国大学文化变迁史就是一部中国大学文化的治理功能发展史，一部中国大学文化的治理功能发展史就是一部关于大学文化选择、传承、冲突、调整和变革的文化治理史。

　　历史是我们反思过去的镜子，更是我们展望未来的支点。在当前的时代背景下，推进和强调文化治理是中国大学治理发展到一定阶段的历史诉求，也是中国大学进一步走向卓越，自立于世界高等教育之林的必要手段。在新的时代背景下，大学治理与高等教育全球化、高等教育现

---

① ［法］皮埃尔·诺拉.记忆之场：法国国民意识的文化社会学［M］.黄艳红，等译.南京：南京大学出版社，2015.

代化、市场经济以及双一流建设等浪潮裹挟在一起，如果没有深刻的文化认同和文化自觉，大学治理的成效很可能大打折扣。正如许美德教授所说："我衷心希望中国的大学在未来不仅仅是为国内的经济、社会发展提供所需的新知识和新技术，而且要将中国文化中的精髓和由百年巨变得到的历史教训介绍给全世界。"[①] 政府、社会以及大学应达成共识，大学治理过程中应该发挥文化的治理作用，把社会主义核心价值体系融入国民教育全过程，中国大学也普遍意识到，提升大学文化的影响力、凝聚了、创造力和竞争力已成为大学治理的重要组成部分，"培育理念先进、特色鲜明、中国智慧的大学文化"正成为中国大学保持生命力、提升竞争力重要源泉，也必将深刻的影响大学治理与变革。

从任何意义上来说，大学治理不能忽视大学文化的视角。更准确地说，大学治理与大学文化本身就是相互嵌套的，二者的不可分离性要求在开展大学治理问题的同时也考虑文化特性，如果不关注和研究大学文化，我们就不能充分认识和理解大学治理及其背后的行动逻辑。本研究所定义的中国大学文化治理，主要是指中国大学文化嵌入中国大学治理进而对大学治理产生相应治理效用的一个过程。要明确中国大学文化治理的经验和教训，至少要回答三个基本的问题：即在中国大学百余年的治理史上，有哪些文化因素影响了中国大学文化的形成和嵌入；中国大学文化是如何嵌入到中国大学的百余年治理过程中的；不同的大学文化嵌入产生了怎样的治理效能。围绕这三个问题，本章主要立足于中国大学百余年治理的实践进程，分析中国大学文化与大学治理的关系以及大学文化对中国大学治理的影响，明确中国大学文化治埋的经验和教训。

---

① 许美德. 中国大学：1895-1995，一个文化冲突的世纪［M］. 北京：教育科学出版社，1999：314.

第一节　中国大学治理进程中文化嵌入的影响因素

中国大学文化是在中国传统文化、西方大学文化和中国特色社会主义文化等三种文化力量的影响下形成和发展起来的。换言之，有三股文化力量影响了中国大学百余年治理的文化嵌入：一是中国大学在发展和演变过程中所根植的传统文化的力量；二是随中外文化交流的频繁而逐渐输入的西方大学文化的力量；三是由中国大学在百余年的治理实践中自主探索并融合创生的具有典型中国特色的文化力量。正是在这三种文化力量的冲突、融合、吸收、改造与创新之中，中国近代大学文化才呈现出波澜壮阔的进化篇章。并且，这三种文化力量在过去、现在和未来的时间线上对中国大学文化的影响始终存在和交织，并随着经济全球化和高等教育国际化的深入而进一步凸显对中国大学治理的影响。

一、中国传统文化

中国传统文化是一个博大精深、源远流长的文化价值体系。中国大学的产生、存在、发展和延续与中国数千年积淀而成的传统文化密不可分。在中国近代大学治理的进程中，中国传统文化的影响始终存在，传统文化与大学治理的关系有时是矛盾冲突的，有时是共生共融的，深刻影响着近代中国百余年大学文化的发展和大学治理的实践。直到今天，中国传统文化仍被视为可资借鉴的高等教育思想资源和哲学智慧。中国传统文化的精髓是儒家思想，儒家思想不仅塑造了中国数千年文化的根基，也塑造了中国大学改革与发展的基本理念。需要指出的是，中国传统文化有精华也有糟粕，有先进也有落后的，有永恒的也有阶段性的。作为文化的选择者和批判者，那些被中国大学所选择和采纳的传统文化，正是对中国大学文化和中国大学治理产生重要影响的优秀传统文化。中国优秀传统文化内蕴极其丰富，像讲仁爱、重民本、守诚信、崇正义、尚和合、求大同、自强不息、厚德载物、扶危济困等思想都是中国优秀传统文化的组成部分。从中国大学百余年治理史的角度来看，崇德尚礼价值观、精英主义秩序观以及以天下为己任的责任观等，对近代中国大学文化的形成、发展和演变所产生的影响最为明显，进而对中国近代大学治理产生了重要影响，也在新的时代背景下焕发着生机和活力。

（一）崇德尚礼价值观

中国传统文化把"道德"看作是社会构成和个人社会行为的基础，甚至上升到了信仰的高度。德，指的是德行修养，作为宇宙与人类历史存在与发展的基础与本体规律的体现，是中国传统文化儒释道三家共同认可的观念。在中国人的文化传统中，中国人的内在行为准则常常不是依托于神秘的宗教力量，而是强调个人道德修养的完善。"德"的范围极为广泛，忠孝、仁义、勤劳、诚信等皆是其表现形式，并且这种价值追求不仅深入国家治理的政治信仰体系，也成为个人人格完善的最高价值准则。譬如，在国家治理上，中国传统文化强调要"为政以德，譬如北辰，居其所而众星拱之"，认为道德是维护宇宙、社会发展与秩序平衡的基本手段与途径，故而德治在国家治理中的中心地位和主导地位。那么，应当如何实行德治呢，儒家文化认为需要借助于礼法秩序。因为，"德"属于内在修养要求，而"礼"属于外在行为规范。随着语境的发展，"德"与"礼"的区分并不十分明显，"礼"可用来描述约定俗成的"德"，

"德"亦可以表达约定俗成的"礼"①。进言之，"礼"是"德"的延续，"德"是"礼"的基础，"德"与"礼"互为里表，构成了人格塑造与国家统治的内外统一。因此，不管是中国的社会治理，还是个人的道德完善，都十分推崇"内圣外王"，具体做法是将伦理观与道德观浓缩到礼制中，并使之成为调节人际关系与政治关系的守则，进而使整个社会治理格局呈现出上下、内外、亲疏、远近的有序状态。因此，中国社会的最主要特点是一种以道德代宗教的方式，"融国家于社会人伦之中，纳政治于礼俗教化之中，而以道德统括文化，或至少是在全部文化中道德气氛特重，确为中国的事实"②。可以说，崇德尚礼的价值观是深入中华民族血脉的一种价值观，深刻影响中国社会的治理实践，它们共同构成中国社会治国理政的智慧来源与知识分子精神修养的核心内容。

德治礼序是千百年来中国社会治理的价值基础和制度核心，是中国知识分子普遍认可的内在行为标准，也是中国大学文化在发展与演变过程的不容忽视且发挥着重要作用的精神资源。《礼记·大学》为中国传统教育之道阐明了高远立意，即明明德、亲民、止于至善。千百年来，任世事变迁，但关于大学之道的论述仍无出其右。中国近代大学百年发展的历史，是追赶与奋进的历史，也是重拾和发扬大学之道的历史，而只要大学之道存在，崇德尚礼的大学文化观就未曾消失。仔细审视清末大学治理、民国时期大学治理、建国初期的大学治理和改革开放之后的大学治理史就会发现，这种崇德尚礼的文化嵌入观一直伴随着中国近现代大学的改革与发展进程。

清末大学的诞生虽然目的是要"师夷长技"，但其人才培养和大学改革的核心仍是以德治礼序为基础的"中学"思想。譬如，孙家鼐在《议

---

① 马戎.罪与罪：中国的"法治"与"德治"概说［J］.北京大学学报（哲学社会科学版），1999（02）：29-36，157.

② 梁漱溟.中国文化要义［M］.上海：上海人民出版社，2005：20.

复开办京师大学堂折》中指出："今中国京师创立大学堂，自应以中学
为主，西学为辅；中学为体，西学为用。中学有未备者，以西学补之；
中学有失传者，以戏谑还之。以中学包罗西学，不能以西学凌驾于中学。
此是立学宗旨。"①《钦定学堂章程》规定："所有学堂人等，自教习、总
办、提调、学生诸人，有明倡异说，干犯国宪，及与名教纲常显相违背
者，查有实据，轻则斥退，重则究办。"②《学务纲要》也规定："以忠孝
为敷教之本，以礼法为训俗之方，以练习艺能为致用治生之具。"③如此
等等，这都说明"中体西用"是清末大学治理的核心治理价值观，而"中
体"的哲学基础就是中国数文化传统中沉淀千年的道德礼仪与人论典
则等。

　　民国大学发展伊始，百废待兴，百弊待除，一批卓越的教育改革家
门，如蔡元培，张伯苓、熊子容、袁公为、杨贤江、舒新城、刘湛恩、
晏阳初、龚启昌、蒋梦麟等许多有识之士迎难而上，将中国传统道德教
育思想和西方公民教育思想融合，大声疾呼发展"公民教育"，并"以
百世不迁之公民道德"育新人，开新风，挺民族之脊梁，振救国之斗志。
譬如，蔡元培认为立国先立人，立人必先兴教育，提倡五育并举（军国
民教育、实利主义教育、公民道德教育、世界观教育以及美感教育），
其中一点就是公民道德教育；张伯苓以振兴中华为目标，主张培养学生
的爱国公德及服务社会的能力，以"知中国，服务中国"为办学理念，
其目的和初衷就是培养"有理想、有抱负、有道德"的未来公民，这种
公民是既有"爱国之心"，又有"爱国之力"的；熊子容从社会发展的

①　郑登云.中国高等教育史［M］.上海：华东师范大学出版社，1994：68.

②　朱有瓛.中国近代学制史料（第二辑·上册）［M］.上海：华东师范大学出版社，
　　1987：753.

③　朱有瓛.中国近代学制史料（第二辑·上册）［M］.上海：华东师范大学出版社，
　　1987：8.

角度指出，培养良好的公民是促进社会的发展的需要，因此教育应注重"道德训练"。如此等等，均可以说是中国传统的崇德尚礼思想的彰显。

新中国成立之初，德育思想主要体现为一种以"五爱"思想（爱祖国、爱人民、爱劳动、爱科学、爱社会主义）为基础的思想政治教育、共产主义道德教育和爱国主义为核心的革命实践教育。1961年中央颁布《教育部直属高等学校暂行工作条例（草案）》（即"高教六十条"）文件中也对大学德育的任务、原则、内容、方法等作出了明确的规定，这些规定处处体现着中国传统德治文化中蕴含的集体主义、道德正义和献身精神，也是指导大学治理的基本原则。

改革开放之后，面临着培养"四化"新人和社会主义现代化的历史重任，德育思想在大学人才培养的过程中显示出越来越重要的地位。1994年《中共中央关于进一步加强和改进学校德育工作的若干意见》、1999年《中共中央关于加强和改进思想政治工作的意见》、党的十七大报告中关于"育人为本、德育为先"的表述以及党的十八大报告中强调要"把立德树人作为教育的根本任务"等要求，都进一步体现了中国大学对德育工作的重视和期待，也充分体现了不管时代如何变迁，崇德尚礼的价值观一直是影响中国大学治理的一条基本价值原则，深远地影响着中国大学发展进程。

（二）精英主义秩序观

中国传统文化中向来就有崇尚精英的传统。精英有"典型""标杆"之意，在任何社会制度条件下，精英都是不可或缺并普遍存在的。一般来说，精英主要有两种：一种是基于血统而先天获得的尊崇身份，如皇族贵胄、王公大臣等；另一种是基于才华而在后天竞争中脱颖而出的，如民众选取的政治精英、同行评议的学术精英、市场优胜劣汰的商业精英等。在现代社会，第一种精英所占比例已经很小，第二种精英成为社会发展的支柱和社会推崇的主流，在社会演进和发展中起到了重要作用。大学是精英的"养成所"，大学也是与生俱来的精英教育机构，大学教育的目的本身也是为了形成和培养各种类型的精英人才以服务于社会发展。大学的精英主义意识与中国传统文化中那种"学而优则仕"的政治文化传统是一脉相承的。也正是因为这种文化上的固有连接与前后传承关系，才使得中国大学治理过程中的文化嵌入呈现出明显的精英主义秩序观，并产生了蓬勃的生机与活力。

从中国百年大学变革的历程来看，尽管人才培养的方式和理念在不断变更，但大学所崇尚的精英主义秩序观是一致的，像高考制度、杰青人才、一流大学和一流学科建设等等，无一不是这种治理理念的有力呈现。需要指出的是，精英主义并不是中国的独有的文化理念，精英主义秩序观也不是中国文化的特色，中国的特色在于把精英主义制度化，并使之成为一种正式的制度，称之为"制度化的精英主义"①。所谓"制度化的精英主义"，其本质就是精英主义教育理念的制度化过程，是政府、大学或其他专门组织等按一定标准、原则或者程序，通过资源投入或者制度供给等方式，来促进对少数优秀个人或组织优先发展、快速发展和高质量发展的思想观念和行为模式②。制度化精英主义通过制度化的力量为中国各种类型的高等院校、杰出人才进行分类和排序，它使得我国的高等教育在管理体制、运行方式以及生态系统等方面显著区别于其他国家和地区，体现出明显的精英主义治理观和秩序观。这种精英主义秩序观通过两种形式嵌入在中国大学治理体系中，即政治精英主义与学术精英主义，并且这两种精英主义观在中国历经千年的古老传统，这体现了政治与学术之间"若即若离"而又"不即不离"的微妙关系。

---

① 赵炬明.精英主义与单位制度——对中国大学组织与管理的案例研究[J].北京大学教育评论，2006（01）：173-191.

② 郭书剑.制度化精英主义与中国大学学术精英的生成[J].高等教育研究，2020，41（03）：77-85.

在中国大学治理的过程中，政府与大学是生成精英的主体，政府主导的择优激励机制不仅赋予了精英良好的社会声誉，还强化了其精英分子的身份认同，而精英主义的制度化则进一步巩固与强化政府对精英主义治理机制的使用频率，两者的互动则促进了精英理念的制度化，并影响着大学的发展与变革。精英主义的秩序观反映在中国整体的大学治理体系中主要体现为一种"金字塔"式的高等教育治理结构，即不同类型的学校如同金字塔的构成序列一样有序排列，部属与省属、重点和一般、学术型与技能型等不同层次、不同类型的大学都有自己的办学层次、目标设计、招生计划、课程设置、师资力量等，这既是高等教育生态多样化的体现，也是一种精英主义秩序观的表征。总的来看，作为"表现知名度的象征性资本"，各种"学术称号""头衔"的确立则是精英主义制度化的符号性表征，这在中国大学治理的体系中随处可见。譬如，国家的"四青"人才评定与考核主要有四个步骤，即人才标准确立、人才遴选、人才支持与培养与人才考核与进阶等四个阶段，通过这四个阶段，精英主义教育理念得以制度化，并确立了一种精英选拔与评定的大学治理秩序，这实际上就是制度化精英主义教育理念在中国大学治理体系中的具体呈现。

（三）以天下为己任的责任观

中国传统文化主要是是一种以儒家思想为基础的"士"文化。"士"产生于先秦时期，指的是阶级社会中介于贵族统治阶层和广大庶民阶层之间，掌握着文化资源，而且具有一定人身自由的一个特殊阶层。在我国，素有"学在官府"的文化传统，即只有士以上的贵胄子弟才有权力接受文化知识，因此士又成为介于贵族与平民之间、有一定知识和技能之人。同时，士文化遵从着一定的价值排序，所谓的修身、齐家、治国、平天下在某种程度上就是中国知识分子内在遵从的一种价值排序。按照这种价值排序，士文化最终追求的是一种以天下为己任的社会责任感。

譬如，孔子提出的"士志于道"（《论语·里仁》）、曾子倡导的"士不可以不弘毅，任重而道远"（《论语·泰伯》）、孟子主张的"穷则独善其身，达则兼善天下"（《孟子·尽心章句上》）、范仲淹呼吁的"先天下之忧而忧，后天下之乐而乐"（《岳阳楼记》）、周恩来笃定的"为中华之崛起而读书"等经典论述都是中国"士文化"中提倡"以天下为己任"的一种价值表达。可以说，千百年来，"以天下为己任"的士文化传统深藏于中华民族血脉中，哺育和形成了中国知识分子浓厚的家国情怀、自强精神和奉献意识。士文化传统的内蕴丰富，如对自由的追求、道义的捍卫、对君子人格的推崇等，但士文化的最高判断标准就是一种"以天下为己任"的家国情怀、忧患意识以及社会责任感。"以天下为己任"强调"个人事小、集体为大"，其典型特征是集体主义的价值取向，反映在大学改革与发展上，主要体现为一种浓厚的家国情怀和服务社会意识。可以说，中国千百年来形成的"以天下为己任"的责任观，在中国大学文化形成和发展的过程中从来没有消失过，在不同的社会历史背景下或继承、或发扬、或转变形式，并在某种意义上得到了进一步的彰显，被直接或间接的熔铸中国大学文化和中国大学治理的进程之中，并发展成为一种民族精神和大学性格，为中国大学发展与改革提供了精神支撑和价值取向，指引着中国大学治理与改革的步伐与方向。

"以天下为己任"的责任观与中国传统文化中的"国家主义"文化传统是密不可分的。何为"国家主义"？"国家主义"原是政治学中的概念，它强调国家和政府的主导作用，是一种以"崇尚国家至上和推崇国家权威为核心特征"的价值取向①。国家主义价值取向的大学文化观并非中国所独有，只不过在中国大学文化发展演变的过程中表现更为独特，也更

---

① 王通.国家主义理论在我国社会组织发展中的应用与创新［J］.经济与社会发展，2018，16（01）：26-31.

为明显。因为，西方大学文化虽然也具有国家主义的价值取向，但是这种价值倾向是近代以来随着西方民族国家逐渐走向成熟以及高等教育组织的迅猛发展而逐渐形成的，并非是与其历史文化"天然同构"的产物。中国的国家主义价值倾向则是与生俱来的，它从一开始就具有深厚的国家主义文化传统，即"国家主义的意志渗透、结构同体与功能主导"①始终是建设具有中国特色的高等教育制度的文化基因和现实途径。统观中国大学的建立、发展与变革，国家的力量始终存在并十分重要。在中国高等教育的传统发展理念中，高等教育是社会上层建筑的重要组成部分，隶属于统治阶级的发展需要，彰显着一种浓厚的政治属性和典型的工具性价值。中国近代大学诞生在民族危亡之际，是国家出于救亡图存的需要而建构的，它从一开始就与民族国家的命运深深牵绊，并将这种国家主义价值取向内嵌在中国近代大学文化基因之中，推动形成了中国大学的治理范式。可以说，"国家主义"文化传统体现的正是"以天下为己任"的责任观，这种家国情怀和责任意识在中国大学文化形成和变革影响深远。

中国近代大学诞生于民族危亡之际，其改革与发展的历程波澜壮阔，处处体现着这种"以天下为己任"的家国情怀和价值追求。譬如，南开大学校长张伯苓从教育救国的宗旨出发，坚持"教育救国终不悔"，在建校之初就确定了"允公允能"的办学精神，把培养"爱国爱群之公德，与服务社会之能力"作为南开办学的基本目标；北洋大学（今天津大学）关注实干精神，提出了"不在纸上逞空谈，要实地把中华改造"的治校思想，在学科发展上走"理工结合、相互支撑"的发展战略，同时多次组织师生开展了支持马占山抗日武装斗争、支援十九路军淞沪会

---

① 苟振芳，汪庆华.国家主义下中国现代大学制度的建构逻辑及审思［J］.清华大学教育研究，2015，36（02）：37-44.

战、支持冯玉祥抗日同盟军、抵制日货、创办"北洋大学民众新报社"、成立"宣传抗日旅行剧团"、响应北平"一二·九"学生运动、反饥饿、反内战、反迫害运动等各种类型的抗日救亡活动；厦门大学创始人陈嘉庚在极端困难的办学情况下依然高喊出了"宁卖大厦不卖厦大"的时代强音，以爱国主义为核心的"嘉庚精神"也成为每一代厦大人恪守的精神指南；浙江大学校长竺可桢在每年浙大新生的开学典礼上都会开展事关国家兴亡的人生观教育，他明确指出浙江大学的教育目标就在于培养能够担当时代大任，转移民风国运的领导人才①。可以说，从1919年的五四运动到1935年的"一二·九"运动，从新中国成立初期大学积极融入"国家社会主义经济建设"的要求到改革开放之后为国家培养"四化新人"的使命，以及当前大学承担的"高等教育强国"的历史重任等，无不体现了中国大学的那种"服务国家发展"的责任观和大局观。百余年来，中国大学将抗敌救国、振兴中华、服务社会、强国富国的努力融人大学价值观和教书育人当中，始终与国家的前途命运连在一起，始终与社会进步和民众福祉连在一起，始终与中国最先进的革命和建设力量在一起，大学所表现出的那种对民族、对国家、对社会的责任与担当，对求知、求是、求学的执着与坚贞，体现出大学与国运民生的深切羁绊，也体现了大学自觉的使命与责任担当。这些事例都充分说明，"以天下为己任"的社会责任感早已熔铸在中国大学文化的血脉之中，支撑着它发展与变革的每一步，进而也影响了中国百余年大学治理的进程。

总之，在中国大学百余年治理的文化发展和嵌入进程中，传统文化的力量从未消失，它始终存在，并被大学人以不同的方式嵌入在中国大学治理的实践之中。换言之，没有中国传统文化的嵌入和滋养，中国独特的大学文化不可能生发和形成，中国大学的改革、发展和建设也不可

---

① 樊洪业，段异兵．竺可桢文录［M］．杭州：浙江文艺出版社，1999：68.

能有序行进。长期以来，中国大学的发展常被解释为一种"文化舶来品"，甚至有些声音认为，中国近代大学不管是理念、制度还是培养模式上"全为外来的，模仿西方的"①。这种倾向看到了西方大学文化对中国大学的重要影响，但却过于武断，显然忽视了中国传统文化对中国近代大学形成与发展的影响作用，更重要的是其对中国大学文化的民族性批判严重缺乏历史性考据。中国大学虽然是在"旁采泰西"的基础上发展起来的，但中国大学文化的根基仍然是中国的传统文化。可以说，中国传统文化在中国大学文化的形成和发展进程中一直在场，从未缺席，中国大学文化和中国大学治理模式的形成正是中国传统文化孕育、改造和变通的结果。

二、西方大学文化

西方大学文化是相对于中国大学文化而言的一种文化类型。西方大学文化源远流长，最早可以追溯到古希腊和古罗马时期（尽管古埃及和古印度也有类似性质的高等教育传统，但本文暂不作论述）。我们这里所说的西方大学文化主要是指自欧洲中世纪大学诞生直到现当代以来所形成的西方大学文化传统。近代以来，西方大学文化传统对中国大学的发展与变革产生了重要的影响。洋务运动的兴起是中国近代文化演变进程的开端②，这意味着中西文化冲突的加剧，也意味着西方文化输入的加快。1895 年 4 月，甲午海战的失败，不仅标志着清末历时三十余年的洋务运动的破产，也彻底打破了封建士大夫阶层"天朝上国"的自我迷梦，"师夷长技以制夷"的呼声更加强烈，西方文化的传播也更为迅速。在这样的背景之下，中国传统的高等教育体制"科举制"和"书院制"，

---

① 伍振骛.中国大学教育发展史［M］.台北：三民书局，1982：4.

② 安宇.冲撞与融合：中国近代文化史论［M］.上海：学林出版社，2001：22.

已经失去了它们原来的正统性地位和活力，建立和改造大学成为一种广泛的呼声。1895 年，清政府正式设立北洋大学堂，这标志着中国第一所近代大学的正式出现，也标志着中国近代高等教育的初创。从 1895 年建立的北洋大学堂始，清朝政府相继建立一些近代形式的高等学堂，譬如南洋公学（1896）、京师大学堂（1898）、山西大学堂（1902）等。这些新式学堂的建立不是在中国传统文化的滋养中自然产生的，而是随着西方文化输入而建立的新式大学。清朝封建统治被推翻之后，以孙中山为首的资产阶级革命派建立起资产阶级民主共和政体"中华民国"。但是，这一短暂的统一政体只是昙花一现，很快就被袁世凯窃取了革命的胜利果实，随之而来的是长达十余年的军阀混战格局。北洋军阀政府将主要精力用在了权力争夺和军事斗争上面，由于没有稳定的、统一的、强有力的政府力量干预大学，这客观上导致中国大学获得了短暂自由发展的契机，很多教育改革家们（如严复、蔡元培、李石岑、胡适、竺可桢、罗家伦等先锋和斗士）乘势而起，一方面大力批判封建残余思想，另一方面，积极宣扬和传播西式新型思想，这在客观上促进了中国大学对西方大学文化的比较、反思、借鉴与吸收。国人也逐渐认识到，单纯地通过"师夷长技"来兴办大学显然无法改变中国政治和经济力量双重贫弱的现实格局，有必要在大学精神和理念层面向西方学习，对中国大学进行更为全面的诊治和变革。从清末"师夷长技以制夷"的洋务运动到主张建立"君主立宪"的戊戌变法，从带着疑问态度的"中体西用"文化取用观到提倡和鼓吹"民主"与"科学"的新文化运动，从文化的"拿来主义"原则到文化的批判鉴别，从京师大学堂的"日本模式"到北京大学的"德国模式"再到国民政府时期的"法国模式""美国模式"以及建国之后的"苏联模式"和"中国模式"等等，这种种关于大学治理的理念、精神、态度和模式的转变等都体现了近代以来西方大学文化对中国大学治理的深刻影响。总的来看，大学自治、学术自由与服务社会等文化传统是西方大学自诞生以来逐渐形成并强化的大学文化，对中国大学的发展与变革产生了重大的影响。

（一）大学自治观

西方早期的大学的诞生，大多是学者或者学生出于讲学或者知识研究的目的而创立的行会组织，大学内部的管理权力分配、组织机构设置与学科构成等都是由教师和学生自行抉择。13 世纪之后，随着"学者行会"影响力的扩大，大学的社会功能逐渐被世俗王权和教权所重视，国王或者教皇为了争取大学，纷纷开始以"特许状"支持大学的发展，这相当于承认了大学的独立法人资格。当时大学的自治权力比较广泛，如大学可以自由的开设课程、聘任教师、制定学术标准、设置讲座、审查学位证书、迁移甚至独立的司法权等等。不难看出，西方大学在诞生之初就具有浓厚的大学自治传统。近代民族国家诞生之后，尽管世俗权力纷纷加强了对大学的控制，但大学自治的文化传统始终没有受到质疑和冲击。西方大学自治传统对中国大学发展与变革产生重大影响的一个典型例证就是蔡元培在治理北大期间的所提出和秉持的"教育独立"思想。蔡元培的"教育独立"思想主要包含独立的经费、独立于政府、独立于宗教等三个方面。其中，独立的财政经费是教育独立的开端，而经费意欲保持独立最有效的一种方式便是把它纳入总理的政纲之内。独立于政府是教育独立的保障，指的是教育要脱离行政的控制，在体制机制的运行上保持独立，教育事业当完全交与教育家，保有独立的资格。独立于宗教是保持教育的进步性的需要，因为教育是进步的，是后胜于前的，而教会则是保守的，是绝对不许批评[1]，不能独立于宗教的教育等于是给自己设置了一个限制。蔡元培的教育独立对当时中国大学的发展进步起到了重要的作用，深刻影响了民国乃至新中国建立之后中国大学的改革

---

[1]　高平叔．蔡元培教育论著选［M］．北京：人民教育出版社，1991：375.

与发展历程。

（二）学术自由观

学术自由向来被视为西方大学最引以为傲的文化传统，也是西方大学古老而富有生命力的大学发展理念。早在古希腊时期，智者们就已经孕育和萌生了自由探索真理和自由发表言论的思想。中世纪大学产生之初，作为"学者行会"的大学仿其他行会之模式，积极从当局那里争取"特许状"，通过游学、讲学、罢课、迁校甚至设立法庭等各种活动冲破外界束缚，以争取自由和自治。尽管学术自由的思想在王权、教权与世俗权力斗争的裂缝中艰难成长，但学术自由始终都被学者理解为大学文明的基石和大学文化的核心追求，并成为学者坚定维护的传统之一，从纽曼（Newman）的《大学之理想》到韦伯（Weber）的《学术与政治》，从雅斯贝尔斯（Jaspers）的《大学之理念》到赫钦斯（Hutchins）的《美国高等教育》，从德里克·博克（Derek Bok）的《走出象牙塔——现代大学的社会责任》到约翰·范德格拉夫（John VanderGraaf）的《学术权力——七国高等教育管理体制比较》等经典著作都对"学术自由"的文化传统进行了深入探讨和坚定维护。可以说，不管时代如何变迁，大学的功能如何拓展，学术自由都是西方大学矢志不渝的理想追求，也是西方大学文化体系中最古老而又最富活力的文化元素。学术自由精神对中国近代大学的发展与变革产生了重要影响，近代教育改革家以之为思想武器和教育口号，向中国传统文化那种中"学而优则仕"的封建教育思想宣战，刺激和引领了中国大学的转型与变革。

（三）服务社会观

西方大学的社会服务意识肇始于 16 世纪前后西方民族国家的崛起时期，初步形成于 19 世纪中后期的美国。16 世纪前后，西方民族国家的民族意识觉醒，民族国家相继建立起来。当时，国家需要大量的专门建设人才，于是大学逐渐成为重要的社会力量，在"社会各阶层的斗争中发挥了积极的、有时是突出的作用"①，大学的社会功能逐渐彰显出来，大学的社会服务意识逐渐形成。从 17 世纪开始，欧洲受文艺复兴、宗教改革、启蒙运动以及近代科学技术革命等思潮的影响，出现了许多不同于中世纪大学的新型高等教育机构。到了 18 世纪末 19 世纪初，西方大学发展史上意义深远的"新大学运动"相继在许多国家轰轰烈烈的开展起来，这进一步推动了大学社会服务意识的增长。19 世纪中后期，美国资本主义经济的迅速发展需要大学为社会提供更多更优质的科技与技术支持。在此背景下，大学在保存其传统理念的前提下，也在不断地进行自我设计，大学知识探究的目标逐渐转移到知识应用的范畴中来。彼时，为了培养更多的实用型人才，美国政府颁布的《莫雷尔法案》促使一大批"赠地学院"建立或者发展起来。其中，威斯康星大学范海思校长明确提出了"大学直接为社会服务"的理念，这在美国高等教育界产生了重大影响，促成了西方大学社会服务意识的最终形成。事实上，西方大学的社会服务意识与中国传统文化中的那种"以天下为己任"的士文化传统有许多"不谋而合"之处，因此这一理念自传入中国开始就获得了强大的生命力，并被深深的嵌入中国百余年大学发展的历史征程之中。譬如，从 20 世纪 20 年代开始，北洋大学就开始受到西方"服务社会"意识的影响，在极为动荡的环境下率先确立和实践了培养现代社会发展需要的工程科技人才的办学目标②。蒋梦麟在主持北大校政长达 17 年的时间里，除了继续发扬蔡元培时期德国大学的学术自由办学理念之外，也受到美国大学"为社会服务"文化的影响，强调"学术与社会并行不悖"。新中国成立初期，中国大学的一个基本教育方针就是"大学与社会的生产劳动相结合"，这实际上也是大学"服务意识"的彰显。改革

---

① ［法］雅克.勒戈夫.中世纪的知识分子［M］.张弘，译.北京：商务印书馆，1996：125.

② 张光斗，王冀生.中国高等工程教育［M］.上海：文汇出版社，1995：4.

开放之后，中西文化的交流更为频繁，"产学研"结合成为一种大学服务社会的重要形式得到国家、社会与大学的普遍认可，大学为国家的经济发展与社会进步贡献了自己积极的力量。

总之，西方文化在中国近代大学的演进经历了一个"文化启蒙—文化博弈—文化觉醒"的漫长发展过程，这中间也包括了文化的怀疑、筛选、借鉴、吸收、摒弃、创新等不同的过程，而西方大学文化中的大学自治传统、学术自由精神与社会责任意识对中国近现代大学的发展与变革产生了重要影响。知识经济时代和数字化时代的到来，中国大学治理面临着政治多极化、经济全球化、意识形态多元化的现实情境，西方大学文化的输入和影响也将更加深入和频繁，中国大学除了要进一步守护和发扬从西方大学文化中借鉴和吸收而来的优秀文化传统，也要以一种审慎而又负责的态度看待西方大学文化，过滤和抵制掉其不良的价值理念传播。

三、中国特色社会主义文化

蔡元培先生曾指出，"凡不同的文化互相接触，必能产生出一种新文化"[①]。在中国百余年大学治理的进程中，随着中西文化长期的碰撞、冲突、交流与融合，产生了第三种影响中国大学文化和中国大学治理的力量，那就是随着中国大学社会改革和中国大学治理实践而诞生和发展起来的中国特色社会主义文化。

中国特色社会主义文化，"源自中华民族五千多年文明历史所孕育的中华优秀传统文化，熔铸于党领导人民在革命、建设、改革中创造的革命文化和社会主义先进文化，植根于中国特色社会主义伟大实践"[②]。

---

① 高平叔.蔡元培全集：第四卷［M］.北京：中华书局，1984：50.
② 习近平.决胜全面建成小康社会，夺取新时代中国特色社会主义伟大胜利——在中国共产党第十九次全国代表大会上的报告［M］.北京：人民出版社，2017：41.

中国特色社会主义文化是实践的文化和发展的文化，体现了党对文化自身发展规律的高度自觉，展现了独具中国特色的文化魅力。从孕育和发展历程上来说，中国特色社会主义文化主要有三个方面的内容构成，即中国优秀的传统文化（如崇德行、重民本、守诚信、讲辩证、尚和合、扶危济困、见义勇为、孝老爱亲等传统美德）、中国革命文化（如红船精神、井冈山精神、长征精神、苏区精神、延安精神等）和社会主义先进文化（如社会主义核心价值观等）。从中国特色社会主义文化的组成要素来看，则包含了国家（富强、民主、文明、和谐）、社会（自由、平等、公正、法治）与个人（爱国、敬业、诚信、友善）等多个层面的价值诉求。可以说，内容的丰富性、鲜明的时代性、浓郁的民族性、实事求是的科学性和高度的民主性是中国特色社会主义文化主要特征。

总之，中国特色社会主义文化是一种源起于中国传统文化，根植于中国特色社会主义实践，依托于"中国道路"的现实力量和马克思主义的真理力量，在中国共产党领导中国人民的进行革命、建设、改革实践的过程而逐渐形成的一种独特的、自成一格文化体系。中国特色社会主义文化的产生、形成、发展和演变对中国大学文化和中国大学治理产生了重要影响。在中国特色社会主义文化的影响下，大学文化的治校功能逐渐凸显，中国特色大学文化体系逐渐发展和完善起来。尽管在学术研究领域，中国特色的大学文化体系还存在着诸多争议和讨论，并经历了多次思想论战和交锋，但这些论争无疑在某种层面都进一步繁荣和发展中国特色的大学文化体系。总之，在百余年的历史发展进程中，中国特色的社会主义文化已经自觉或不自觉地影响着中国大学文化的发展与变革，已经成为中国特色大学文化的最鲜明的文化底色，深刻影响并还将系统性影响中国大学治理的理念、态度、技术、方式等多个层面。

第二节　中国大学治理进程中文化嵌入的主要方式

大学治理的背后必定有某种文化的动因。因此，不管是有意植入，还是无意植入，大学治理进程中的文化嵌入都是不可避免的。所谓文化嵌入，就是某种文化被植入在某种特定的组织活动中，进而对组织成员产生制约或促进作用的一个过程。从中国大学百余年改革与发展的整体来说，中国大学治理过程中的文化嵌入，既有外部文化因素的嵌入，也有内部文化因素的嵌入，其中外部文化嵌入的主体是国家，内部文化因素嵌入的主体则是大学人（大学内部的关键个体和一般群体）。或者说，国家、关键个体和一般群体是影响中国大学文化嵌入的三种主要力量。从这个意义上来考量，在中国大学在百余年的治理进程中，主要形成或者体现了三种形式的文化嵌入，分别是国家引导型的文化嵌入方式（体现大学与国家之间的关系）、个体推动型的文化嵌入方式（体现大学人与大学组织之间的关系）与互动传递型的文化嵌入方式（体现大学人与大学人之间的关系）。

一、国家引导式的文化嵌入

国家引导式的文化嵌入，是指中国大学根据国家的整体教育目标、计划等，以直接或间接的手段将国家的意识形态、种族信仰、社会追求等理念植入大学治理的程序和过程之中，以引导大学的发展和变革，这体现的是中国大学治理与国家文化价值体系之间的联系。大学向来是一个独特的公共机构，有学者用"公共和私人实体的奇妙结合"来形容。因此，大学常被视为"国家的生物"，它的治理结构和治理模式总是被纳入本国的文化模式和法律制度架构之中，这是世界大学治理的普遍现象。中国大学向来具有"学在官府"的文化传统和典型的国家主义价值取向，政府与大学的关系更是密不可分的，中国大学治理的每一次变革都与国家对大学的整体引导密不可分，是在国家的直接或间接引导下进行的。因此，国家意志与大学治理有着密不可分的关系，也是影响中国大学治理的一种最为典型的文化嵌入方式。从中国近代大学百余年的发展历程来看，大学一直被视为国家意志的延伸领域，被置于现代国家整体治理体系之中，国家文化与大学文化具有某种程度的同构性。只不过，在不同的历史阶段，国家文化嵌入大学的内容、手段、程度和目的有所不同。

清末到民国时期的大学治理，国家文化的嵌入带有明显的救亡图存之性质和目的。清末大学诞生于民族危亡之际，大学承担着"救亡图存"的历史使命，国家意志的嵌入主要是为了维护封建王权的专制统治。清末近代大学的诞生从一开始就区别于西方大学作为"教师行会"或者"学者行会"的组织初衷，而是负载着国家意志而诞生的社会机构，并被置于现代国家建构的整体体系之中。正是这种文化根源上的亲密联结，中国大学治理的过程往往与国家治理的过程具有高度的相似性，甚至被视为是国家治理的延续。也正是因为如此，在某种程度上代表国家意志和行使国家权力的权力机构（各级政府部门）的态度、信仰和价值体系等总是大学有着千丝万缕的关联，成为深刻嵌入大学治理，并在其中发挥重要作用的文化要素之一。譬如，清末多数大学是在封建统治着的支持下创办的，其内部外治理权也是由封建统治阶级所掌握，封建皇权在清末大学治理结构中据有至高无上的地位，大学的存废、教师的选聘、资金的使用与学生的考核等均由统治阶级全权操办。加拿大比较教育研究专家许美德教授毫不讳言的指出："整个近代中国教育体制都是由当时朝廷中崇尚日本现代化和大臣们一手设计的。"① 清朝统治推翻之后，军阀混战使得近代大学受国家权力机构的影响逐渐减小，同时部分具有爱国热忱的民族实业家创办的私立大学兴起，使得国家对大学的文化控制有所减弱。南京国民政府成立之后，国民政府通过"党化教育""三民主义教育"等政策进一步加强了国家主义和权威主义，使得民国时期的大学治理精神风向发生了明显的转向，国家与大学的联系则进一步加强，国家的文化嵌入程度也更为明显。

新中国成立到"文化大革命"时期，国家文化嵌入大学治理的方式是比较显性和直接的，大学发展与改革的主要目的是为了重新建构一个新型的、有效的、社会主义类型的高等教育治理体系，培养能够为社会主义国家服务的新型人才迫在眉睫。为此，国家赋予了大学新的历史使命，也嵌入了新的大学发展与变革理念，围绕着培养"社会主义现代化人才"的目标，进一步加强了对高等教育的"总体控制"。所谓"总体控制"，即国家总体支配高等教育治理的全过程，并将大学发展与变革的诸项事务总体掌握在国家手中的一种发展思路或者发展模式②。整体来看，从新中国成立到改革开放之前，中国大学治理与国家的总体控制密不可分，大学治理的过程充满着"政治运动""以党治校"及"思想革命"，呈现出一种"高度集权的计划经济体制和高度专业化的工业高等教育模式相结合"③ 的大学发展模式。"文化大革命"时期，国家机器的运行被全国范围内广泛盛行的意识形态教育和政治运动所充斥，频繁的

---

① 许美德.中国大学：1895-1995，一个文化冲突的世纪［M］.北京：教育科学出版社，1999：36.

② 曹俊.我国公立大学法人地位的困境溯源与定位分析［J］.扬州大学学报（高教研究版），2013（4）：12.

③ 展立新，陈学飞.理性的视角：走出高等教育"适应论"的历史误区［J］.北京大学教育评论，2013（1）：97.

政治运动使得军管会和工宣队进驻高校，几乎将高等教育发展中的经典的大学自治与学术自由精神完全销毁和溶解，演变为一场近乎彻彻底底的虚无主义，大学教育完全被政治运动所取代，经常处于停办状态，而仅有的几所高校也在统一的教学计划、统一的大纲、统一的教材的要求下办学，这使得大学教育具有绝对的国家意志主导性。

改革开放以后直到今天，国家文化嵌入大学的方式是隐性和间接的。改革开放之后，科教兴国、人才强国成为一种普遍共识，大学内外部治理的方式也发生了变化。1978年4月，全国教育工作会议召开，遵循着实事求是的思想原则，批判性接受了建国初期的办学经验，否定了"文化大革命"时期以阶级斗争为纲的教育目的，客观上要求政府改变大学治理的理念和方式。为此，政府逐渐放弃了对高等教育总体支配和直接控制的文化嵌入方式，而是凭借自身庞大的资源吸附与配置能力，同时借助于一定的市场机制手段，将国家意志嵌入大学治理体系之中。有学者认为，这种治理思维是在不改变制度框架的前提下开展的，它不再单纯的通过国家统一的政治运动或行政动员等方式来调动大学发展的各种力量，而是赋予大学一定程度的自主权，来释放大学自主办学的活力，被称之为"体制化的技术治理"①。体制化技术治理的本质是一种间接性的国家文化嵌入，它既继承了改革开放之前政府总体支配大学治理的一些文化模式特征，也融入了市场文化的某些要素，是一种运用体制化的力量来贯彻国家的高等教育意志并进而提升大学治理效能的治理模式。在这种治理模式下，整个高等教育治理体制俨然成为一个结构复杂的庞大机器，每个部件、每个齿轮都在国家的隐性支配下有效运转。同时，大学治理的很多问题往往与国家的政策取向密不可分，伴随"政策

----

① 苏永建.体制化的技术治理与中国高等教育质量保障［J］.高等教育研究，2017，38（03）：10-17.

驱动改革，改革驱动发展"这种模式在越来越多领域取得"成功"，政府对"体制化技术治理"越来越热衷，这又在无形中强化了国家对大学治理的"间接文化植入和渗透"。

需要指出的是，政策是一种具有目标取向的国家意志的表达，国家文化嵌入的一个重要抓手就是"政策"。换言之，政策既负载着国家的意识形态、思维原则和价值取向，也是国家保障和干预高等教育发展与变革的基本手段。国家文化嵌入大学治理的路径主要是通过政策进行任务"发包"，将中央精神从中央政府传达到地方政府，进而通过条块分割的科层制行政权力共同推进国家高等教育治理意志的嵌入和实施，以驱动上级精神的层层传达与落实。正是通过这种上传下达的政策作用机制，人、财、物等资源得以集中，并向国家政策规划确定的重点项目配置，这就保证了国家教育意志的贯彻以及高等教育治理目标的达成。有学者根据《中国高等教育政策史 (1949–2009) 》附录的"中华人民共和国高等教育重要法规政策一览表 (1949–2009) "进行统计发现，1977 年至 2009 年的 33 年间，政府出台的各类高等教育重要法规政策总计 331 项，年均超过 10 项[①]。譬如，《关于教育体制改革的决定》(1985)、《关于国家教委直属高校内部管理体制改革的若干意见》(1992)、中国教育改革与发展纲要（ 1993)、《关于深化高等教育体制改革的若干意见》(1995)、《面向 21 世纪的教育振兴行动计划》(1998)、《关于深化教育改革全面推进素质教育的决定》(1999)、《国家中长期教育改革和发展规划纲要（ 2010–2020)》等一系列政策文件。从某种意义上来说，这些政策文件能够更好地解决大学与国家之间的关系，使国家意志以直接或者间接的方式嵌入大学发展与变革之中，进而引导大学的办学理念和办

---

① 李均 . 中国高等教育政策史 (1949–2009)［M］. 广州：广东高等教育出版社，2014.7.

学方向，推进国家高等教育意志和目标的总体贯彻与落实。

二、个体推动式的文化嵌入

个体推动式的文化嵌入，是指大学中的关键个体（如大学党委书记、大学校长、二级学院院长、学术精英等），凭借着自身强大的政治权威、学术权威或者卓越的领导能力等，产生强大的文化"虹吸效应"，将自身独特的办学理念和教育精神植入一所大学（或一个学院）的文化基因之中，进而影响大学治理进程的一种文化嵌入方式。关键个体之所以对一所大学的文化嵌入有重要影响，主要来源于关键个体的职责权力和学术能力。职责权力体现的是大学关键个体的合法性问题，这种合法性代表的是依靠政治或者行政权威所赋予的身份资质。学术能力体现的是大学作为学术机构的组织属性问题，代表的是关键个体依靠学术能力在一定范围内所得到的群体认同。但不管是行政权威赋予的身份资质，还是学术权威带来的群体认同，关键个体自身的人格魅力和优良的治校实践都是不可或缺的，是保障某种大学文化有效嵌入并最终形成的最重要的素质和条件。也即说，当有政治资源、学术能力的关键个体（如大学的校长、二级学院院长以及学术权威等）与他们自身的人格魅力和治校实践有机结合之时，个体推动式的文化嵌入方式就形成了。

中国百余年的大学治理史表明，关键个体对一所大学治学和治校风格的形成影响重大，甚至成为影响一所大学前行方向的最为悠长的文脉。在中国大学百余年的治理进程中，涌现出了一批又一批卓越的教育改革家和学术大师，他们有的在极端困难的情况下毁家纾难、筹资办学，有的在巨大的压力面前不畏艰险、锐意改革，有的在重重的迷雾中横刀立马、坚守本心，有的在森严的思想壁垒中打破常规、专研学术，尽管他们面临的历史背景不同，所处的教育情境不同，秉持的治理理念不同，拥有的教育资源不同，但他们共同的特征在于，能够准确把握大学的使命，维护学术的尊严，遵循学术的规律，爱护尊重人才，承担社会责任。正是由于他们艰苦卓绝的努力，中国百余年的大学发展史才编织成一幅幅精彩纷呈的美丽画卷，书写出一篇篇波澜壮阔的瑰丽诗章。如果说大学文化是深邃的夜空，那么大学中的那些关键个体就是照亮这片夜空的璀璨无比的星辰。譬如，蔡元培与蒋梦麟之于北京大学、梅贻琦与蒋南翔之于清华大学（西南联合大学）、竺可桢之于浙江大学、王世杰与王星拱之于武汉大学、罗家伦之于中央大学、陈裕光之于金陵大学、陈垣之于辅仁大学、唐文治之于上海交通大学、马相伯之于复旦大学、萨本栋之于厦门大学、郭秉文之于东南大学、胡庶华之于湖南大学、马君武之于广西大学、何炳松之于暨南大学、熊庆来之于云南大学、钟荣光之于岭南大学等。可以说，这些关键个体的治校实践不仅创造了自己所在大学的辉煌，也创造了大学作为一个整体符号的故事和传奇，形成了直到今天仍为学者所津津乐道的大学精神，深刻影响着大学的治校实践。试举几例说明。

　　梅贻琦与清华大学"行胜于言"的治学风气。梅贻琦是清华校史上任期最长的校长（任期为1931年—1948年）。在治理清华大学期间，梅贻琦认为"身教重于言教"，常言"为政不在多言，顾力如何如耳"，成为清华师生眼中的"寡言君子"，他默默地践行着自己的教育理念，身体力行以务实的治校方略，使清华大学逐渐形成了科学、求真、实干、卓越等文化追求。他认为，办大学应有两种目的，一是研究学术，二是培养人才。学术研究是立国兴邦的命脉所系，要提高大学的学术水平和办学质量，必须坚持"学术自由"。奉行学术自由，就需要在大学治理过程中要依靠大师，并提出了"所谓大学者，非谓有大楼之谓也，有大师之谓也"①的经典论断。为此，梅贻琦坚持学者治校的办学理

---

① 刘述礼，黄延复.梅贻琦教育论著选［M］.北京：人民教育出版社，1993：10.

念，提倡"吾从众"与"无为而治"的治校风格，保持低调谦虚的治校实践，将"行胜于言"的治学与办学理念发挥到极致。在西南联大时期，即便三所大学风格各异，他依然只是专注于自己的本职工作，保持自身谦虚、务实的一贯风度，坚持学者治校，对不同的观点和立场给予最大程度的包容。有学者认为，战时的联大犹如一艘在巨浪中行驶的航船，三校之间看似和谐融洽，实则有着诸多矛盾和摩擦，"幸而有梅贻琦居中维持，左右弥合，方使联大在西南一隅支撑不辍，维系了三校教育的元气不散"①。梅贻琦的这种坚韧务实、讷言敏行的风格是清华大学"行胜于言"校风的最好诠释，并且这种校风对清华大学的百年治理进程产生了极为重大的影响。清华大学师生在清华文化的熏染中，保持着谦虚、低调、务实、严谨的治学风气，影响了一大批严谨治学的先进模范人物和典型事例，像坚持"直道而行"的著名哲学家张岱年，像为了践行"学术自由与真理精神"而甘愿自沉昆明湖的国学大师王国维，像提倡"位育之道"，将学术人生和学术观点高度统一的潘光旦，像严谨求实的物理学家钱三强、王淦昌、何泽慧、李正武、王竹溪，像"敢讲真话、敢负责任、从不随风倒"，拒绝了把清华办成水土电专门学校的主张，冷静地提出"学习苏联要结合我国和清华大学的实际特点，不要盲目照搬照抄，要防止盲从"②的蒋南翔校长，像"治学严谨、以身示范，重视操作能力"的电机系主任章明涛教授，像"以高度责任感和严谨务实、大胆创新"精神为中国航天事业作出杰出贡献的"两弹一星"元勋王希季院士，像罹患眼疾依旧以精英律师的高标准严格要求学生，甚至因为学生论文的一个注释的页码错误而不断细心矫正的何美欢教授等等。如今，相对于外界的喧喧扰扰，"行胜于言"的水木清华少了许多人事矛盾的

---

① 王昊.近代中国大学校长的文化选择［M］.天津：天津教育出版社，2010：58.

② 蒋南翔.蒋南翔文集（上卷）［M］.北京：清华大学出版社，1998：432-433.

纷繁纠葛，多的是心无旁骛的真挚追求，这四个大字不仅端端正正的铭刻在清华大学礼堂草坪南段的古典计时器"日晷"之上，而且已成为清华大学百年教育风格的无言诉说，代表着每一个清华人"勇于实践、不尚空谈、埋头苦干、务实进取"的精神品质。

竺可桢与浙江大学"求是"的办学品质。竺可桢，浙江绍兴人，哈佛大学气象学博士。1936年，竺可桢在危难之际掌舵浙江大学、在校长任上共计13年。在担任浙江大学校长之后，竺可桢将自己曾就读学校哈佛大学的办学精神（faith of truth）进行继承和改造，主张以"求是"作为浙江大学校训，并在1938年11月在广西宜山召开的校务会议上正式形成决议。随后，竺可桢采用多种措施将求是的精神植入浙江大学改革与发展之中，始终认为不论在何种社会环境之下，大学都应一切以真理为依归，让大学按照自己的逻辑发展。在竺可桢看来，"求是"的本质是"只问是非，不计利害""冒百死以求真知"，去伪存真，弃旧图新，追求科学与进步；求是的路径是中国传统文化所言的"博学之，审问之，慎思之，明辨之，笃行之"。可以说，竺可桢对"求实"精神的阐释，"不限于一般读书做学问的态度和方法，而是涉及理想、责任、立身处世的要义，充实和丰富了求是的内涵，把它扩大为一种科学的人生观"。那么，如何将"求实精神"真正植入浙江大学的血脉之中？竺可桢认为，"固甚彰明，惟民主有先后，当自教授始"①，要"求是"就离不开优秀的教授。因此，他在治校期间大力推崇教授治校，将"教授是大学的灵魂"的理念贯彻自己治校十余年的实践之中，竭诚尽力，豁然大公，增聘了一大批优秀的学者，如陈建功、苏步青、土淦昌、王葆仁、钱令希、谭其骧、丰子恺等，并率先实行教导合一导师制，无论是课题申报还是教授选聘，都由"教授会"来决策，形成了浙江大学民主治校风气，

---

① 张意忠.民国大校长［M］.北京：北京师范大学出版社，2012：162.

体现了对教授治学权力的尊重。正如他本人在1948年与学生的谈话中所说，"余以为大学应以教授为重，主张教授治校乃是余12年来之一贯政策"①。浙江大学在竺可桢的带领下获得了重大发展，从3个学院16个系发展成为7个学院27个系，从一所底子薄弱的大学发展为人文荟萃、人才辈出的著名高等学府。可以说，由竺可桢植入浙江大学的"求是"治校理念使得浙江大学不仅实现了自身的办学转型，培养了一大批优秀的先进人才，也成就了浙江大学"东方的剑桥"之美誉。岁月颤变，但浙江大学"求是"的办学追求却从未变更，并已成为浙江大学最为重要的治学追求。

罗家伦与南京大学"诚、朴、雄、伟"的精神守望。罗家伦于1932年任国立中央大学（今南京大学）校长。上任之初，他就以德国的柏林大学为榜样来治理大学，提出了著名的四字学风建设策略，即"诚、朴、雄、伟"。"诚"，即对学问要有诚意，不以为升官发财的途径，不作无目的的散漫动作，坚定地朝着认定的目标走去；"朴"，就是质朴和朴实，力避纤巧浮华，反对拿学问做门面；"雄"，就是大雄无畏、雄厚的气魄，改变中国民族的柔弱萎靡的颓风；"伟"，就是伟大崇高，力避门户之见，敢做大事，能成大器。"诚、朴、雄、伟"的治校理念意在保障国立中央大学学子们能够诚心实意的探索真理，质朴无华的钻研学问，成就雄厚的气魄和大格局的人生。可以说，罗家伦嵌植于国立中央大学学人们心中的"诚、朴、雄、伟"的四字学风建设方针自提出之后，虽历经世事变迁，但始终不曾变更，它作为南京大学学人的精神追求，时刻激励着和鼓舞着他们在培养人才、追求真知和服务国家建设的道路上稳步前行。

---

① 竺可桢.竺可桢日记［M］.北京：人民出版社，1984：1153.

三、互动传递式的文化嵌入

互动传递式的文化嵌入，是指大学一般群体（主要是指教师和学生）通过交流、共享、经历、谈判、协商、验证、沉淀等途径，逐渐将某种价值理念传递、濡化和群化的一个过程，进而嵌入和影响大学治理进程的一种文化嵌入方式。大学文化是一种组织文化，也是一种群体文化。与大学治理的关键个体相对应，大学的一般群体（主要是大学师生）也是大学文化生成、传递并在大学文化治理中发挥重要作用的力量。我们认为，以大学一般群体的互动传递为主要特征的文化嵌入就是互动传递式的文化嵌入方式。互动传递式的文化嵌入是与个体推动式的文化嵌入相对应的另一种更为普遍的大学文化嵌入方式，也是影响中国大学百余年文化治理进程的一种重要的文化嵌入方式。大学文化的互动传递是一个极为复杂的过程，互动传递的成效既与大学文化本身的实用价值有关，也与受众的接受程度有关，还与某种文化的时代适应性和抗逆性有关。理解中国大学百余年大学治理进程中互动传递式的文化嵌入，可以从互动传递的主体与过程等两个方面来阐明。

其一，大学师生是大学文化互动传递的主体。大学的主体是教师和学生，大学文化的互动传递如果脱离了教师和学生这个文化载体，大学文化将不复存在，更不可能对大学治理发挥效用。譬如，在蔡元培"思想自由，兼容并包"的倡导下，北京大学的学术讨论、思想争辩之风盛行，各类学术、政治团体、报刊等纷纷成立，革新的空气十分浓郁。其中，陈独秀、胡适等人主笔和领衔的《新青年》杂志更是新思想传播的前沿阵地。在《新青年》这个舞台上，北大师生自由的讨论科学、劳动、精神、宪法、孔教、女子、婚姻、文学革命、尼采宗教、马克思主义、斯宾塞政治等各类问题，为北京大学民主自由思想的形成创造了沃土，也为后来的五四运动培养了中坚力量。1919 年，当巴黎和会上中国外交失败的消息传到北京，北大师生首先大声疾呼："中国的土地可以征服而不可以断送，中国的人民可以杀戮而不可以低头！"爆发了轰轰烈烈的五四运动。在这场运动中，北大师生起到了领军作用和先锋作用，他们高呼"爱国、进步、民主、科学"口号，不畏困难，奋起抗争，谱写了北京大学百年办学史上最为壮丽的精彩篇章。有学者认为，"就学术而言，北大并不是世界大学中最好的，但就一所大学对国家历史进程的影响而言，北大是世界大学中罕见的"。可以说，五四运动所形成的五四精神不是当时政府意志的刻意植入，而是广大的大学师生基于一种强烈的时代使命感、责任感以及主人翁意识而自发自觉形成的大学精神追求。百余年来，不管是在抗日战争革命的硝烟与炮火中，还是在热气腾腾的社会主义早期建设中，抑或在如火如荼的改革开放经济浪潮中，北大师生所呼吁的那种"团结起来，振兴中华"的优秀精神传统一直未曾衰减或者萎靡，也正是因为北大全体师生对五四爱国精神的倡导、守护、巩固和创新，并在一代又一代大学人之间互动传承，北京大学才能秉持着经邦济世的价值追求披荆斩棘、勇往直前、越行越远。

其二，大学文化的互动传递是一个从小众到大众的发展变化过程。大学文化是一种群体的文化，个人的文化称不上是大学的文化。一般来说，某种新的价值观念在诞生最初阶段往往是比较弱小的，经过一小部分群体的倡导、渲染、鼓动、协商、甚至妥协之后，这种价值追念逐渐扩大了影响力，进而有了更多的理解者和拥护者，当它从小众的、边缘的、当下的价值追求变成了一种主流的、广泛的、经典的价值理念之后，就成为大学文化的一部分。因此，大学文化的互动传递也是一个由小及大、由弱及强、由小众到大众、由源地向外围逐渐扩散的文化变迁过程。譬如，清华大学创办早期，就在学生群体中流传着著名的十个"不可不为"和十个"吾不愿"。这十个"不可不为"和十个"吾不愿"从正反辩证的角度表达了清华学子的读书之道、交友之道、处世之道、为人之道等等，象征着清华学人的精神追求和学术志趣，是清华大学学子自发形成的一种大学文化传统。改革开放之后，这种"不可不为"和"吾不愿"文化传统没有消弭，而是变换了形式，并结合新的时代需求焕发生机。彼时，大学刚刚恢复高考，由于"文化大革命"硝烟所带来的精神迷惘致使很多再次走进大学的学生产生了许多思想上的空白和迷惘，大学内部思想建设亟待解决。清华大学化72班同学自发围绕"怎样认识我国的社会主义制度"这个话题展开了一场大讨论。最终，化72班全班同学提出了"从我做起，从现在做起，为社会主义现代化事业多做贡献"的行动口号，并拟定了11条具体的行动方针，如积极参加政治活动、培养科学严谨的作风、维持社会新风尚等等。随着化72班全班同学的身体力行，"从我做起，从现在做起"的行动口号迅速传遍清华，并走向全国。1980年，《中国青年报》头版头条以醒目的标题"行动口号是：从我做起从现在做起"报道了清华大学化72班同学"胸怀四化奋发学习、面貌大变成为全校先进班集体"的事迹，这引起了全国高校青年的极大反响和共鸣，"从我做起，从现在做起"进而成为80年代之初响彻全国的教育口号，影响和激励着青年学子为国家和繁荣而奉献一生。不难看出，"从我做起，从现在做起"最初只是一部分小众群体的发出的行动口号，经过口口相传的传播，逐渐扩大了影响力，成为一种被广大受众所认可的大学文化，这正是互动传递式大学文化嵌入的最好诠释。

第三节 中国大学治理进程中文化嵌入的基本作用

大学文化变革本身是最难的，但一旦变革完成，就能让大学焕发出前所未有的生机与活力，对大学治理产生重要影响。当然，文化本身具有两面性，植入文化理念不同，大学治理的思路、模式、技术也就大为不同，即不同的文化嵌入对大学治理往往能够产生不同的治理效果。总的来看，在中国大学百余年的治理进程中，文化嵌入所产生的治理作用是两面性的，即具有正负两种作用。

一、正向作用

大学文化的力量，深深熔铸在大学发展与改革的进程之中，体现出一种独特的生命力、创造力和凝聚力，中国大学治理过程中的每一次重大变革无不与文化理念的变革密不可分，无不伴随着一次大学精神和大学文化的全新涤荡。中国现代意义上的大学产生于清末，发展于民国，进一步发展、成熟和完善于新中国建立之后。在中国百余年的大学治理进程中，中国大学通过文化的继承与创新、比较与借鉴、模仿与改造、融合与创新，逐渐形成了自身独特不同的文化特质，这些文化特质又深刻影响着中国大学治理的进程与未来走向。尽管我们很难说中国大学在某个时期运用了某种特定的文化治理手段，但我们却可以肯定地说，大学治理在不同的历史时期总是呈现出不同的治理模式和治理效能，其背后正是一系列文化因素综合作用的结果。从大学文化作用大学治理的力量形式来看，大学文化对大学治理的影响主要体现在以下三个方面，即大学文化的嵌入完善了中国大学治理的组织建制、提升了中国大学的以文化人功能、增强了中国大学的社会服务能力。

（一）促进了中国大学从传统到现代的转型

19世纪，当西方已经形成较为完备的近代大学制度，学科知识的分类已经相当精细的时候，中国仍然处在清王朝闭关锁国的对外政策之下，仍然处在四书五经、三纲五常等传统文化思想一统天下的教育格局之中，自然科学知识被排挤在高等教育的知识体系之外。当西方文化第一次与中国文化交锋，并以一种强势文化的姿态源源不断地涌入中国保守性文化的家门之时，多数人的文化心态是十分微妙的：一方面对中华民族的传统文化十分自信和骄傲，另一方面又因被动挨打的现实感到迷惑与无力。正是在这种现实面前，"实力的衰弱让中国不能不挣开自己的眼睛"①。有识之士（如孙家鼐、张之洞、康有为等人）带着"救亡图存"的办学目的，开始"睁眼看世界"，洋务运动自此开始。有学者认为，近代意义上的中国大学启蒙于明末清初的西学东渐，初创于洋务运动，初建于维新变法②。这样的论断是合理的。在清末洋务运动之前，中国的传统大学教育是不分学科、不设专业也没有专业化的教师队伍，更不具备现代大学制度。西方文化的输入为中国近代大学的诞生与组织建制的完善创造了基础和条件，一些新式的学堂和重要的大学管理制度等都相继引入国内，如学位制、学分制、教授治校制度、学生管理制度、讲习制度、学会制度等等，客观上奠定了中国近代大学治理的组织建构与治理秩序，促进了中国大学从传统到现代的转型。

（二）提升了中国大学的以文化人功能

大学作为人才培养的场域，借助于知识的传承、理解、保存和运用，承担着以文化人的组织功能。大学文化对于大学人而言，它是一种环境、一份嘱托、一种期望、一份责任和一种要求，它内在的影响、导引、塑造和成就着大学人的精神品质，让浸淫其中的大学人无形中精神超拔和灵魂升华。近代以来，不管是中国文化中的道德教育思想，还是西方文化中的学术自由理念和人本教育精神等，都在客观上提升了中国大学的以文化人功能，并且，大学文化一旦内化于人，就会成为镌刻在不同大学的血液和记忆中的无形力量，导引和规范着大学发展与变革的方向。譬如，马克思主义文化是随着中国大学百余年的治校实践而逐渐形成的一种治理价值观，马克思主义哲学对中国大学治理的影响主

---

① 张楚廷.高等教育哲学通论［M］.北京：高等教育出版社，2010：14.

② 严文清.中国大学治理结构研究［M］.北京：人民出版社，2011：45-80.

要体现在三个方面，即党性、科学性和全面性。党性是指中国的大学是接受中国共产党领导的大学，党委领导的校长负责制是其基本的治理原则。科学性是指，中国大学治理要以历史唯物主义和辩证唯物主义为基础，坚持一切从实际出发，将唯心主义的、宗教的、违反科学的内容统统排除在科学的大学校门之外。全面性是指，中国大学教育的一个重要教学目标便是强调人的全面发展理念，而人的全面发展之所以成为指导中国大学发展的重要思想基础，其来源就是马克思关于社会发展客观规律的理论①。改革开放以来，正是在马克思主义实践哲学的指导下，人的全面、辩证、多样化发展等理念成为指导中国大学人才培养的基本理念，这进一步强化了中国大学"以人为本"得文化追求，导引和规范着中国大学治理的行为。可以说，改革开放以来中国高等教育事业的"大变革""大发展"和"大跨越"很大程度上与我国大学始终坚定站在马克思主义文化立场上，坚持走中国特色的大学治理道路是密不可分的。

（三）增强了中国大学的社会服务能力

中国大学具有典型的"国家主义"的价值取向，这使得中国大学一开始就被赋予了强烈的社会责任感，大学文化中那种"为国为民"的价值追求既是民族危亡时刻的凝聚人心、救亡图存的精神灯塔，也是社会主义建设时期批判和引领社会文化发展的高地。在中国大学百余年的治理进程中，大学文化兴衰同社会发展进步始终并行不悖，这是中国大学百余年治理进程中的基本事实。在百余年的中国大学发展与改革进程中，"国家主义"价值取向不仅构成了中国大学治理的制度环境，也是中国大学改革发展的重要动力，始终是影响大学建构、改造、变革甚至质量评价的一条基本的价值准则。并且，经过百余年的发展，"这种国家取向的高等教育质量观作为一种根深蒂固的理念已经深深内嵌于中国高等

---

① 张健.马克思主义教育思想研究［M］.北京：教育科学出版社，1989：168.

教育体系之中，成为其标志性的文化基因和制约政府行为的认知范本和行为图式"[1]。譬如，建国初期，时任教育部长马叙伦就指出："我们的高等教育，必须密切地配合国家经济、政治、文化、国防建设的需要，而首先要为经济建设服务。"[2] 这就要求，我们培养的人才应该是理论与实际一致的、有真才实学的、富有分析力和创造力的专门人才。1952年，国家按照"高等学校必须为国家经济建设，尤其是为重工业发展服务，必须培养掌握马列主义思想与先进科学技术的专门人才"的基本原则，实施了全面的"院系调整"，大范围内学习苏联的高等教育办学体制。同时，教育部通过新建、合并、撤销、改组、迁徙等多种方式将大学的人才培养与计划经济的产业发展相对接，按照学科功能对大学进行重新划分，所有类型的学校都与专门的政府部门或生产领域如农业、医疗、财政、司法、冶金、机械、纺织等紧密挂钩，这就使得大多数学校都具有自身的特殊专业功能，并且由与他们专业特点相对口的国家部委来管理。可以说，从建国初期直到改革开放之前，我国大学改革与发展的重点就是要建立一个高度集权的、能够直接为社会主义建设服务的高等教育体系。正是这种有步骤、有意识的价值嵌入，很多大学师生在教学条件和教学设备十分简陋的情况下自觉地承担起建设社会主义的历史责任，不畏困难，发扬艰苦奋斗的优良革命作风，通过增设专业、开展科研以及大量培养专业化的建设人才，为新中国的经济建设奠定了工业基础。

---

① 苏永建.中国高等教育质量保障运行机制及变革研究［M］.北京：中国社会科学出版社，2020：232.

② 何东昌.中华人民共和国重要教育文献1949-1957［M］.海口：海南出版社，1998：25-26.

二、负向作用

大学文化嵌入不是随意嵌入，也不是盲目嵌入，当大学文化嵌入的要素和方式与大学的组织特性或者时代发展诉求相违背，大学文化的嵌入也可能成为大学治理的阻力。在中国近现代大学治理史上，出现了很多由于文化嵌入不当而导致大学变革受阻、失败或者治理效果不如人意的案例，其经验值得反思和借鉴。

（一）中体西用的文化嵌入导致了清末大学的官僚化办学特征

"中体西用"是清末大学治理的基本文化嵌入与取用观。"中体西用"嵌入与取用观强调在大学治理过程中，"器则取诸西国，道则备自当躬"。也就是说，办学制度和技术可以借鉴西学经验，但在办学理念上仍是要坚持"中国文化之本"。

"中体西用"的文化嵌入观之所以形成与清末大学诞生的历史背景息息相关。清末大学是在封建专制主义的土壤中形成的，并由一批具有资本主义倾向的封建官僚确立的，其产生和发展承载的是一部分封建士大夫阶层企图以"师夷长技"来挽救在风雨飘摇中摇摇欲坠封建统治的"自救之梦"。在清末大学创办、发展与变革过程中，很多人带着较为明显的怀疑和摇摆态度，他们在理智上主张西洋为师又夹杂着情感上的厌恶，在情感上留恋传统又伴随着理智上的失望，这种情感与理智的冲突，构成了近代中国知识分子深层文化意识中的深刻矛盾[①]。因此，客观来说，清末大学治理是在不改变政治体制只改变教育制度的环境中进行的。也正是因为政治体制改革的不彻底性、中国传统文化的保守性以及开明地主阶层接触西方文化的时间较为短暂，致使清末大学的治理缺乏对西方大学经典办学理念的深层剖析和解构，逐渐形成了一种"中体西

---

① 李振纲，方国根. 和合之境——中国哲学与21世纪［M］. 上海：华东师范大学出版社，2001：245.

用"的大学文化嵌入观。

"中体西用"的文化嵌入观主张采用"模仿"甚至"照搬"的形式开展大学治理，大学治理的形式意义要大于实际意义，其本质是封建文化的延续。譬如，京师大学堂创办之后，清政府严格钳制近代大学本应自由成长的学术自由精神，主要从组织架构、专业分类、课程设置等外部形态对日本大学教育体系进行模仿，曾有学者对这一情况做出评述："戊戌以来，科举虽废，学堂普兴，而所谓新教育者，论起内容，八股专家主持讲习，以格言语录为课本者有之，禁阅新书新报者有之，禁谈自由者有之。"① 在人事任命上，不仅大学的最高长官由皇帝亲自任命，就连大学内部的各个主要领导岗位，如总教习、分科监督、提调等也是由大学最高长官推荐，并需经过皇帝批准的。在人际关系上，清末大学讲究尊卑秩序，同辈行交拜礼，长辈行谒见礼，上课时学生穿布大褂从前门由书记唱名鱼贯而入分坐两侧，教师顶戴花翎由后门而入端坐中央。在日常穿戴礼仪上，大学内上至总监督、总教习，下至教师、学生甚至杂役都需穿长袍马褂，留长辫，京师大学堂每月朔望，师生需在孔子牌位前学习"圣谕广训"。因此，清末大学虽然具备了现代大学的"名称"和"躯壳"，但并未具备其"精神"和"灵魂"，并未摆脱旧式"官僚养成所"的实质。与其说，清末大学是具有自治权的大学，不如说是一个与之前的翰林院和国子监相似的教育官僚行政机构。如此等等，都显示出清末大学浓厚的官僚气息。

"中体西用"与中国"体用一源"的传统文化格格不入，"有牛之体，则有负重之用，有马之体，则有致远之用。未闻以牛为体，以马为用者……故中学有中学之体用，西学有西学之体用，分之则并立，合之则

---

① 朱国仁.评清末"新政"时期的高等教育改革[J].高等师范教育研究，1995（1）：54-59.

两亡"①。在"中体西用"文化嵌入观的影响之下，清末大学的学习内容主要以学习西方的军事和工商实业为主，但并未触及现代大学的办学理念和办学精神这一核心层面。"中体西用"的文化嵌入观从本质上来说仍是封建士大夫文化的延续，清末大学虽然进行了大刀阔斧的改革，但是在潜意识上却不肯放弃中国传统文化中的"天地君亲"等价值追求，这不仅导致他们领会不到西学的精髓，而且不自觉地陷入了"西学依附"这一"化本土"的"文化自我殖民"境地②，不仅使得中国大学治理没有取得西方大学治理经验的"真经"，也违背大学发展的内在逻辑，更导致了中国传统文化中"注重个性、风气活泼"的书院精神被"全盘否定"而走向没落，在大学繁荣的背后存在着"严重的危机"。其结果就是，清末很多大学虽建立了现代大学的"形式"，但却缺乏现代大学的"精神"，具有典型的"官僚治理"特征，其学生"皆有做官发财思想，故毕业预科者，多入法科，人文科者少，入理科者尤少。盖以法科为干禄之终南捷径也"③。

（二）行政取向的文化嵌入违背了大学治理的内在逻辑

"行政取向"的文化嵌入是指以行政思维来认识、看待和治理大学一种文化嵌入方式，行政取向的文化嵌入在无形中稀释掉大学人才培养和科学研究的本体职责，使得大学过于追求工具理性而忽视价值理性，滋生各种"承诺异化"现象，如弄虚作假、目标替换、拼凑应多等等，进而使得大学成为行政治理的衍生品。作为高校的举办者和监督者，大学必须对上做出承诺，这也是大学资源获取和保证其合法性的根源。但

① 丁钢.历史与现实之间—中国传统教育的理论探索［M］.北京：教育科学出版社，2002：162.
② 陈磊，栗洪武.依附理论视野下清末新式学堂的文化转型［J］.教育评论，2016（08）：152-156.
③ 蔡元培.蔡元培教育文选［M］.北京：人民教育出版社，1980：98.

是，大学本身是一个学术组织，大学治理过程中，如果过于强调对上承诺式的行政取向治理模式，可能会损害大学组织的学术属性和大学治理的内在逻辑，导致大学本体职责的怠慢与忽略。譬如，建国之后，我国开始以苏联高度集权和高度专业化的工业高等教育模式为蓝本进行大学重组与改造，政府扮演着"评价者""监督者""办学者""管理者"的多样化角色，对高校实行直接管理与严格管控，从高校设立、专业设置、人员任免，到学校管理、课程设置、教学安排，再到招生工作、文凭颁发、毕业分配等诸项事务无不掌握在国家的手中①。在苏联模式影响下，大学通过广泛的院系调整，在体制上呈现出一种条块分割、等级严密的三层治理格局：上层是由高等教育部和中国共产党中央联合管理的若干部委大学；中层是高等教育部直接管辖的一些工业大学和综合性大学；下层是由国家一些其他部委管辖的高度专业化的部属院校。这一体系带有十分明显的行政规划色彩，其弊端在我国后续的高等教育建设中展现出来，如它加剧了重要学校、专业及高级人才空间分布上的不平衡性，造成大学传统的断裂，影响了大师的造就，导致我国高校的人文精神丧失，伤及中国大学之筋骨②。

（三）外延导向的文化嵌入造成了大学发展的精神困境

"外延导向"的文化嵌入是指以规模、排名、声誉等外在价值为评判标准来衡量和推进大学发展与变革的一种大学文化嵌入方式。改革开放之后尤其 20 世纪 90 年代中期之后，随着我国高等教育规模的扩大，很多大学盲目追求"大而全"的规模效益，通过更名、合并、增设学科专业等方式来治理大学，逐渐走上以规模发展为主要特征的办学道路，

① 曹俊.我国公立大学法人地位的困境溯源与定位分析［J］.扬州大学学报（高教研究版），2013（4）：12.

② 沈登苗.打破民国高等教育体系的院系调整——以中国现代科学家于院系调整前后在高校的分布为解读［J］.大学教育科学，2008（5）：73-81.

学界称之为"外延式发展"。大学的"外延式发展"与大学"外延导向"的文化嵌入理念有关，这种文化嵌入方式使得很多大学过于追求社会声誉和规模效益，而忽视了办学质量的提升，出现了诸如"核心价值观迷失""职业倦怠""育人意识淡薄""学术功利化"等种种急功近利现象，导致大学的精神危机频发。譬如，大学治理的过程中出现的如"行政机器""特权民主""大楼路线""指标学术""政绩工程""评估经济""文化生态危机""权力腐败与寻租""治理内卷化"等种种问题，都在某种程度上与中国部分大学在办学目标上过于追求规模扩张而忽视大学发展的内涵建设有关。有学者通过研究，将这种"外延导向"的文化嵌入效用总结为大学发展与变革中"四重四轻"现象，即"重理工、轻人文；重才干，轻德行；重为学，轻为人；重物质，轻精神"[1]。文辅相指出了我国的大学教育中存在的"四过"现象，即"过弱的文化陶冶，过窄的专业教育，过重的功利取向，过强的共性制约"[2]。这些现象的出现，都是大学治理精神困境的体现。在当前的时代的背景下，大学要践行世界一流大学建设，要完善大学的治理结构与提升大学自身的治理能力，就要使大学从"外延导向"的文化嵌入理念和"规模主义"的大学治理情境中解脱出来，重视中国大学的质量提升和精神文化体系建设，真正立足于大学自身的文化传统和功能定位等，走出一条特色办学的内涵发展之路。

---

① 胡显章.开展大学文化研究，推动大学文化创新[M].北京：高等教育出版社，2009：10.

② 文辅相.文化素质教育应确立全人教育理念[J].高等教育研究，2002（01）：27-30.

第五章
大学文化治理的典型性文化嵌入案例

近年来，中国学者多采用统计法、调查法等方法来测量要素与系统或者因素与模式之间的相互作用关系，而国外学者则更加倾向于使用案例研究方法。相对于统计研究和调查研究主要关注"多少"和"哪里"等这样的研究问题而言，案例研究则适用于回答"如何"和"为什么"的问题。通过案例研究，不仅能确定了解单个或多个案例所映射的要素与要素、要素与系统或者因素与模式之间的相互作用关系，也能够由表及里、由小及大、由浅及深地了解更为广泛而复杂的情景，深入剖析潜藏于事件背后的作用机理。为此，本章节主要采用验证性案例研究方法，选取北京大学和哈佛大学等两所中外一流大学为研究案例，在占有、阅读和分析大量研究资料的基础上，按照大学文化治理的基本分析框架，理性透析了两所大学在文化治理方面的成功经验和失败教训。从两所大学的治理实践来看，两所大学均有着悠久的办学传统，出现了许多富有胆识的卓越领导者和改革者，有成功的经验，也有失败的教训。基于本章的案例研究主要得出两点结论：其一，本研究所建构的大学文化治理行动分析框架有其科学性与合理性，能够支撑本研究的主要观点；其二，本研究所选取的研究案例具有较为明显的案例启示意义，在中国大学建设一流大学的道路上能够给予必要的经验启示。

第一节　案例设计

案例设计是案例研究的基础，良好的案例研究离不开有效的、科学的研究设计。本研究结合哈佛大学与北京大学治理的历史经验，立足于本研究所确定的大学文化治理的行动分析框架（理论模型），在广泛收集资料并进行资料研判的基础上，阐释和明确大学文化治理行动分析框架的可行性，并在此基础上对案例进行深入分析，以明确大学文化治理的相关经验和教训。

一、研究方法

本研究主要采用验证性案例研究方法。验证性案例研究方法，是与探索性案例研究方法相对应的一种研究方法。一般来说，探索性案例是指那些研究领域比较新、已有成果少、甚至是无理论成果可供借鉴的案例，典型的如医务工作中对新发现的某种疾病的症状、起因、治疗方案的研究。验证性案例研究则与探索性案例研究不同，它是一种以已有理论研究成果为出发点，进一步解释或描述剖析变量之间因果关系的研究类型。因此，验证性案例研究需要进行大量的、深入而细致的材料收集、整理和研读工作，这种工作既可以是一般意义上定量研究采用的测量量表，也可以是对要素特征或过程等的描述，目的是对要素进行测量细化从而在数据的收集和分析过程中可以通过研究要素维度之间的关系解析要素之间的因果关系，达到对已有定量化研究结果进行机理解释的研究目的①。本案例研究主要是以研究问题为取向，按照大学文化治理的行动分析框架，通过"确定研究案例—设计研究案例—进行案例分析—形成研究结论"等四个基本的研究步骤而开展。

二、样本选择

本研究的一个基本假设是，越是优秀的大学，文化积淀越是深厚，文化治理的经验越是成熟，并具有更强的启示意义。为此，本研究选取哈佛大学与北京大学治理作为研究案例，以阐释和论证大学文化治理行动框架的可行性。本研究之所以选取哈佛大学和北京大学作为研究案例，主要考虑有三。

其一，案例的真实性。案例研究的最关键的原则就是真实，这是案例选择的第一要义。本研究主要立足于哈佛大学和北京大学的治理实践，研究中所涉及的相关人物和事件，均是两所大学在各自的发展与改革进程中真实存在的，绝非杜撰，而是有据可考的，这为本研究提供了最可靠的支撑力。

其二，案例的典型性。案例选取有不同的类型，如启示性案例、典型性案例、独特性案例、普通型案例或极端型案例等。本研究主要以案例的典型性为选择判断标准。北京大学与哈佛大学作为中外大学的典范，有着悠久的办学历史、深厚的文化积淀和卓越的学术声誉，在某种程度上可以作为中外大学文化治理的典型案例来看待。

其三，案例的可比较性。案例选取不仅要具有典型性，还要具有可比较性，这样才能在差异中寻找统一，并为中国大学治理寻找可资借鉴的启示。哈佛大学和北京大学诞生的历史背景不同，所处的政治和社会

---

① 苏敬勤，崔淼.探索性与验证性案例研究访谈问题设计：理论与案例［J］.管理学报，2011，8（10）：1428-1437.

环境不同、发展的历史脉络不同、采取的改革方式和路径不同，具有很强的可比较性和可借鉴性。

案例分析是案例研究的主体与核心组成部分，本案例研究主要是按照"大学有怎样的文化嵌入内容""大学以怎样的方式进行文化治理"以及"大学文化治理产生了怎样的效用"等三个基本思路对相关资料进行分析与研读。

三、数据来源

本研究采用验证性案例性研究方案，验证性案例研究的重要特征就是以已有研究成果为出发点，这就需要大量的资料收集和精心资料研读工作，并在此基础上验证某种结论的可行性。由于哈佛大学和北京大学具有较为完善的信息公开平台、较高的国际知名度和国际影响力，因此相关网站以及国内外学者关于两所大学的研究资料十分丰富，这为本研究提供了大量可资借鉴的真实二手资料。本研究主要有以下途径来收集资料。其一，北京大学与哈佛大学门户网站公布的相关信息。其二，个人或者研究团队编著的关于北京大学或者哈佛大学的相关研究报告、档案记录、书籍资料以及各大门户网站和 CNKI 网站以"北京大学""哈佛大学"为关键词的检索文章。其三，北京大学和哈佛大学校史以及关于校史的相关研究资料等。

第二节　北京大学文化治理案例分析

北京大学是中国近代第一所综合大学，北京大学的历史与中国近代大学发展史几乎是同步的。作为在中国教育发展史乃至中国近现代史上有着特殊地位和影响的大学，北京大学在培养人才、繁荣学术和社会服务的过程中逐渐孕育和形成了北大的文化。北大文化是北京大学在百余年的发展历程中经过长期的发展、演变、充实而积淀的学风、校风、教风的总和，已成为印刻在北大人心中的"基因"与"血脉"，深刻影响着北京大学的发展历程与未来走向。

一、北京大学治理的文化嵌入内容

从1898年京师大学堂的建立至今，北京大学已有120余年的大学发展史。在这120余年的大学发展进程中，由于特殊的政治需求、经济发展需求、人才培养需求和知识发展逻辑，北京大学在不同的历史阶段采用了不同的大学治理手段和举措，其背后体现的正是不同的文化嵌入因素对大学治理产生的不同治理需求。根据相关研究资料来看，北京大学文化嵌入可以从校风、学风和教风等不同的层面来考量。

（一）校风方面：自由包容、经邦济世

校风是一所大学的"校格"和"校品"，是一所大学基于自身体认和感知而在组织层面所展现出来的形象、气质、氛围等各种风气的总和。自由包容和经邦济世是百年大学在百余年的治理进程中着力植入并尽心培育的一种大学文化，它们已成为北京大学组织形象的代名词，彰显了北京大学独特的校风，并深刻影响北京大学的治理实践。

自由包容是北京大学最为重要也最为卓越的文化嵌入内容。自由包容的文化嵌入始于蔡元培，但与北大全体师生的身体力行也密不可分。北京大学的前身是清末设立的京师大学堂。京师大学堂是清末统治者为了救亡图存而建立的一所最高学府，也是全国最高的教育行政机关。尽管京师大学堂初步建立了近代大学的基本框架结构，但总体而言还是一所以"中体西用"为核心办学理念的"官僚教育机构"，大学的内部的官僚气息十分浓厚，校园内盛行"衙门作风"，学生多为做官而来，求学目标是"结十兄弟"，教师很多本身就是清政府的官僚，为做官钻营。

民国建立之后，北京大学在四年的时间内相继经历了严复、马良、何燏时、胡仁源等四任校长的轮换，虽然能够勉力维持，但由于各种条件的限制始终没有改变北京大学存在的官僚作风，甚至还多次面临停办的风险，这种情况直到蔡元培的出现方才出现转机。蔡元培在主政北大之前，曾多次远赴德国和法国的大学留学与考察，逐渐接受了西方资产阶级自由、平等、博爱的思想。主政北大之后，蔡元培试图以德国式的理想大学来改造北京大学。在1917年的就职演讲中，蔡元培首先明确，"诸君来此学习，必有一定宗旨，欲求宗旨正大与否，必先知大学之性质"，即"大学者，研究高深学问者也"[①]。在蔡元培看来，思想自由是世界大学的通例，大学应是"研究高深学问"的场所，学生应抱定宗旨，为求学而来，非为做官而来，接受大学教育不是"升官发财之阶梯"，而是进取学问之路径。蔡元培的演讲首先意在为大学"正名"，重申大学之精神。为了改造北京大学，蔡元培将"兼容并包、学术自由"的思想嵌入北京大学的治校实践之中，并通过组建机构、设计制度与延揽人才等将包容自由的价值理念进一步强化，使之成为指导北京大学治理的最为重要的精神元素。蒋梦麟继任北大校长之后，曾在《新潮》中明确表示，"著者大半光阴，在北京大学度过，在职之年，但知谨守蔡校长余绪，把学术自由的风气，维持不堕"[②]。后来的北大校长继任者，像胡适、马寅初、周培源、丁石孙、许志宏等人无不对北大包容自由的文化传统进行了坚决的维护和张扬。可以说，不管环境如何变化，北京大学都始终坚持和维护了包容自由的价值传统，并使之成为北京大学治理进程中不容置喙的价值根基，也是促使北京大学在不同的历史阶段中走向卓越的"精神动力"。

---

① 赵为民.北大之精神［M］.北京：世界图书出版公司，2008：2.
② 转引自穆子月、许毕基、李子迟.大学校长记：那个年代的大学校长们［M］.济南：济南出版社，2010：21.

北京大学向来具有经邦济世的光荣文化传统。这种文化传统是北京大学一代又一代的大学人基于对国家、对民族、对社会的历史责任和远大情怀而自然而然嵌入和生成的一种大学品质。可以说，作为中国第一所近代意义上的综合性大学，京师大学堂在戊戌变法中酝酿，在西学东渐的大潮中诞生，它是民族复兴与国威兴振的最佳载体。在民族危机的时刻、在思想封闭的时刻、在国运攸关的时刻，总能看到北大人冲在前列的身影。五四运动时期，北大师生高呼的"中国的土地可以征服而不可以断送！中国的人民可以杀戮而不可以低头"的悲壮呐喊，形成了北京大学以爱国主义为核心的"五四精神"，至今仍激励着北大学子和中国青年。1935 年，华北沦陷，民族危机加剧，北京大学爆发了"一二·九"抗日救亡运动新高潮。新中国成立后，北大师生以身许国，怀着对国家与民族的满腔热忱，艰苦奋斗、奋不顾身地投身到国家社会主义建设的新征程中，1956 年由北京大学培养的第一批核物理专业的毕业生与 1957 年由北京大学培养的第一批放射化学专业毕业生就被输送了国家的核工业基地，并为我国核工业的发展做出了重大贡献。改革开放之后，北大师生率先发出了"团结起来，振兴中华"的时代强音，喊出了"承百年报国志，做世纪栋梁才"的光荣誓词，提倡"到祖国最需要的地方去"，涌现出像胡春华、吴修奇等大批先进模范，为祖国的脱贫攻坚事业贡献了自己的力量。现今，北京大学已有 120 余年大学发展史。在这 120 多年的峥嵘岁月中，北京大学始终活跃在革命斗争和社会主义建设的前线，"爱国进步"的光荣传统早已沉淀为北京大学的一种无声的文化基因，影响着北大校园内的每一个教师和学生。国学大师季羡林曾动情地说："我身上的优点不多，唯爱国不敢后人。即使我将来变成了灰，我的每一个灰里也都是爱国的。"[①] 陈运泰从美国毕业时曾被

[①]　赵为民. 青春的北大［M］. 北京：北京大学出版社，2008：30.

其老师、著名的地球物理学家诺波夫极力挽留，但他依然谢绝并回到祖国开创了中国震源物理事业的研究工作，他认为自己出去的目的是为了学习，而回到祖国为国家和人民服务，发展祖国的地震事业是理所当然的事情。1951年，随着中美关系的恶化，在美国留学的唐有琪在得知自己回国的正常途径已被阻塞的情况下，依然克服困难，辗转借道瑞典回到祖国，为祖国化学科学事业发展尽心尽力。可以说，北大学人的这些言论和事迹，正是北京大学百余年来形成的经邦济世文化传统最为生动的体现。

（二）学风方面：追求真理、严谨求实

大学者，研究高深学问者也，学风建设对一所大学发展至关重要。学风，顾名思义，指的是一所大学的师生在探索和研究高深知识的过程中所形成的治学精神、治学态度和治学方法等方面的学术风气。求真务实是北京大学之学风的最好注解，也是北京大学在百余年的发展过程中十分珍视并尽力嵌入和维护的价值追求。五四新文化运动时期，北京大学成为新文化、新思想传播的中心，高擎民主与科学大旗的陈独秀最先把求真务实的精神带入北京大学，促进了北京大学对自然科学研究的鼓励和支持。同时，执教于北京大学的胡适则在人文学科的研究方法上提出了"大胆假设、小心求证"的学术研究方法，这进一步弘扬和巩固了北京大学师生对求真务实文化的理解、维护、支持、传播和实践。百余年来，北京大学的历代校长和学者大师，正是通过对"求真务实"文化传统的坚持和维护，才塑造和形成了北京大学师生独立思考、实事求是、敢于打破成规、勇于揭示真理的智慧和勇气，造就了其良好的学术风气和治理成效。譬如，当马寅初面对质疑和批评之际，依然坚持自己"新人口论"主张，并直言"我虽年近八十，明知寡不敌众，自当单枪匹马，出来应战，直至战死为止，决不向专以力压服，不以理说服的那种批判者们投降"①。李汝祺在苏联专家否定减数分裂真实性，进而否定染色体遗传学说的情况下，依然尊重自己的试验结果，坚持自己的科学论点，认为一个科学工作者，必须要尊重事实和科学实验结果，而不能弄虚作假。在改革开放之后，厉以宁教授提出所有制改革主线论，触及敏感的产权问题"禁区"，受到质疑和批判，但始终以诚实严谨的学者姿态强调所有制改革对于传统经济体制改革的重要性，彰显出一个经济学家求真务实的理论勇气和科学精神。可以说，北京大学厚植于北大学人心中的"求真务实"文化传统已经成为北大保护学术卓越的无形屏障，一旦北大学人认为这种学术传统受到威胁或者破坏，必回奋不顾身的予以张扬和维护。

（三）教风方面：谦和雅量、甘为人梯

教风体现为一所大学的师德师风的总体呈现，即大学教师在从事人才培养过程中所形成的一种以教师为主体的风气或者氛围。梅贻琦先生有言道："所谓大学者，非谓有大楼之谓也，有大师之谓也。"② 可见，教师对一所大学的影响有多么重要。建校百余年来，北京大学的教职工群体中涌现出了许多可歌可泣的教师模范，造就了北京大学卓越的教学声誉，彰显了北京大学独特的师风教风。北京大学的教风总体上可以用"谦和雅量、甘为人梯"八个字来形容。正是因为这种"谦和雅量、甘为人梯"的教风濡染，北大的师生从不以高高在上的学术权威示人，而是常怀谦卑之心，显示方家气度，如春风化雨般的在学子们心中播下理性、严谨、平等和追求真理的种子。这样的事例不胜枚举。朱德熙谦虚质朴，温和敦厚，尊重前辈，搞学术研究不计功利得失，把辛苦劳动当成一种超级享受，"其实学术研究、学生发展需要的是真正的学术

① 马寅初.马寅初全集［M］.杭州：浙江人民出版社，1999：247.

② 余世存.常言道：近代以来最重要的话语录［M］.北京：新世界出版社，2007：11.

辩论"①。何其芳翻译维柯的长篇巨制《新科学》，全书共计 40 多万字，但时刻保持谦逊的学术品质，直言"我做的只能是拾穗的工作"②。王选发明汉字激光照排技术，获国家最高科技奖，被誉为"当代毕昇"，但他并不看重个人所得，而是将所得科研奖励无私奉献给国家，认为"科学研究本身就是一种美，给人带来的愉悦是最大的报酬，是一种高级享受"③。姜伯驹热爱教师职业，常言自己首先是一名教师，其次才搞一些研究，主张培养学生独立思考的能力，反对照本宣科，不相信有万能的教材或教学软件，认为教师应该因材施教，根据学生的不同情况，有针对性地将自己的体会传达给他。可见，北京大学历来十分重视教风建设，将教风建设作为大学发展与改革的基础与核心，将提升教师素质、弘扬高尚师德作为大学办学的头等大事，而北京大学的光荣历史与崇高荣誉，与北京大学努力植入并尽心培育的这种教风师风是分不开的。

二、北京大学治理的文化嵌入方式

从北京大学百余年的治理过程来看，为了将包容自由、经邦济世的校风，追求真理、严谨求实的学风，谦和雅量、甘为人梯的教风等嵌入大学发展与改革的过程中，北京大学主要通过组织建设、制度设计、关键个体引导与大学师生互动等几种方式来推进文化的嵌入、传递、复制与整合，最终形成了北京大学校风、学风与教风的整体。

（一）组织机构的优化设置

组织机构的优化设置是北大文化嵌入与转化的重要载体。在北京大

---

① 赵为民，郭俊玲. 精神的魅力 2008 ［M］. 北京：北京大学出版社，2008：84.

② 北京大学校刊编辑部. 精神的魅力 1988 ［M］. 北京：北京大学出版社，2008：152.

③ 杨河. 海纳百川有容乃大：北京大学文化研究 ［M］. 北京：高等教育出版社，2011：243.

学百余年的治理进程中，成立多种多样的组织机构，这些组织机构要么是国家意志在大学内部治理结构中的显现，要么是大学校长治学理念的凝聚，要么是北大师生交流互动的产物，但它们出现的共同原因都是大学治理的主体希冀通过运用组织化的力量将其治理理念予以践行和落实，并最终实现其治理目标。譬如，京师大学堂是清末封建统治阶层为了"师夷长技"和"救亡图存"而建立的近代高等教育机构，其办学理念崇尚"中体西用"，其办学性质总体上是封建官学。为了落实封建统治阶级的办学理念，京师大学堂在组织结构上仿照日本东京大学的组织形式予以建构，但整体上又与封建官僚的管理体制极为相似。根据1902年清政府颁布的《钦定京师大学堂章程》来看，大学堂设管学大臣1人，由清廷大学士或者重要的大臣担任，统管大学堂各项事务，管学大臣下面又有总办1人，副总办2人，辅助管学大臣总理学堂诸多事务，其余还有提调、供事、支应、襄办、誊录等各种职位，这种组织建构类似于一个等级严密的封建官僚组织结构。可以说，京师大学堂不仅是教学机构，还是全国最高的教学行政机构，现代大学的大学自治传统与学术自由精神在京师大学堂的组织机构设置中是很难生存并延续的。蔡元培主政北大之后，为了改变北京大学"官僚养成所"的性质，试图将德国大学"独立""包容""自由"等办学理念植入北京大学，并在组织设置上进行了诸多努力，如设立评议会，由校长、各科学长和大学教授等组成，作为全校最高的立法和权力机构；设行政议会，由校长和各常设委员会委员组成，作为全校最高的行政机构和执行机关；成立研究院，力求教育行政学术化。蒋梦麟校长则深受美国大学实用主义文化的影响，因此在北京大学的治理中嵌入了实用主义哲学的影子，如他在蔡元培的基础上将北大的行政组织分为四大部分，分别是：评议会，主管立法；行政会、主管行政；教育会，主管学术；总务处，主管事务。这样，就建立了一个行之有效的大学管理组织系统，也客观上保障了学术自由和实用主义文化在北京大学的最终落实。建国初期，北京大学的治理理念受苏联大学的影响比较大，苏联大学那种强调集中管理和行政首长负责制的大学治理价值观也被嵌入到北京大学改革的具体措施中，北大取消了教授会，成立了党委会、常委会、工会、团委会等多种组织机构，这些组织机构的取消和建立也在一定程度上将苏联大学的文化治理模式进一步巩固，为我国社会主义初期的专业人才培养和经济建设奠定了基础。改革开放之后，大学办学自主权的问题逐渐凸显出来，如何提升大学的办学活力成为中国大学改革的方向。1998年，北京大学按照"理顺关系、革新设置、减员增效、转变职能"的改革思路和理念来治理北京大学，在校内机构设置上取消了"处""科"称谓与级别划分，取消三长（教务长、秘书长、总务长）的职务设置，新组了国内合作委员会、机关事务管理委员会和机关党委等机构，这些机构改革进一步落实了北京大学精简放权的治理理念，使得北京大学在21世纪朝着世界一流大学的目标不断迈进。不难看出，在北京大学治理的进程中，组织机构变革的背后反映的实质是某种治理价值观的此消彼长，也正是因为这些组织机构的改变、合并、撤销、增加、重组，某种顺应时代的大学文化才能落地并发挥出应有的治理效用。

（二）制度体系的巩固强化

制度建设是北京大学在治理过程中推进文化功能释放和落地的另一个重要载体。在某种程度上来说，北京大学的制度就是北京大学文化的映射。没有制度的巩固和强化，某种新生的文化很难在大学治理的过程中发挥应有的作用。譬如，蔡元培为了落实"自由、包容、学术至上"等治校理念，制定了新的人才引进制度、学生选课制度、教授治校制度。在人才引进制度的保障下，北京大学人才招聘不拘泥于学派和头衔，只要有真才实学，都能依照所学在北大各展所长。如蔡元培不仅延聘了陈独秀、李大钊、胡适、钱玄同、刘半农、周作人、鲁迅等大量新派人物，同时也允许辜鸿铭、刘师培这样的保皇派在北大任教，梁漱溟没有大学学历，只有中学学历，但他的论文《究元决疑论》显示了卓越学术水平，蔡校长便请至北大教印度哲学。正是这种不拘一格的人才引进制度，使得当时的北大校园内保守派、维新派和激进派等各种学派思想能够相互交流、碰撞、交锋，争一日之长短，"教室里、座谈会上、社交场合里，到处讨论着知识、文化、家庭、社会关系和政治制度等等问题"①。马寅初先生也曾指出："当时在北大，以言党派，国民党有先生及王宠惠诸氏，共产党有李大钊、陈独秀诸氏，被目为无政府主义者有李石曾氏，憧憬于君主立宪、发辫长垂者有辜鸿铭氏；以言文学，新派有胡适、钱玄同、吴虞诸氏，旧派有黄继刚、刘师培、林损诸氏。先生于各派兼容并蓄，绝无偏袒。"② 在自由选课制度的保障下，学生能够根据自己的兴趣进行自由选课，并成立了一大批学生社团与刊物，如进德会、北大哲学研究会、新潮社、国民社、马克思学说研究会、画法研究会等，这使得"学生的课外活动不但有正当而丰富的文体娱乐，而且具有浓厚的学术研究空气"③。在教授治校制度的保障下，北京大学充分做到学术高地不由领导评判，科学争论不作行政裁决，行政为学术服务，绝不以行政力量干预学术研究，使每位教师都能在自己的科研领域如鱼得水、施展才能。譬如，哲学系教授陈介石在讲授"中国哲学史"一课时，先从三皇五帝讲起，每周四小时，讲了一个学期才讲到周公。学生问他何时才能讲完，言曰："无所谓讲完不讲完，要讲完一句话就可以讲完；

① 蒋梦麟.西湖·北京大学和学生运动［M］.天津：天津教育出版社，2008：112.

② 高平叔.蔡元培全集（第7卷）［M］.北京：中华书局，1984：200.

③ 杨河.海纳百川有容乃大：北京大学文化研究［M］.北京：高等教育出版社，2011：97.

要讲不玩就是讲不完。"① 可以说，正是因为这种不拘一格的人才引进制度、尊重学生选择权的自由选课制度和充分尊重教师权力的教授治校制度，北京大学才能够将自身的"自由、包容、学术至上"等治理理念充分落实。

（三）关键个体的示范引领

在北京大学在百余年的发展历程中，出现了无数的教育改革家、学术大师、著名学者以及思想家、理论家、科学家和教育家等等，这些杰出的人物要么以无畏的勇气对北京大学的沉弊进行整顿与改革，要么以深邃的思想为北京大学的发展指引前进的方向，要么以自身的教学或者科研魅力留在北京大学的办学记忆中。他们所处的历史阶段不一，面临的现实问题不一，身份不一，事迹不一，但他们共同的特点是，他们以自己的改革实践或人格魅力为北京大学留下了一段又一段的故事和传奇，影响了一代又一代的北大人。这种精神能量不可见，但可感，不可触，但可知，并无时无刻不在对北京大学的改革与发展产生影响。譬如，蔡元培所提倡的兼容并包思想，直到现代仍是北京大学最为珍视的文化传统。现如今，北京大学建造了蔡元培像，成立了元培学院，实施了元培计划，也设置了针对北大教师的最高荣誉"蔡元培奖"。可以说，蔡元培这个名字早已被赋予了不同寻常的意义，成为北京人共同认可与捍卫的"精神符号"。事实上，在北京大学的发展史上，像蔡元培这样的以一己之力影响大学文化的生成与发展并对大学改革产生重大作用的关键个体还有很多。像在《新青年》杂志上高举科学与民主大旗，引领北大青年开启五四爱国运动的著名思想家陈独秀；像在北大红楼上手书"铁肩担道义，妙手著文章"，并把马克思主义思想带给北大的无产阶级

① 冯友兰.五四前的北大和五四后的清华［A］.中国人民政治协商会议全国委员会文史资料研究委员会.文史资料选辑（合订本第11卷·第34辑）［M］.北京：中国文史出版社，1986：4.

革命家李大钊；像精明干练、高度负责、科学务实，将蔡元培的"学术自由思想维持不堕"的蒋梦麟；像为了捍卫真理而在年近八十之际依然奋力抗争的新人口学家马寅初，像对教授治校无比推崇，并尽力保护的北大校长周培源。如此等等，不一而足。下图5-1大致列举出对北京大学百年发展产生重要影响的关键个体及其文化嵌入内容。

表5-1　北京大学治理进程中的关键个体及其文化嵌入

关键个体	文化嵌入（价值观、思想、理念等）	身份
严复	兼收并蓄，广纳众流	北大校长
蔡元培	思想自由	北大校长
	兼容并包	
	教育独立	
陈独秀	民主与科学	学者、无产阶级革命家
李大钊	马克思主义	学者、无产阶级革命家
蒋梦麟	教授治校	北大校长
	学生自治	
	求真务实	
季羡林	爱国主义	北大知名学者
胡适	学术独立	北大校长、知名学者
	学问至上	
马寅初	唯科学真理是从	北大校长、知名学者
	勇于创新	
陆平	学习苏联、参考英美、走自己的路	北大校长
丁石孙	思想开放、百花齐放、百家争鸣	北大校长
厉以宁	严谨治学，捍卫真理求	北大知名学者
陈翰笙	严谨治学，科学求真	北大知名学者

关键个体	文化嵌入（价值观、思想、理念等）	身份
张芝联	潜心育人，甘为人梯	北大知名学者
袁行霈	潜心育人，甘为人梯	北大知名学者
姜伯驹	潜心育人，甘为人梯	北大知名学者
王选	淡泊名利，谦和雅量	北大知名学者
何其芳	淡泊名利，谦和雅量	北大知名学者
许智宏	和而不同的文化诉求	北大校长
	理性的质疑与批判精神	
	追求卓越	
	实事求是	

（四）大学师生的互动传递

北大师生是北大文化的传承者和践行者，他们在长时间的交往和互动的过程中，基于共同经历的增多会形成和强化某种共识，进而为大学文化的嵌入、传递、复制、扩散等创造了条件。在北京大学百余年的治理过程中，北大师生的互动传递是大学文化实现其治理功能的另一个极为重要的手段和形式。譬如，蔡元培北大改革时期，大力提倡社团建设，社团的成立除了少数是由学校组织设置之外，多数是由北大的师生自行组织的。在蔡元培的倡导下，北京大学当时的社团形式极为丰富，有政治方面的，像马克思学说研究会；也有社会文化和学术性的研究学会，如国文学会、教育研究会、音乐研究社等等；还有学生自我服务和实践类的社团，像学生储蓄银行、消费公社等。这些社团以大学师生为主体，研究问题，寻找出路，在北京大学掀起了一场追求真理和思想解放的热潮。在这样宽松自由的教育氛围中，蔡元培"包容自由"的办学理念无形中得到了传播、扩散和实践。也正是因为当时北大社团的繁荣，才使得北大师生能够解放思想、不畏强权，首先在中国大地上举起了五四爱国运动的大旗，彰显出北大文化的先进性和强大动力。在百年的历史风云中，北大社团从无到有、从小到大、从单一到多元地发展起来，现已成为北大文化体系中光彩夺目的一个组成部分，它象征着北大自由的灵魂与丰富的活力，不仅成为北大师生展示才华、交流沟通的组织平台，也是生成、孕育和传递北大文化的重要载体，在无形中发挥着文化育人的功能。

三、北京大学治理的文化嵌入效用

在北京大学百余年的治理进程中，不同的文化嵌入产生了不同的治理效应，这其中既有正向的影响，也有负向的影响。

（一）正向效用

北京大学的卓越首先就在于北大文化的卓越，正是北大文化的支撑与激励，北大才成为民主科学思想的发祥地、五四运动的策源地，成为中国最早升起马克思主义旗帜的地方，成为中华民族在救国、兴国和强国道路上的重要人才殿堂，成为中国建设世界一流大学的排头兵，推动北京大学"向着好的，往上的道路"前进。京师大学堂成立之初，充斥着浓厚的官僚文化气息，与现代大学的办学精神相去甚远。如果不是蔡元培将"包容自由"的精神植入北大发展与改革之中，北京大学要想成为"学风丕振，声誉日隆"的知名学府，要想涌现出一批优秀的人文学者、革命家、政治家和社会活动家，恐怕还有段时间和距离。新中国成立后，北京大学根据"以培养工业建设人才和师资为重点，发展专门学校，整顿和加强综合性大学"的治校方针，进行了院校调整，为国家社会主义建设培育了大量优秀的专业人才。改革开放之后，北京大学在"追求真理、追求卓越、培养人才、繁荣学术、服务人民、服务社会"的办学思路引领下，紧紧抓住改革开放的大好机遇，参与世界范围内的教育竞争，成为实现国家科教兴国、人才强国和建设高等教育强国的有生力量。进入 21 世纪以来，北京大学又响应国家号召，坚持以立德树人为根本，秉持"中国特色、世界一流"的发展方向，努力提高文化自觉，进一步激发文化活力，正在朝着世界一流大学和世界著名学术殿堂的发展目标而努力。如今，"北京大学每年邀请无数国内外著名学者授课讲学，年均举办讲座近两千场，日均举办讲座近十场，讲座数量相当可观，充分反映了今日北大在诸学科领域的繁荣现状"①。可以说，在北京大学百余年的发展改革史上，北京大学"每一次激动人心的发展，无不伴随着一次办学思想、育人理念、大学精神和大学文化的全新涤荡"②。以此来看，北大文化与北大的改革相伴相随，良好的文化嵌入对于提升北京大学的教育教学水平、塑造北京大学师生的人格、扩大北京大学的国际影响力、强化北京大学的国际竞争力有着明显的促进作用。

（二）负向效用

北京大学在文化嵌入和大学发展的过程中并不总是顺利的，由于嵌入的文化理念不当，北京大学治理也曾出现了很多失误。譬如，清末京师大学堂仿照日本东京大学的模式，以"中体西用"的价值理念来进行大学改革，要求大学堂的师生"以伦理修身为本，以忠君爱国为先"，这些改革虽然对东京大学的办学模式进行了效仿，但并未将现代大学的理念引入其中，并未改变京师大学堂作为一所"官僚养成所"的本质。又如，20世纪50年代后期，反右派斗争的扩大化也波及北京大学的发展与改革，致使校内的正常教学与科研活动也被频繁发生的政治运动所阻碍。"文化大革命"时期，四人帮鼓吹"读书无用""知识无用"的文化思潮，全国大学基本处于停办状态。在这场文化浩劫面前，北京大学被扣上了"修正主义""反党反社会顽固壁垒""被资产阶级长期统治

---

① 杨河．海纳百川有容乃大：北京大学文化研究［M］．北京：高等教育出版社，2011：214.

② 杨河．海纳百川有容乃大：北京大学文化研究［M］．北京：高等教育出版社，2011：438.

的反动堡垒"等莫须有的帽子，工宣队和军宣队进驻北京大学，校内出现了许多造反派组织，北京大学的各项教学和科研工作基本处于停滞状态，造成了无可挽回的损失。由此可见，不良的文化嵌入对大学发展而言有多么巨大的伤害。

第三节　哈佛大学文化治理的案例分析

哈佛大学的前身是于1636年成立的哈佛学院，是北美殖民者建立的一所以培养牧师为主的学校。在美国的大学历史上，素有"先有哈佛，后有美国"的说法，这不仅是因为哈佛大学确实存在着比美国还有久远的历史（哈佛的历史比美国的历史早了140年），更重要的是哈佛大学自建校以来所取得的令人叹为观止的办学成绩，难以计数的工商巨子、政坛领袖、科学巨匠和文化名人是哈佛大学近385年（1636-2021）办学历史最辉煌的见证。哈佛大学无疑是世界一流大学中当之无愧的王中之王。可以说，在世界一流大学的研究个案中，哈佛大学悠久的办学历史、独特的办学理念、杰出的人才培养模式、享誉世界的学术声誉和世界一流的教学与科研水平都使它成为大学文化治理案例研究的典范。

一、哈佛大学治理的文化嵌入内容

哈佛大学的卓越不是与生俱来的，而是经历了一个漫长的发展过程，逐渐从一所教学为主的宗教氛围浓厚的小学院发展成为一所以研究为主的世界最著名的研究型大学之一[①]。从1636年建校到19世纪中叶之前，哈佛大学"总体上是一个沿袭欧洲古典高等教育特别是英国剑桥大

[①]　徐来群.哈佛大学史［M］.上海：上海交通大学出版社，2012：1-43.

学办学传统的、以培养贵族精英人才为主的教学型小学院……以宗教性为主的教育目标规定着哈佛的一切行动"①。这种状况直到 1869 年哈佛大学第 22 任校长查尔斯·艾略特出现之后才发生了改变。因此，本研究主要关注的是 1869 年之后的哈佛大学的文化治理历程。在这段历程中，哈佛大学的文化治理主要有以下几方面的内容。

（一）"实用取向"的文化嵌入

实用主义是美国社会土生土长的一个哲学流派，诞生于 19 世纪，代表人物是皮尔士、莱特、霍尔姆斯、费斯克、杜威等人。实用主义哲学观的兴起与 19 世纪 70 年代美国南北战争之后，美国资本主义工业化的快速发展密切相关。实用主义哲学以"实用"为核心理念，以"有用"和"无用"作为评判事物有无价值的标准，同时也蕴含着资产阶级自由开放的精神追求。实用主义的流行和传播不仅渗透在美国人的精神、心理、意识和观念之中，也颠覆了美国传统的古典教育模式，深深影响着美国高等教育的发展与变革。随着实用主义哲学的兴起，再加上受《莫雷尔法案》赠地运动的影响，美国逐渐诞生了与欧洲古典大学截然不同的大学形式，像弗吉尼亚大学、密歇根大学、威斯康星大学等一系列旨在提倡"直接为社会服务"的州立大学。这些大学在教育理念上不是服务于教派利益的贵族教育，而是服务于当下世俗社会的现实需要。这些新兴大学的产生都对古老的哈佛大学产生了冲击，使得当时"把基督教义作为一切知识和学习的基石"②，并面临严重生存危机的哈佛大学不得不改变自己的办学理念和价值取向。哈佛大学第 22 任校长查尔斯·艾略特正是在这样的背景下承担起了哈佛大学改革的重任。为了缓解哈佛固守"象

① 百强.危机·转机·升机：哈佛大学改革轨迹探究［M］.重庆：重庆大学出版社，2016：29.

② J.Christopher Lucas.American Higher EducationHistory[M].New York，St.Martin，1994：103-104.

牙塔"的办学传统与大学越来越成为作为"社会服务站"社会发展需求之间的矛盾，艾略特校长为哈佛大学植入了"实用主义"的办学追求和价值理念。"实用主义"价值理念主要分为三个层面：其一是教育内容与方法的现代化，二是大学发展的本土化，三是学术研究的自由化。所谓教学内容与方法的现代化，是指哈佛大学"必须迅速适应其赖以生存的环境中的人们的各种巨大变化"①，改变传统的那种僵化的课程设置体系（培养牧师和精英贵族）、教育内容（七艺教育为主）与教学方法（教师讲授和学生记忆）等，使之适应于美国资本主义社会快速发展的要求。所谓大学发展本土化，是指哈佛大学要摆脱一味效仿欧洲大学办学模式的做法，"它不能从英国、法国或者德国移植过来"②，而是要成为美国社会和政治习惯的产物。所谓学术研究自由化，是指要明确大学是最容不得独裁的地方，"一所大学必须既反映当地文化，又富含外来文化，但首要的是，它拥有自由。去伪存真的自由之光必须遍及它的各个角落"③。可以看出，哈佛大学植入的实用主义价值追求尽管强调大学要为社会服务，关注社会需求，但并没有放弃大学追求真理的使命。总体来看，"实用主义"价值理念是与美国国家精神最为契合的价值理念，正是这种价值理念的植入真正把哈佛大学推上了一所卓越大学的发展道路。

（二）"责任取向"的文化嵌入

20世纪初，美国社会从自由资本主义阶段进入垄断资本主义阶段。自由资本主义时期哈佛大学崇尚的"自由主义"思想赋予了学生不受限制的课程选择权力之外，也使得哈佛大学逐渐放弃了"代行家长职责"

---

① Richard Hofstadter&Wilson Smith.American Higher Education[M].The University of Chicago Press，1961:622.

② Richard Norton Smith.The Harvard Century[M].Simon and Schuster，1986:27.

③ Richard Hofstadter&Wilson Smith.American Higher Education[M].The University of Chicago Press，1961:619.

的传统，甚至连上课也成为一种自愿行为。再加上，自由氛围的过度解读导致很多学生将学习当作一种形式，在学习内容上避重就轻，只求通过期末考试就万事大吉，学生中甚至流行着"C 是绅士的成绩"这样的口号，这导致了学生的学业标准也有所降低。可见，"完全自由"的文化嵌入显然出现了矫枉过正的弊端。哈佛大学的新任校长阿伯特·洛厄尔在上任之初就准确无误的指出，艾略特时代的"个性化"学院需要"再社会化"①。所谓"再社会化"，就是恢复大学"以学术为业"的根本宗旨，提高哈佛大学的教学质量，并提升学生的社会责任感，致力于培养具有"贵族精神"的"美国绅士"。为此，哈佛大学治理围绕"自由与责任的平衡"这一目标嵌入了一种"责任取向"的价值追求。"责任取向"的文化嵌入主要包括两个方面的意蕴，一是重塑哈佛师生的集体意识，二是培育有责任感的美国公民等。所谓重塑集体意识，就是重新建构师生对哈佛大学集体认同，使哈佛师生能够意识到自己是哈佛的一员，而不是"放任的个体"，能够自觉为维护哈佛的组织荣誉而战。所谓培育有责任感的人，就是打破"一味自由"的教育追求，确保教育深度，提升哈佛大学人才培养质量，使学生把更多的精力用在学习上，使学生真正学有所获，同时培养学生良好的公民意识、道德意识和社会责任感。

（三）"竞争取向"的文化嵌入

二战时期，美国同样卷入了战争旋涡，国家大幅度增加了基础科学研究经费，同时也要求大学科研积极为国家服务。科南特校长上台时，哈佛大学的科学研究水平远远逊色于同时期的其他研究型大学。譬如，在原子弹这一国家重大科研项目中，哈佛大学的角色仅仅是"提供辅助数据"的大学，而同时期的哥伦比亚大学、加州大学伯克利分校、芝加

---

① 徐志强. 阿伯特·洛厄尔对哈佛大学的改革及启示［J］. 现代大学教育，2015（02）：32-40，112.

哥大学等分别承担了原子弹试验、电磁分离理论研究和武器理论与链式反应等核心而重大的高科技研究项目，这一状况让科南特校长非常震惊。从那时起，哈佛大学的竞争意识就开始显现，并集中力量开始革新哈佛大学的教师聘任与学生选拔制度。二战之后，世界逐渐形成了美苏争霸的"冷战"格局。1957 年，苏联人造卫星的成功发射，使得美国当局"朝野震惊"，在此背景下诞生了《国防教育法》。为了适应美国与苏联展开全面战略竞争的需要，哈佛大学再次顺应国家的国际战略竞争需要进行改革，彼时的哈佛校长内森·玛什·普西以"培养有教养的人"为目标，以多元化办学为改革理念，进一步强化了哈佛大学"竞争取向"文化的植入。20 世纪 80 年代以来，世界格局发生了重大变革，一方面美苏争霸进入最后阶段，另一方面世界两极格局逐渐走向解体，多极化格局正在形成。在这样的形势面前，美国政府大力提倡"全球化"战略，这更激发了哈佛大学的国际竞争意识。哈佛大学的后来继任者德里克·博克、尼尔·陆登庭与德鲁·吉尔平·福斯特等人紧紧抓住"国际化"的潮流，通过不同的方式植入和进一步强化了哈佛大学的"竞争性"价值追求。譬如，博克校长认为美国主要是依赖留学生和优秀的专家学者来发展自己的，因此哈佛大学应积极开展国际交流，创建"心灵的帝国"以引进更多优秀人才，培养出具有全球视野的领导者和美国公民[1]。陆登庭校长认为，"随着学习领域和社会问题的日益国际化，每一项新的发现都将得益于各个国家的专家和学者的共同努力"[2]，哈佛大学应以更加积极的姿态走出去，承担公共责任，与世界上不同国家、地区、学术领域的人开展跨国、跨地区性的合作研究，以解决经济发展、能源使用、

---

① 李佳萍.哈佛大学博克校长的办学理念与治校实践研究［D］.沈阳师范大学，2012：20.

② 陆登庭，阎凤桥.一流大学的特征及成功的领导与管理要素：哈佛的经验［J］.国家高级教育行政学院学报，2002（05）：10-26.

环境保护等错综复杂的国际性问题。福斯特校长认为，在知识全球化的浪潮之中，全球化与科技革新等两股主导力量给哈佛大学带来了新的机遇与挑战，哈佛大学应具备开放与竞争的视野，加强与世界各国大学的联系与合作，吸引更多优秀的学生前来学习，以"引领哈佛保持其卓越的地位"。

（四）"人文取向"的文化嵌入

20世纪90年代之后，由于资本主义经济危机的周期性原因和政府的政策失误，美国经济持续衰退，通货膨胀压力大，联邦政府不得不采取货币紧缩政策减少了对高等教育的投入，再加上学生债务负担的加剧，哈佛大学也大幅减少了财政预算。据统计，1991年，哈佛大学文理科系预算赤字高达1340万美元，不得不削减了850个职位[1]。同时，这也意味着此时美国"高等院校的生源竞争趋向激烈"[2]。在如此严峻的形势面前，如何将哈佛引入21世纪大学发展的正确轨道，建设一个包容性和凝聚力更强、学科优势更明显、办学理念更鲜明的现代化大学是非常现实的问题。20世纪90年代，时任校长陆登庭高瞻远瞩，认为人文学科是引领时代前进的火车头，在瞬息万变、一日千里的时代，世界显得太过复杂，人们太易迷失，只有保持清醒与理智的人才能走在时代前列，思想和智慧将成为利器甚至在绝大多数时候比金钱等物质更加重要[3]。为此，哈佛大学把"人文化与全球化相结合"的大学治理理念融入其改革和发展的进程之中，要求学生"在本科四年的学习中，除主修化学、经济学、政治学或文学一个专业之外，还要跨越不同的学科，从道德哲学、伦理到数学逻辑，从自然科学到人文，从历史到其他文化研

① 王英杰.美国高等教育的发展与改革［M］.北京：人民教育出版社，1993：117-118.

② 乔玉全.21世纪美国高等教育［M］.北京：高等教育出版社，2000：30.

③ 文池.北大访谈录［M］.北京：中国社会科学出版社，2001：183.

究都要广泛涉猎"①。除此之外，哈佛大学还通过兴办艺术节、建立人文学科研究中心、参与大规模的跨学科国际合作研究项目、启动各项研究计划等措施，逐渐构筑了哈佛大学面向未来的"人文教育教学新体系"，进一步增强了哈佛大学的人文气息，提升了哈佛大学的人才培养质量和国际影响力。

二、哈佛大学文化嵌入的基本方式

通观哈佛大学自1869年以来的大学治理史来看，为了将"实用""责任""竞争""人文"等价值追求植入哈佛大学改革与发展的进程中，哈佛大学在治理的过程中主要是通过组织机构的设置与优化、制度体系的巩固与强化、关键个体的示范引领、大学师生的互动传递等四种基本方式来实现文化的嵌入，并作用于大学治理的。

（一）组织机构的设置与优化

组织机构的设置与优化文化治理功能释放的重要载体。在实现文化治理功能的过程中，组织的作用主要有多种多样的表现形式，如组织环境的优化、组织机构的设置与完善、组织关系的调和等都是落实某种文化的重要抓手，但最终要的抓手就是组织机构的宣示、推进与维护。没有组织机构的推进、引导和保障，很难真正实现的文化治理功能转化。为了说明这一问题，结合哈佛大学的改革发展史来看，哈佛大学数百年来嵌入的这四种关键的价值理念在践行和落实的过程中，都是通过一定的组织机构设计和完善来实现的。譬如，哈佛大学为了落实"大学教学内容现代化"的办学思想，于1908新建了商学院。商学院建立之后，哈佛大学从全国各地聘任优秀教师，招收具有商业潜质的学生、建立专

---

① 张萍. 美国高校适应就业市场需要的人才培养及其启示［J］. 高等函授学报（哲学社会科学版），2001（03）：39-42.

业研究中心、充实图书资料、加强课程建设，通过这一系列组织建设活动，哈佛商学院自诞生开始就与美国商业资本主义发展的现实需要相联系，为美国乃至世界培养了大批卓越的商业精英和商业领袖，使哈佛大学朝着"现代化大学"的方向发展。又如，德里克·博克校长掌舵哈佛大学期间，为了落实"培养国际化人才，提升大学国际竞争力"这一理念，成立了许多新的组织机构来推进。其中，"哈佛·丹福斯"中心致力于提高教师的教学能力，是为了培养国际化人才而服务；"哈佛管理公司"主要是对哈佛的投资与收益事宜进行有效管理，是为了强化哈佛国际化办学的融资与管理能力；设立了行政、校友事务、财务、咨询与安全、公关与宣传等五个副校长职位，是为了完善哈佛大学的行政管理组织结构，提高哈佛大学在适应和应对国际化方面的行政管理效率。这些组织机构的设计都是为了落实哈佛大学的国际竞争意识，强化国际竞争能力。再如，陆登庭校长在治理哈佛大学期间，为了进一步强化大学的国际竞争意识，根据科学技术与高等教育国际化的发展要求，对哈佛大学传统的组织合作形式进行了改革和完善，通过建立生物学和医学领域的跨学科研究中心，启动"思维·大脑与行为"研究计划，成立国际发展研究院、中东和东亚研究中心等国际研究机构，将国际竞争与合作的意识深深植入处在世纪之交哈佛大学的治理进程之中，使得哈佛大学能够顺应全球化发展的潮流，再次抓住机遇实现自身的高质量发展。下表5-2能够简要阐明哈佛大学在实现文化治理功能落地的过程中在组织建设方面进行的努力。

表5-2　哈佛大学治理中的文化嵌入与组织建设

文化嵌入类型	文化嵌入（价值观、思想、理念等）	组织机构的设计与完善
实用取向	教学内容与方法的现代化	新建各种专门实验室和研究室
		成立专门招生机构哈佛大学招生委员会
	大学发展的本土化	重建哈佛法学院
		新建哈佛商学院
	学术研究的自由化	建立文理研究生院
责任取向	培育有责任感的人	新建城市规划学院
	重塑集体荣誉	建立住宿学院
竞争取向	追求卓越	建立肯尼迪行政管理学院，塑造卓越领导
	大学发展要多元化	改造拉德克利夫学院提高黑人和女性入学比例
	参与国际竞争与合作	发展研究生院，提升国际化科研能力
		成立哈佛·丹福斯中心，服务国际化人才培养
		成立哈佛管理公司，负责投资与收益管理
		设立副校长职位提高行政管理效率
		组织与设立国际与全球研究项目
		成立国际发展研究院
		成立中东研究中心
		成立东亚研究中心
	可持续发展意识	成立哈佛大学可持续校园建设办公室
		成立常春藤校长委员会可持续发展工作小组
		加入国际性公益组织发起的碳披露项目
人文取向	重视人文氛围营造	设置与开展多种多样艺术节活动
	重视人文学科建设	建立人文学科研究中心
		增加人文学科办公室

（二）制度体系的巩固与强化

制度设计是文化治理功能落地的重中之重。在哈佛大学治理的进程中，为了将各种治理理念巩固、强化和落实，哈佛大学开创了很多有意义的制度，有些制度设计直到现在仍然在发挥作用并影响深远。譬如，洛厄尔校长主政期间，为了平衡自由与责任的矛盾，改变当时哈佛学生"过于自由化"的教育环境，对自由选修制度进行了改造和完善，推行课程集中分配制度、荣誉学位制度和导师制度等来提升学生的竞争意识，培育学生的集体荣誉感和责任感。其中，课程集中分配制度要求每个学生必须从16门规定的可供选择的课程中选取6门专业课程集中学习，还要另外从人文、社会和自然科学三个不同的知识领域中选修3本课程来拓宽知识面，这就保证了"专业课程"与"通识课程"的有机结合，也实现了"自由"与"秩序"的统一，在给予学生自由的同时也给予一定的限制，这一课程设置原则和价值理念不仅奠定了后来哈佛大学本科课程的基础，也成了后来哈佛大学课程设置的基本价值准则之一，尽管后来哈佛的课程改革经历了多次修正完善，但这一价值准则从未改变；荣誉学位制度规定学生若要获得荣誉学位，必须在专业学科课程的考试上获得非常优异的成绩，这就创造了竞争的氛围，调动了学生学习与钻研的积极性，确保了哈佛大学的教育深度和教育质量，也强化了哈佛师生对社会的责任意识；导师制与住宿制度的推行，把师生之间、学生之间的联系进一步加强，构建了融合学习、生活、交往为一体的"学区共同体"，有利于强化哈佛大学的集体责任感和团结协作精神。下表5-3能够简要阐明哈佛大学在实现文化治理功能落地的过程中在制度体系建设方面进行的努力。

表 5-3　哈佛大学治理中的文化嵌入与制度设计

文化嵌入类型	文化嵌入（价值观、思想、理念等）	制度体系的设计与完善
实用取向	教学内容与方法的现代化	建立新的招生考试制度
		开创案例教学制度
		改革学制
	大学发展的本土化	废除以财富多寡和地位高低为标准的招生制度
		取消把希腊文作为入学考试必考科目的制度
		创建单独招生考试制度
	学术研究的自由化	创建、改善并推广自由选修课制度
责任取向	重塑集体意识	导师制度
		住宿制度
	培育有责任感的人	荣誉学位制度
		集中分配课程制度
竞争取向	追求卓越	学术精英招生制度
		"非升即走"教师晋升制度
		建立特别委员会制度
		改善终身教授制度
	大学发展要多元化	放宽和改善黑人、犹太人以及女性招生制度
		完善以宿舍为单位的本科生管理制度
	参与国际竞争与合作	建立核心课程制度
		创建行政事务分权管理制度
		"明星教授"评比制度
人文取向	重视人文氛围营造	创设校园艺术节活动和相关制度
	重视人文学科建设	加强通识教育，推行跨学科人才培养制度
		平民精英招生制度（"两不一需"招生制度）

（三）关键个体的示范与引领

关键个体是一所大学治理的领导者、掌舵者和精神领袖，关键个体的学术经历、知识背景、思维习惯、认知结构受行政权威或者学术魅力的加持，与大学的办学实践相结合，将对大学的发展与变革产生至关重要的作用。在哈佛大学数百年的治理进程中，出现了许多卓越的教育改革家，他们往往具有独特的人格魅力、异于常人的远见卓识、鲜明的办学理念、坚韧不拔的改革毅力和敢为天下先的改革魄力，他们往往能够在纷繁复杂的社会环境和利益诉求面前，既能坚守大学的传统，捍卫大学的使命，又能根据时代的发展要求洞悉社会的期望与国家的诉求，像艾略特、洛厄尔、科南特、博特、陆登庭等。可以说，正是这些关键个体的积极引导和奋发作为，哈佛大学才能仅仅跟随时代的潮流，将最适合哈佛大学改革进步的发展理念植入其中，引导哈佛大学度过了一次又一次的办学危机，成就了哈佛大学的世界声誉。下表 5-4 是哈佛大学近150 年来做出卓越贡献的部分关键个体情况。

表 5-4　哈佛大学治理中的文化嵌入与部分关键个体

关键个体（校长）	文化嵌入（价值观、思想与理念等）	任职时间
查尔斯·威廉·艾略特	大学改革要本土化	1869-1909
	大学发展要时代化	
	学术研究要自由化	
阿尔伯特·劳伦斯·洛厄尔	培养有责任感的人	1809-1933
	重塑集体意识	
詹姆斯·布赖恩特·科南特	教育要实现人的全面发展	1833-1953
	精英主义追求	

续表

关键个体（校长）	文化嵌入（价值观、思想与理念等）	任职时间
内森·玛什·普西	多元化办学追求	1853—1971
	大学要培养有教养的人	
	大学的真正进步依赖教师	
	民主平等思想	
德里克·博克	三A原则（学术自由、学术中立、大学自治	1971—1991
	大学要具有国际视野	
	大学的职责是为养育自己的社会服务的	
尼尔·陆登庭	人文学科是引领时代的火车头	1991—2001 2006—2007
	学生质量是哈佛长盛不衰的源泉	
	教师是大学人文教育走向成功的关键	
德鲁·吉尔平·福斯特	民主与自由是大学生命力的前提	2007—2018
	开放与合作是大学发展的动力	
	教学与科研应该共生共存，相互砥砺	

（四）大学师生的互动传递

大学师生是哈佛文化的重要生成者和践行者，也是将哈佛精神通过代代传承的形式进行复制、扩散和繁殖的重要载体。在哈佛大学的发展史上，留下了无数关于哈佛大学人的英雄故事和大学传奇，像创院牧师约翰·哈佛将毕生积蓄捐献给学院的奉献精神，像哈佛毕业生哈利·埃尔金斯·韦德纳将自己毕生藏书以及自己创办的哈利藏书所都捐献给哈佛大学（即哈佛大学韦德纳图书馆，全球最大的私人图书馆）的那种传奇事迹，像普西校长为了保护哈佛的学术自由传统和保护校内的"赤党分子"不惜与"麦克锡主义"对簿公堂的教育家风骨，像对劳伦斯·萨默斯校长的"官僚主义作风""专制领导风格"和"干涉学术事务"等行为产生质疑并反抗，通过两次投出"不信任票"致使萨默斯被迫辞职的典型事件等等，都说明了大学师生担任着大学文化的创造者、坚守着、捍卫者、传递者等多重角色。可以说，没有哈佛师生对某种价值理念的理解与共识，没有哈佛师生之间的互动、交流与传递，哈佛文化不可能存在和延续，哈佛精神也不可能成为制约和推进哈佛大学治理的关键力量。现如今，哈佛大学的校园内，并没有那么多的高楼大厦，也没有太多的嘈杂喧嚣，只有匆匆的脚步和默默读书声，即使在凌晨四点半的图书里依旧是灯火通明的学术环境，这是哈佛大学的文化，也是哈佛人默认的、代代相传的价值共识，它无声激励和影响着哈佛大学的改革与发展，激励着哈佛从一种卓越向另一种卓越的迈进。

三、哈佛大学文化嵌入的治理效用

在哈佛大学的治理史上，许多卓越的教育改革家将自身的教育理念融入哈佛大学发展之中，对哈佛大学的发展产生了重大影响。但是，也有些大学领导者因为嵌入的治理理念与违背时代的发展潮流相违背，与大学的精神传统相违背，而使得其治理各改革面临夭折和失败的风险，对哈佛大学发展产生了负面影响。

（一）正向效用

正向效用是指良好的大学文化嵌入能对大学治理产生积极的、有益的治理作用。根据哈佛大学文化嵌入的特征来看，不同文化的嵌入对哈佛大学治理产生了不同的影响。首先，实用主义取向的文化嵌入契合了美国社会的"本土"需求，使哈佛大学走上现代大学发展的轨道。实用主义取向的文化嵌入批判性的吸收了欧洲大学的先进办学经验，开始立足于美国社会发展的现实需求和哈佛大学的办学实际对哈佛大学进行改革，把哈佛大学从一所以培养"精神贵族"的教学型小学院成功转变为具有"美国本土化精神"现代性大学。其次，责任取向的文化嵌入提高了哈佛大学的教育质量，实现了自由与责任的统一，为哈佛大学建设现代教学研究型大学奠定了基础。责任取向的文化嵌入改变了哈佛大学在学业考核上"过于自由"和"过于放任"的弊端，不仅激发了学生的学习热情，提升了学生的学业能力，更重要的是为哈佛学生提供了"公民意识"和"社会责任"的教育训练，科学合理地处理好专业教育与通识教育之间的辩证关系，培养"全面发展"和"引领社会"的精英人才提供了思想指引和行动纲领。再次，"竞争取向"的文化嵌入提升了哈佛大学的国际化办学实力，使哈佛大学步国际化办学的快车道。追求卓越向来是哈佛大学的治理追求。在哈佛大学追求卓越的道路上，由科南特、普西、博特、陆登庭与福斯特等一代又一代的哈佛领导者植入在哈佛人头脑和意识中的"竞争精神"则是哈佛大学在追求卓越的道路上最重要的文化驱动力。在历史的潮流中，竞争文化的嵌入，使得哈佛大学总能在面临改革发展的关键时刻，紧紧把握发展机遇，做出最符合自己发展方向的组织和制度变革。不管是美苏争霸前期实行的学术精英招生制度，还是冷战后期掀起的"面向世界"的本科核心课程体系，抑或20世纪90年代之后，顺应全球化趋势而开展的以发展"人文学科"为目的的多种多样"跨学科"国际合作项目等，都是在竞争文化的导引下做出的种种变革。也可以说，正是因为"竞争"取向的文化嵌入，哈佛大学才能不断提升其国际影响力，朝着"不仅是美国的哈佛，更是世界的哈佛"的宏伟目标而迈进。最后，"人文取向"的文化嵌入构建了哈佛大学面向未来的人文教育新体系，开辟了哈佛大学新的历史征程。人文取向的大学文化嵌入在一定程度上弥补了美国本土文化中"实用主义"价值取向的不足，体现出对教育本质问题的反思和追问，它使得哈佛大学的教育理念再次回到了"使人成为人"的价值本位上来。在人文取向的大学文化引领下，哈佛大学的学生收获的不仅仅是专业知识和技能，还有善于观察、思考、勇于探索以及终身学习的能力，成功构建了哈佛大学人文教育教学体系。同时，人文取向的文化嵌入通过组织建设和开展多种多样的跨学科研究项目，也打破了哈佛大学长期以来所形成的严格的学科壁垒，把研究的范围扩展到不同国家、地区的经济、政治、文化、人权、生态环境保护、能源资源利用、公共卫生等多个方面，使哈佛大学的社会服务能力不同提高，也增强了哈佛大学的国际知名度和影响力。

（二）负向效用

负向效用是指在不良的大学文化嵌入会对大学治理产生消极的、不利的影响作用。在哈佛大学治理史上，有违时代精神或者大学传统的变革必将遭到失败，这样的大学文化嵌入案例值得研究、反思和借鉴。譬如，萨默斯在46岁时，重返哈佛，担任哈佛大学第27任校长。相比于前任校长陆登庭而言，萨默斯的人际处理能力和筹资能力都极为优秀。但是，被给予厚望的萨默斯在担任哈佛校长仅仅5年之后就被通过不信任投票而离任，这使他成为哈佛近150年来任期最短的校长，其原因正是因为萨默斯校长的治理理念不仅不合乎当时的时代发展潮流，而且有违哈佛大学历来形成的学术自由传统。譬如，2001年萨默斯发表了对"平权法案"的不当评论，2005年又在美国全国经济学家会议上发表了"大学中缺少女性科学家的原因之一可能是由于两性之先天差异"的不当言论，再加上当时文理学院院长威廉·克比的辞职，使得哈佛的教授们纷纷指责萨默斯领导风格与管理方式，萨默斯最终因为师生的"不信任投票"而被迫辞职。萨默斯的离职从表面看是个人专制的领导风格和缺乏对大学师生的应有尊重而导致的，实则是萨默斯的治校举措与哈佛大学长期形成的文化传统和内在精神相背离的结果。由此可见，大学领导者多为大学的精神领袖，更应该对"何为大学"以及"怎样治理大学"有更深刻的理解，他们的治校实践需要顺应大学发展与变革的时代要求，且不能与大学的精神传统相背离。否则，任何大学治理都将归于失败。

第四节　案例启示

北京大学与哈佛大学作为中国大学发展的典范，其大学治理的理念选择、制度设计、机构优化与人文互动等历来是学界研究的典范，并对其他大学的发展产生了积极的引领的示范作用。

一、大学文化治理需要有效的大学文化嵌入

从北京大学和哈佛大学等两所大学的治理经验来看，大学治理的成效与大学治理过程中的文化嵌入是密不可分的。北京大学在蔡元培之前，是一所"封建官僚气息"十分浓厚的大学，教员的官僚架子明显，学生的求学目的不端，大都抱着"学而优则仕"的传统思想，其心思全然不在教书育人、求真问道之上。蔡元培担任北大校长之后，大力提倡"思想自由、兼容并包"，并通过一系列组织建设和制度建设将"自由"与"包容"的办学理念巩固和强化，使得北京大学终于洗尽"官僚气"，成为新文化、新思想传播的圣地和堡垒。现如今，北京大学的学子遍及寰宇，北京大学的声誉傲贯华夏，并朝着世界一流大学的目标昂首挺进，其背后与包容自由文化的长期濡染和激励是密不可分的。在艾略特之前，哈佛大学主要仿照英国剑桥大学的办学模式，课程设置以中世纪大学的"七艺教育"为主，教学方法主要是背诵和演讲，宗教氛围也十分浓厚，"重复着令人厌倦的操作性陈旧课程"①，哈佛大学的入学人数不断

---

① 贺国庆，徐志强.查理斯·艾略特与自由选修制及其借鉴意义［J］.现代大学教育，2013（05）：65-72，113.

减少，面临着严重的生存危机。为了应对哈佛大学的生存危机，使哈佛大学能够适应美国社会快速发展变化的外部环境，艾略特上任之后，即着手将"现代化""本土化"与"自由化"等价值理念植入哈佛大学并以期为思想武器治理哈佛大学，它一方面符合了美国当时社会自由、民主的价值取向，完成了哈佛大学的本土化转型，另一方面也顺应了当时美国社会工业化的时代需要，开启了哈佛大学发展的新时代。经过艾略特的改革，哈佛大学的办学成绩卓著，治理成效明显，据资料记载，在19世纪80年代，哈佛大学的入学人数增加了66.4%，只排在康奈尔大学和普林斯顿大学之后，到了19世纪90年代，哈佛大学的入学人数增加了88.8%，仅位居布朗大学之后[1]。

二、大学文化治理需要"组织—制度—人"的复合保障

从北京大学和哈佛大学等两所大学的治理经验来看，构建"组织—制度—人"的复合保障体系是大学文化得以有效嵌入并释放其治理效能的重要基础。大学文化治理的关键是要将大学文化的治理功能释放出来，否则，文化治理不可能取得实效。在北京大学和哈佛大学百余年治理的进程中，两所大学的改革者和领导者为了落实自己的办学精神和办学理念，大都是借助"组织—制度—人"的构成的复合保障体系来推进和实现大学文化的治理功能释放和落地的。譬如，蔡元培在治理北大期间，在组织建设上成立了评议会以保障了教授的学术权力，在制度建设上改革或者开创了新的人才引进制度、学生选课制度以优化了北京大学的教学与学习氛围，在师生互动关系上鼓励大学生社团的发展以为广大师生提供了自由发表言论的场所和平台，等等。这些举措都是为了更好地将

---

① Eliot，M.S.Three Centuries of Harvard：1636-1936[M].Cambridge，Mass：HarvardUniversity Press，1937:365.

"学术自由、兼容并包"的治校理念落实。

三、大学文化治理需要优良的大学治理文化

从北京大学和哈佛大学等两所大学的治理经验来看，塑造和培育大学治理文化是大学文化治理的关键。大学治理文化是大学文化的下位概念，是大学文化的一种特殊形态，是大学治理主体在大学治理的过程中逐步孕育形成并始终恪守的共同理想信念、价值追求、群体意识和行为规范的总称。从两所大学的发展历程来看，哈佛大学和北京大学在长期的办学实践中，俨然已形成了既遵从大学的内在发展逻辑，又适合自身国情、校情的大学治理文化。正是这种良好的大学治理文化，才促使两所大学在面对环境变迁与战略抉择时能够以大学的精神为"矛戟"，敢于对任何违背大学基本价值取向的治理行为说"不"，保障了两所大学在治理实践中的正确航向和发展方向。譬如，当 1935 年蒋梦麟遭到日本宪兵的威胁时，依然能够大义凛然，坚决发表了反对华北自治和冀东伪政府的宣言，因为蒋梦麟相信自己的一言一行都代表着北京大学的爱国主义传统；当建国初期马寅初的"新人口学说"受到无端的攻讦和批判时，依然能够坚持真理，不向那种专以力压服，不以理说服的批判者们投降，因为马寅初认为北京大学的真理精神不容撼动；当二战时期哈佛大学德国籍教授施特尔贝格因为发表对母国的不当言论而遭到强烈反对甚至面临解聘时，洛厄尔校长依然坚持聘用，因为洛厄尔要坚决捍卫哈佛大学的学术自由精神；当普西校长为了所谓的赤党分子不惜与"麦卡锡主义"对簿公堂，费尽心力也保护哈佛师生的权益不受伤害之时，普西校长要守护的正是哈佛大学弥足珍贵的尊师爱生的办学传统。

第六章
大学文化治理的文化嵌入要素与问题

　　大学文化嵌入不是盲目的，明确其嵌入的"价值要素"是大学文化嵌入的必要步骤。"价值要素"是大学治理的行动主体基于某种价值观而产生的一种心理和行为上的稳定价值目标和价值追求。在某种意义上来说，明确大学治理的"价值要素"就是明确大学文化治理要往"哪里走"的问题。那么，中国大学治理的核心"价值要素"是什么呢？这是一个见仁见智的问题，可以采用不同的方法和策略来进行研究。本章主要借助于Nvivo质性分析软件，以中国41所一流大学章程为文本分析对象，运用文本分析方法，解析了中国大学以"育人为本、学术自由、依法自主办学和社会责任"为核心价值追求的文化嵌入要素。这四种要素既是中国大学文化治理之文化嵌入的核心价值要素，也是中国大学文化治理的基本价值取向。进而，研究以这四种核心价值取向为检视标准，结合中国大学治理的实践，明确了当前中国大学治理中存在的内部管理行政化、学术本真精神彰显不足、自主办学意识和能力有待加强以及社会责任意识功利化倾向等四种治理的价值危机。

第一节　研究依据与方法

研究和描述一所大学治理的文化嵌入要素可以有不同的向度和抓手，也可以用不同的方法。譬如，可以通过调研、问卷、访谈、深入观察等不同的研究方法。本研究主要采用内容分析的方法，以大学章程为抓手，通过大学41所一流大学章程的文本分析，系统提炼中国大学治理的文化嵌入要素，进而明确其核心价值取向。

一、文本选择依据

大学章程是大学的"精神宪章"，是一所大学的办学目标、方法、结构的综合反映，也是一所大学治理价值取向的集中呈现。从某种意义上来说，大学章程是大学制度设计者对大学制度理性进行提炼和概括的文化产品[①]。因此，从大学章程中最能看出一所大学治理所宣扬和秉持的基本价值取向。为此，本研究选取教育部公布的41所一流大学章程为研究文本，通过 Nvivo 质性分析软件对当前中国大学所秉持和形成的价值要素进行分析，以此来窥探中国一流大学的文化嵌入要素与价值取向。

（一）研究维度

大学处在一定的关系中，分析中国大学的核心价值取向需要将其放在一定的关系中进行审视。大学处在一种三维关系分析框架之中，即大学与人、大学与社会、大学与知识的三维关系。大连理工大学张德祥教

---

① 眭依凡.论大学校长之文化治校［J］.清华大学教育研究，2012，33（06）：16-24，35.

授认为，大学人、高深知识与外部环境的互动是大学文化形成的关键因素，高等教育研究应立足于高等教育的复杂性，将高深知识贯通于高等教育、人与社会发展的互动关系网络之中，在三者的矛盾运动中考察高等教育世界，即以高深知识为逻辑主线或穿插链条，将高等教育与人的发展、高等教育与社会的发展、人的发展与社会的发展贯通起来，在它们的互动关系中去刻画、描绘、定义、认知高等教育①。可以说，社会、人与高深知识的互动关系不仅形成了大学文化，也影响着大学文化的发展、变革与评价。因此，本研究从大学与人、知识和社会的关系等三个方面确立研究大学文化的价值取向的初始维度。首先，大学治理与大学人之间的关系是分析大学治理价值取向的第一个维度。大学与人的关系反映在大学治理上主要表现为一种"如何看待人和如何培养人"的价值追求，其反映在大学章程中的关于人才培养的理念、对师生权力的尊重与保护、教职工代表大学制度等相关章节的条文规定中。其次，大学与知识的关系是分析大学治理价值取向的第二个维度。大学与知识之间的关系反映在大学治理上主要体现为一种"怎样更好地发展与繁荣学术"的价值追求，其反映在大学章程中的关于大学学术目标、学术组织及其职能、学术与行政关系的内容表述。最后，大学与社会的关系是分析大学治理价值取向的第三个维度。大学与社会之间的关系反映在大学治理上主要表现为一种"大学如何承担社会责任"的价值取向和目标追求，其反映在大学章程文本中关于大学的自主办学地位、大学社会职能、大学外部关系等章节的论述之中。总之，人、知识与社会的三维价值取向总体构成了衡量和评判一所大学文化价值取向的初始研究维度。

---

① 张德祥.高深知识是理解高等教育的一把钥匙[J].高等教育研究，2015，36（12）：22-23.

（二）研究工具

大学治理价值取向是大学在治理的过程中采取的一种隐性而有倾向性的价值观，用量化的方式很难对其进行准确测量，但却可以借助质性分析的方法来展现。质性研究资料相当宽泛和多样，仅仅依靠人工手段进行整理相当费力和困难。20 世纪 80 年代开始，借助计算机软件进行文书处理工作逐渐兴起。Nvivo 质性分析软件是美国 QSR 公司的开发的一款辅助性数据分析软件，其优势在于能够对政策文本、访谈资料、问卷调查、音频资料等无序信息进行有效的整理和信息加工，现已成为质性分析领域的重要工具之一。因此，本研究选取 Nvivo 质性分析软件为测量工具，以国内 41 所一流大学章程为研究文本，以关键词提取和人工编码的方法对文本内容进行量化分析，试图整理和分析出当前中国大学的基本价值取向。

（三）资料采集与编码

本研究主要以中国 41 所一流大学的章程为分析研究对象。由于国防科技大学学校类型特殊，其章程文本并未找到，因此研究资料主要是中华人民共和国教育网站上和各个大学信息公开门户网站上公布的 41 所一流大学的章程文本。在 41 所一流大学建设单位中，共有五种类型的高校：分别是综合类高校 27 所；理工类高校 9 所；师范类高校 2 所；民族类高校 1 所；农林类高校 2 所。中国 41 所一流大学详细信息如下图 6-1 所示。

表6-1 教育部41所一流大学建设高校

	教育部41所一流大学建设高校（国防科大除外）		
	学校	类别	省（市）
1	北京大学	综合	北京（8）
2	清华大学	综合	
3	中国人民大学	综合	
4	北京航空航天大学	理工	
5	北京理工大学	理工	
6	中国农业大学	农林	
7	中央民族大学	民族	
8	北京师范大学	师范	
9	南开大学	综合	天津（2）
10	天津大学	理工	
11	大连理工大学	理工	辽宁（2）
12	东北大学（B）	理工	
13	吉林大学	综合	吉林（1）
14	哈尔滨工业大学	理工	黑龙江（1）
15	复旦大学	综合	上海（4）
16	同济大学	综合	
17	上海交通大学	综合	
18	华东师范大学	师范	
19	南京大学	综合	江苏（2）
20	东南大学	综合	
21	浙江大学	综合	浙江（1）
22	中国科学技术大学	综合	安徽（1）
23	厦门大学	综合	福建（1）
24	山东大学	综合	山东（2）
25	中国海洋大学	综合	

续表

教育部41所一流大学建设高校（国防科大除外）			
	学校	类别	省（市）
26	武汉大学	综合	湖北（2）
27	华中科技大学	综合	
28	中南大学	综合	湖南（3）
29	湖南大学（B）	综合	
30	中山大学	综合	广东（2）
31	华南理工大学	理工	
32	四川大学	综合	四川（2）
33	电子科技大学	理工	
34	重庆大学	综合	重庆（1）
35	西北工业大学	理工	西安（3）
36	西安交通大学	综合	
37	西北农林科技大学（B）	农林	
38	兰州大学	综合	甘肃（1）
39	郑州大学（B）	综合	河南（1）
40	云南大学（B）	综合	云南（1）
41	新疆大学（B）	综合	新疆（1）

为了有效深入分析大学章程，本研究主要借助 Nvivo 质性分析软件。Nvivo 质性分析软件并不倾向于某一特定的研究方法论，它主要是分析工具，用于帮助研究者从大量的研究文本中梳理研究资料，理清思维逻辑。管理与分析质性数据的一个重要步骤就是编码，编码是按题目、主题或研究案例收集材料的过程，这一过程也是研究者"创造类别并将既有的客观现象进行归类的过程"①。节点是用于编码的容器，以方便研究者在某个位置收集相关材料并发现材料中蕴含的思想和价值。节点主要

---

① 许文彬.信息、制度与制度变迁［J］.学术月刊，2010，42（07）：78-86.

有自由节点和树状节点两种，具体采用何种节点方式与研究者是否在研究之前就已经确定了研究内容的思维逻辑和主从关系有关。本研究采用的节点统计办法主要是一种自由节点与树状节点相结合的分析方法。在本研究中，共分为三级节点：其中一级节点是事先就比较明确的，因此采用树状节点分析法，即从人、社会和知识等三个维度对大学治理的价值取向进行一级节点的划分；二级节点和三级节点则采用自由节点分析法，即首先对大学章程文本中进行整体阅读和详细解构，其次对章程文本中不同维度的价值倾向的文本提取关键词并作为原始信息点进行人工标注作为三级节点，最后对三级节点的内容进行类型划分，建立研究的二级节点分析框架。也就是说，本研究是按照"一级节点到三级节点再到二级节点"的研究逻辑进行研究的，其中的一级节点是事先明确的节点分类方法，主要围绕大学与人、社会和知识的关系来确定，体现为大学人维度价值要素、知识价值要素和社会维度价值要素；三级节点采用自由编码的形式，是通过对41所大学的章程文本中进行逐句逐段关键词提取得出的；研究中的二级节点是在三级节点的基础上进行聚类分析得出的，得出二级节点的过程也是分析和确立大学文化治理过程中文化嵌入的核心价值要素的过程。这样，本研究就建立了一个完整的分析大学治理价值取向的节点分析系统。

第二节　研究过程与结论

研究过程主要分为两个阶段。第一个阶段为初始编码阶段，主要采用开放式编码的形式，对41所大学章程文本进行逐行、逐段和逐句的分析，将同一主题编入同一节点之下，建立本研究的三级节点系统，三级节点系统比较庞杂，比较系统的体现了中国大学治理的若干重要价值要素。第二个阶段为聚类编码节段，主要采用逻辑归纳的方法，对三级节点重新进行维度划分，确立本研究的关键性二级节点，进而明确中国41所一流大学治理的核心价值要素。

一、初始编码阶段：提取重要价值要素

大学章程是大学治理的总纲，大学章程所体现的价值倾向也表征了大学治理的基本价值追求。从内容上来说，大学章程涉及的内容比较广泛，包括一所学校的总纲、领导体制、管理机构、学术科研与监督、经费与资产、教职工权利与义务、学生权利和义务、学校与社会关系等不同的内容。从大学治理的内外部关系来看，这些内容可以归结到三种关系范畴中，即大学与人的关系、大学与社会的关系和大学与知识的关系。其中，大学治理与人的关系主要体现为大学治理过程中对人的看法和态度，相关内容集中在人才培养理念、对教职工的管理、对学生的管理等相关章节的规定中；大学治理与知识的关系主要体现为大学治理中所要求的学术研究的环境和氛围，相关内容集中在学术组织、学术管理、学术咨询与监督等相关章节的规定中；大学治理与社会的关系主要体现为大学治理中要形成和达到的社会责任性要求，相关内容集中在大学与社会的外部关系等相关章节的规定中。初始编码主要立足于这三种分析维度，搜集41所一流大学章程中关于治理的态度倾向与价值诉求。

（一）大学人维度的价值要素

大学人维度价值取向在大学章程中是一个比较鲜明的价值取向，大学人维度的价值取向主要反映的是大学与大学人之间的相互作用关系，回答的是大学治理中不同治理主体的角色赋予、角色期待和角色认知等问题。在大学章程中的相关表述中，大学人维度的价值取向主要体现在大学章程对大学人（教师、学生与管理者）的相关要求和态度之中。通过关键词提取发现，大学人维度的价值取向主要聚集在人才培养理念、

学生权力和义务、大学教师的权力和义务、管理者职责与程序等相关表述中。通过对 41 所大学章程文本中关于大学人维度的价值取向相关内容的内容编码，离析出大学章程中关于大学人维度的价值要素三级节点系统如下表 6-2 所示。

表 6-2　大学人维度的价值要素编码统计

名称	材料来源	参考点
大学人维度的价值要素	41	519
1. 科学民主的决策、管理与监督	27	62
2. 依法自主管理	27	42
3. 精简高效管理	25	31
4. 强化优化服务	13	16
5. 促进沟通协调	12	15
6. 为人师表，加强师德修养	39	91
7. 鼓励教授参与学校民主管理	32	43
8. 提升专业技术水平	23	24
9. 尊重与发挥教师主体地位	19	23
10. 鼓励教师创造性劳动	6	6
11. 完成学业，服从管理	40	73
12 完善品德，提升能力	39	67
13. 鼓励学生参与学校民主管理	22	26

根据表 6-2 的编码统计数目来看，大学章程中关于大学人维度的价值要素共找到参考节点 522 个，通过对这些节点进行聚类，关于大学人维度的价值要素可以划分为管理者、教师和学生等三个层面角色赋予与角色期待等。

第 1-5 项的价值要素主要指向大学内部的管理者群体，共找到参考点 166 个，这五个方面按照参考点覆盖率排序依次是科学民主的决策与管理、依法自主管理、精简高效管理、强化优化服务与促进沟通协调。其一，科学民主决策的管理者角色期待和价值要求（占比 65.85%）。该价值取向认为大学在治理过程中，凡属重大问题，都要按照集体领导、民主集中、个别酝酿、会议决定的原则，经由委员会集体讨论，做出决定，这说明坚持民主决策与管理是大学治理中的重要价值。其二，依法自主管理的管理者角色期待和价值要求（占比 65.85%）。对大学管理者而言，依法自主管理也是大学治理的重要价值，依法自主管理主要强调了大学是自主办学的非营利性事业单位，大学对学校内部各项事务的管理拥有自主管理权力，不受任何非法干涉。其三，精简高效管理的管理者角色期待和价值要求（占比 60.98%）。这说明中国大学治理正在努力剪除机构臃肿、行政烦琐化的陈弊，重回大学作为学术组织的治理目标。其四，强化优化服务的管理者角色期待和价值要求（占比 31.71%）。从大学章程反映的基本价值来看，强化和优化大学管理中的服务意识也是大学治理的一个重要方面，它与要求大学治理需要走向精细化管理一样，都是为了凸显大学是一个学术组织，管理是为了学术服务的基本价值取向。其五，促进沟通协调的管理者角色期待和价值要求（占比 29.27%）。这说明大学管理者应具有沟通协调意识，这实际上也是大学管理者服务意识的重要方面。从五个方面所反映的相关内容来看，大学内部管理主要是一个在保证大学自治的前提下，依法进行决策、监督、服务和协调的过程。

第 6-10 项的价值要素主要指向大学内部的教师群体，共找到参考点 187 个，这五个方面要求按照参考点覆盖率排序依次是加强师德修养、参与学校的民主管理、提升专业技术水平、尊重与发挥教师的主体地位与鼓励教师的创造性劳动等。其一，为人师表，加强师德修养的教师角色期待和价值要求（材料来源覆盖率为 95.12%）。在师德师风建设方面，出现较多的是尊重与爱护学生、遵守职业道德、为人师表、崇德尚业等价值要求，这说明，绝大多数一流大学都认为加强大学教师的师德师风建设是反映一所大学治理的重要价值追求，这与我国当前大学立德树人的大学治理目标是一致的。其二，要求教师参与学校民主管理的教师角色期待和价值要求（材料来源覆盖率为78.05%）。这说明，调动大学教师参与大学民主管理的价值取向已成为我国很多一流大学治理重要的价值追求之一。其三，提升教师专业技术水平的教师角色期待和价值要求（材料来源覆盖率为56.10%）。专业能力是考察大学教师教学育人水平的重要指标，大学教师不仅需要注重师德建设，也需要进一步加强能力建设。其四，尊重与发挥教师主体地位的教师角色期待和价值要求（材料来源覆盖率为46.3%）。从41所大学章程的相关内容来看，有19所高校明确了大学教师在大学治理中的主体地位，这说明大学教师是大学治理的核心力量，任何大学治理文化建设都不能忽视大学教师的主体地位。其五，鼓励教师的创造性劳动的教师角色期待和价值要求（材料来源覆盖率为14.63%）。这说明，在大学治理的过程中如何创造一种有利于教师进行创造性劳动的治理文化十分重要。从五个层面反映的相关内容来看，很多大学都明确了大学教师在大学治理中的主体地位，并鼓励教师积极参与学校的民主管理与监督。在对教师的相关要求中，加强师德修养、提升专业水平与进行创造性劳动是大学教师角色赋予的主要内容，大学文化治理建设不能忽视这些方面。

第11-13项的价值要素主要指向大学内部的学生群体，共找到参考节点169个，这三个方面的价值要求按照参考点覆盖率排序依次是完成学业与服从管理、完善品德与提升能力、参与学校的民主管理等。其一，完成学业，服从管理（占比97.56%）的学生角色期待和价值要求。不难看出，绝大多数一流大学的章程都明确了学生作为受教育主体的地位，而完成学业，自觉遵守大学的相关管理规定则是学生的主要角色。其二，完善品德、提升能力（占比 95.12%）的学生角色期待和价值要求。大学教育不仅要传授知识，还应培养学生的品德和能力。关于学生的品德修养和能力建设，一流大学章程中比较重视的是人的全面发展的能力和相关素质，如家国情怀、创新精神、规范意识、诚实守信等等。其三，参与学校民主管理（占比 53.66%）的学生角色期待和价值要求。在 41 所大学章程中，有 22 所大学章程中明确提出了鼓励学生参与学校民主管理的条款。这说明，学生是受教育的主体，学生的发展既包括学业的发展，也包括道德品质的完善，在大学治理的过程中，学生同教师一样都是学校治理的重要力量，发挥师生参与治理的积极性至关重要，大学文化治理的过程中需要嵌入一种鼓励和调动师生积极参与的治理价值观。

（二）知识维度的价值要素

大学是一个学术组织，学术性是大学的基本属性，知识维度的价值取向也是大学治理的基本价值取向。知识维度的价值取向主要反映的是大学与知识的相互作用关系，回答的是大学关于学术研究的态度、目标、期待、规范等问题。在大学章程中，体现知识维度的价值取向的相关内容主要集中在大学理念、大学精神、师生的学术权利和义务、大学学术组织及其职能等相关章节的文本表述之中。通过对 41 所大学章程文本中关于知识维度的价值取向的相关内容的解读和内容编码，制定出大学章程中关于大学治理的知识维度的价值要素三级节点系统如下表6-3 所示。

表 6-3　知识维度的价值要素的编码统计

名称	材料来源	参考点
知识维度的价值要素	41	257
1. 保护学术民主，鼓励自由探索	35	62
2. 尊重学术权力，坚持教授治学	12	14

名称	材料来源	参考点
3.自主设置与调整学科专业	31	34
4.独立开展学术研究与交流活动	23	44
5.践行学术诚信，严谨治学	13	15
6.遵守学术规范，维护学术道德	31	51
7.保护学术多样性，倡导学科交叉与协调发展	13	14
8.积极营造开放包容的学术交流环境	7	8
9.崇尚学术，坚持学术事务优先	6	7
10.以学术为基础	8	8

根据表6-3的编码统计数目来看，大学章程中关于知识维度的价值取向共找到参考节点231个，通过对这些节点进行聚类，大致可以分为学术民主性、独立性、规范性、包容性和本位性等五个层面的价值要求。

第1-2项体现了大学治理的学术民主性取向的价值要素。学术民主性价值取向崇尚学术民主，尊重教授权力，坚持教授治学。通过对41所大学章程的文本进行分析发现，保护学术民主的价值取向在39所大学的章程文本中具有明确体现，并找到参考节点154项，材料来源覆盖率为95.12%，参考点覆盖率为59.92%。41所大学章程中提出的学术民主的价值取向涉及的内容主要分为两个方面：一是提倡保护学术民主与自由，鼓励学术创新；二是主张尊重学术权力，保障教授治学。譬如，华东师范大学、浙江大学、厦门大学等很多高校的章程都规定，学校尊重和爱护人才，倡导学术民主与学术自由，为教师开展教育教学和科学研究活动提供必要的条件和保障。这充分说明了，崇尚与保护学术自由是大学章程最重要的价值取向之一，也是大学文化治理不能忽视的文化嵌入要素之一。

第 3-4 项体现了大学治理的学术独立性取向的价值要素。学术独立性价值取向强调要维护学术独立，鼓励和保障师生拥有独立开展科学研究与探索的权力。在 41 所大学章程中，关于学术独立性的价值取向共找到参考节点 78 项，材料来源覆盖率为 78.05%，参考点覆盖率为 30.35%。41 所大学章程中提出的学术独立性的价值取向涉及的相关内容主要分为两个层面，一是强调大学专业与学科设置的独立性，二是强调大学学术研究与交流的独立性。譬如，复旦大学、华中科技大学、华南理工大学等多所学校的章程都明确规定，师生依法独立自主开展学术研究，相互支持与协作，享有表达学术思想以及发表学术成果，对学术思想进行质疑、检验的权利。总体来看，学术独立是学术自由的前提，而大学章程对学术独立价值的强调本质上也是为了维护和保障学术自由的实现。

第 5-6 项体现了大学治理的学术规范性取向的价值要素。学术规范性价值取向强调要树立学术诚信意识，恪守学术规范，遵守学术道德，谴责和抵制学术不端行为。在 41 所大学章程中，另一个比较重要的学术价值取向是学术规范性。关于学术规范性的价值取向，共在 35 所大学章程中找到相关参考节点 66 项，材料来源覆盖率为 85.37%，参考点覆盖率为 25.68%。41 所大学章程中提出的学术规范性的价值取向涉及的相关内容涉及遵守学术规范、恪守学术道德、鼓励学术诚信、反对学术不端等内容。譬如，天津大学、吉林大学、武汉大学、中南大学等学校都在章程中明确提出了遵守学术规范，恪守学术道德的价值要求，并将学术品德作为考核大学教师进入学术委员会的一个基本评价标准。依此来看，大学章程中强调的学术自由不是一种无限制的自由，而是一种建立在尊重学术道德与学术规范基础上的学术自由。

第 7-8 项体现了大学治理的学术包容性取向的价值要素。包容性价值取向强调要构建宽松的学术环境，鼓励学科交叉与协同创新等。在 41

所大学章程中，关于包容性的学术价值取向共找到参考点 22 项，材料来源覆盖率为 41.46%，参考点覆盖率为 8.56%。41 所大学章程中提出的学术包容性的价值取向涉及的相关内容主要分为两个方面，一是强调保护学术的多样性，鼓励学科交叉融合与协调发展，二是强调要为师生创造宽松包容的学术环境。总体来看，包容性的学术价值取向也是为了保障和实现学术自由。譬如，北京大学、复旦大学、吉林大学、东南大学、中国科学技术大学、中山大学、南开大学、北京航空航天大学、重庆大学等都在章程中明确提出了要秉承自由、包容的学术精神，保护学术和思想的多样性，营造自由宽松的学术环境和科学研究氛围等。

第 9-10 项体现了大学治理的学术本位性取向的价值要素。学术本位性价值取向强调要坚持学术本位和基础，崇尚学术事务的优先性。在41 所大学章程中，关于学术本位性的价值取向共找到参考点 15 项，材料来源覆盖率为 29.26%，参考点覆盖率为 5.84%。41 所大学章程中提出的学术本位性的价值取向涉及的相关内容主要分为两个方面，一是主张要崇尚学术，在大学的各项事务体系中强调学术事务的优先性；二是明确主张大学是学术组织，学术研究是大学的本位性和基础性价值要求，大学治理必须立足于学术本位的价值追求。譬如，四川大学、中国海洋大学、电子科技大学等都明确提出了学术本位和崇尚学术的价值要求，主张大学在各项事务体系中要坚持学术事务优先性。

（三）社会维度的价值要素

大学是社会的子系统，现代大学与社会的关系越来越紧密，良好的大学文化治理理应坚持一定的社会价值取向。社会价值取向主要反映的是大学与社会的相互作用关系，回答的是大学对社会的责任意识等问题。在大学章程中，体现社会价值取向的相关内容主要集中在大学的外部关系、大学与社会等相关章节的文本表述之中。通过对 41 所大学章程文本中关于社会价值取向相关内容的解读和内容编码，制定出大学章程中关于大学治理的社会价值取向节点系统如下表6-4所示。

表6-4　社会维度的价值要素编码统计

名称	材料来源	参考点
社会维度的价值要素	41	394
1.设立机构，加强外部联系	39	101
2.拥有独立法人资格，独立承担法律责任	34	41
3.对接国家社会需求，服务国家社会发展	39	104
4.开放办学，加强国际交流与合作	32	45
5.实施信息公开，接受社会监督	30	39
6.鼓励社会参与，培育社会责任意识	26	33
7.关注与面向科技发展前沿，引领社会发展	11	11
8.建设先进文化，引领社会风尚	12	20

根据表6-4的编码统计数目来看，大学章程中关于社会服务的价值取向共找到参考节点394项，通过聚类分析，可以划分为保障大学的独立法人资格、回应社会需求、引领社会发展等三个层面的价值追求。

第1-2项体现了大学追求自主办学地位的价值要素。在41所大学章程中，关于回应社会发展需求的价值取向共找到参考点142项，材料来源覆盖率为100%，参考点覆盖率为36.04%。通过对41所大学章程的文本分析发现，保障大学的独立法人资格是大学章程中开宗明义的条款，在41所高校中有37所高校在章程开篇即予以明确。保障大学的独立法人资格是为了加强大学与社会的联系，保证入学能够独立的承担社会责任和社会义务。为此，章程中还规定了加强大学与社会联系的相关机构。从章程文本来看，目前，大学加强社会联系的机构主要有六种，包括校友会、教育发展基金会、理事会、董事会、公共服务机构、战略发展委员会等。其中，明确主张建立和完善校友会机构的大学章程有

35 所，比重最大，其次为教育发展基金会 30 所、理事会 19 所、董事会 8 所、公共服务机构 2 所、战略发展委员会 1 所（清华大学）。各个机构的性质、宗旨和目标各有不同，但都承担着加强大学与社会联系的职能。

第 3-5 项体现了要求大学回应社会的发展需求的价值要素。回应社会发展需求的价值取向主要强调大学应根据国际、国家和社会发展需要，主动调整办学层次、规模与形式，以服务求支持，以贡献求发展。在 41 所大学章程中，关于回应社会发展需求的价值取向共找到参考点188 项，材料来源覆盖率为 100%，参考点覆盖率为 47.72%。总体来看，大学回应社会需求的价值取向可以从国际和国内两个层面来解读。在国际层面，要求大学应坚持面向世界，走向世界，根据需要依法建立与境外学术机构的合作关系，与国（境）外高水平大学和其他机构在人才培养、科学研究等方面加强多层次合作。譬如，通过学分互认、课程互通、学位互授等形式的实质性合作办学提高学校办学的国际化水平；通过发起、组织、参加或者退出有关学术活动的国际联盟和合作组织等与国外大学广泛开展协同合作；通过招收优秀国际学生，联合培养，合作研究等积极引进优质教育资源，致力于在全球视野下传播和发展中国文化，不断提高大学的国际影响力。在国内层面，要求大学以重大科学问题、国家发展战略和区域需求为取向，主动扩大社会参与，拓展社会服务。譬如，依托优势和特色学科积极开展社会合作；构建科技创新链建立合作联动的有效机制；积极开展面向老少边穷地区的对口支援与定点扶贫，等等。从制度上来看，大学回应社会需求的一个重要制度保障就是信息公开制度。信息公开制度是大学保障公民、法人和其他社会组织依法获取学校信息，并依法接受社会监督的重要制度形式。从某个方面来说，大学的信息公开意识越强，大学社会参与和接受社会监督的意识就越强。通过对大学章程的文本分析发现，41 所大学章程中有 30 所大学明确规定了实施信息公开、接受社会监督的要求。这说明，信息公开已成为绝大多数一流大学参与社会事务、接受社会监督的价值共识。

第6-8项体现了要求大学引领社会的发展方向的价值要素。引领社会发展的价值追求主要强调大学应关注社会科技发展前沿、培育社会责任意识、建设先进大学文化、引领社会风尚等。在41所大学章程中，关于引领社会发展的价值取向共找到参考点64项，材料来源覆盖率为78.05%，参考点覆盖率为16.24%。总体来看，引领社会会发展方向的价值取向涉及的相关内容主要包含三个层面：第一，要求大学关注学术前沿，通过学术创新引领和推动社会进步；第二，要求大学主动承担社会责任，积极培育社会责任文化，主动树立为社会发展服务的意识；第三，要求大学自身应建构一种负责任、有担当的先进文化，如坚持社会主义先进文化的发展方向，系统设计大学形象和实施大学品牌战略，建立体现社会主义核心价值观、独具学校特色的大学文化等，通过大学的先进文化建设引领社会文化风尚。

二、聚类编码阶段：明确核心价值要素

初始编码阶段按照大学与人、大学与社会、大学与知识的三维关系，在41所大学章程文本中共找到带有价值取向性的三级节点1171项。这1171项价值节点是一个比较庞杂的价值系统，整体上展现了中国41所一流大学的某些重要的价值要素。为了明确大学文化治理的核心价值要素，还需要排除完成学业、服从管理、提升专业技术水平等这些价值取向不甚鲜明的参考节点，共拣选出带有明确价值取向的参考节点943项，将这些三级节点（主要价值要素）进行重新归类、整理，生成二级节点系统，二级节点就是中国大学治理文化嵌入的核心价值要素，即育人为本、学术自由、依法自主办学与社会责任。如下图6-5所示。

表6-5　中国大学治理的核心价值要素

名称（二级节点）	三级节点	参考点
育人为本（316）	关爱学生，为人师表，加强师德修养	91
	鼓励师生参与学校民主管理与监督	72
	科学民主的决策、管理与监督	62
	精简高效管理	31
	尊重与发挥教师主体地位	23
	强化优化服务	16
	促进沟通协调	15
	鼓励教师的创造性劳动	6
学术自由（113）	保护学术自由，鼓励自由探索	62
	尊重学术权力，坚持教授治学	14
	保护学术多样性，倡导学科交叉与协调发展	14
	积极营造开放包容的学术交流环境	8
	以学术为本位和基础	8
	崇尚学术，坚持学术事务优先	7
依法自主办学（161）	独立开展学术研究与交流活动	44
	依法自主管理	42
	拥有独立法人资格，独立承担法律责任	41
	依法自主设置与调整学科专业	34

名称（二级节点）	三级节点	参考点
社会责任（353）	对接国家社会需求，服务国家社会发展	104
	设立机构，加强外部联系	101
	开放办学，加强国际交流与合作	45
	实施信息公开，接受社会监督	39
	鼓励社会参与，培育社会责任意识	33
	建设先进文化，引领社会风尚	20
	关注与面向科技发展前沿，引领社会发展	11

一般来说，一流大学代表中国大学治理的最高水平，一流大学的文化追求也在某种程度上代表了中国大学尤其是研究型大学的普遍文化追求。从上表6-5不难看出，中国大学治理的基本价值取向主要体现为一种"育人为本、学术自由、社会责任、依法自主办学"价值统一体。

（一）育人为本

通过对41所大学章程的文本分析发现，"育人为本"是大学章程中普遍强调的一个价值理念。这里的"本"，主要指的是人在大学治理中的"主体性"地位和"目的性"诉求。进言之，人既是大学的主体，也是大学的目的，大学的一切活动都是为了促进人、发展人、完善人。那么，育人为本的价值追求在大学章程中是如何体现的呢？根据41所大学章程文本的编码情况来看，育人为本的价值要素主要体现了以下三个方面的具体内容。其一，大学教育教学的目的在于育人。41所大学章程都十分强调师德建设，要求大学教师应树立关爱学生的意识。师德，即教师的职业道德，指的是教师在从事教育活动中应遵守的道德规范和行为准则等。之所以强调师德修养，是因为大学教师在教育教学活动中担负着"教学育人"的使命，真正体现着"德高为师、身正为范"的职业操守。其二，大学各项管理的目的也在于育人。在大学章程文本中，对管理者的要求也比较丰富，主要集中为要求管理者实施精简高效的管理，为大学的教学与科研活动等提供优质服务、促进不同群体之间的协调沟通等。这些管理要求指向的是为了更好地实现发展和服务人的管理目的，体现着"管理育人"的价值要求。其三，大学各项决策与监督需要依靠人来完成。在41所大学章程文本中，很多大学都提到了教师是学校的主体，鼓励教师和学生参与学校民主管理和监督，鼓励教师的创造性劳动等，这说明大学的重大事务都是由大学的主体，即"教师和学生"来完成的，这体现了"决策与监督靠人"的价值要求。也就是说，大学章程中"育人为本"的治理理念主要体现为"教学育人""管理育人"和"决策和监督靠人"等理念。

大学章程中之所以要反复强调育人为本的价值，是因为大学是人才培养的社会职能机构，大学自诞生之日起就承担着"育人"的文化使命，"育人为本"是大学存在的第一要义①。从这个意义上来说，人构成了大学文化治理的主体和客体，也是大学文化治理的最终归宿，坚持育人为本是大学治理不容置疑的价值诉求，而那种忽视人、异化人、压抑人的大学文化治理难以起到有效治理的效果，也不是大学文化治理的目标追求。当前，"我国大学之所以出现价值危机，其哲学根源是人文主义与科学主义两种思潮的严重对立及其导致的'科学理性'偏离'人道目标'的价值冲突，本质是作为社会发展主体的人日益生活在物质丰富，心灵贫乏之中，成了所谓的'单面人'，失去了人的生命意义和尊严"②。大学治理不是一个空泛的概念，大学治理的本质是对大学人的治理，如若大学治理脱离了人，大学的治理也就失去了应有的意义和价值。以此来看，

---

① 王冀生.我的大学文化观［M］.天津：天津大学出版社，2014：130.
② 王冀生.我的大学文化观［M］.天津：天津大学出版社，2014：149.

我们要强调大学文化治理，必然要嵌入一种"以人为本"的文化，使大学治理的过程始终不脱离人、疏远人、异化人，而是通过文化的传承、熏染、陶冶和优化来影响人、武装人、引导人、发展人和塑造人，从而塑造人格健全和全面发展的人，并进一步实现大学的自身发展和自我超越。

（二）学术自由

大学章程中另一个重要的价值追求是"学术自由"。根据41所大学章程文本的编码情况来看，学术自由的价值取向主要体现在以下几个方面。其一，倡导学术独立，保护学术民主与自由。41所大学章程中关于学术性的价值要求提到最多的就是对学术民主与自由的保护，而学术的民主与自由又与学术的独立性、包容性密不可分，从表格6-5不难看出，倡导学术独立、营造学术包容环境与保护学术民主与自由找到的相关节点也是最多的，这说明，学术为基的价值理念首先体现为对学术民主与自由的保护。其二，尊重学术权力，坚持教授治学。大学尊重学术权力在大学章程中的一个重要表现形式就是"教授治学"理念的维护和强调。从41所大学章程文本来看，有12所大学的章程文本中都明确提到了"教授治学"的基本要求。其三，强调学术事务优先性。通过对章程文本的解读发现，关于学术发展的另一个价值取向是强调"学术事务的优先性"，学术事务是相对于行政、管理、后勤、基建等各项其他事务而言的，学术事务优先体现的正是学术为基的价值追求。总之，大学章程中关于学术治理的一个重要价值理念就是"学术为基础"。

大学章程之所以要坚持"学术自由"的价值取向，是因为大学是公开宣称追求真理的组织，追求真理是大学精神的基本要求[1]，也是大学治

---

① ［德］卡尔·雅斯贝斯.卡尔·雅斯贝斯文集［M］.朱更生，译.西宁：青海人民出版社，2003：22.

理的基本目标和基本任务。41 所大学章程中反复强调学术自由，根本原因就在于学术自由是大学治理的内在价值尺度，是大学最古老的传统，是学者不断追求和捍卫的学术职业权利的基础。正如布鲁贝克所说，"大概没有任何打击比压制学术自由更直接指向高等教育的要害了。我们必须不惜一切代价防止这种威胁。学术自由是学术界的要塞，永远不能放弃"①。对于大学来说，大学组织合法性基础来源于大学对真理的追求，这就需要维持大学作为学术组织的独立性和独特性，维护和提升大学学术研究的本真性和原创性其根本目的也是为了重塑和张扬大学作为一个学术组织的文化使命和文化追求。反之，如果大学失去了对知识和真理的执着追求，大学就会迷失方向，进而失去自身存在的意义和价值②。因此，大学的职责本就在于发扬学术，大学文化治理的过程必须充分尊重知识的基础性地位，尊重大学的学术自由精神，才是有效的实施大学文化治理，"假使舍却了这条正道，而到旁路上去寻，恐怕愈迷愈深，不但达不到目的，终且适得其反"③。

（三）依法自主办学

依法自主办学是改革开放以来中国高等教育改革与治理始终秉持与反复强调的治理价值观。自主办学的价值取向是与西方大学自治、大学独立等大学精神一脉相承的一种价值追求，只不过在我国大学治理的过程中，更加关注的是"依法"的"自主办学"，即大学追求教育独立、办学自由的前提是尊重大学治理的"法治精神"，这与我国独特高等教

---

① ［美］约翰·S.布鲁贝克.高等教育哲学［M］.王承绪，等译.杭州：浙江教育出版社，1987：55.

② 陈锡坚.现代大学发展的学术文化价值取向［J］.教育研究，2013，34（08）：57-60.

③ 杨河.海纳百川有容乃大：北京大学文化研究［M］.北京：高等教育出版社，2011：391.

育历史传统与现实国情是密不可分的。通过分析发现，41 所一流大学章程中几乎每一个大学都对依法自主办学权力进行了强调和重申。根据 41 所大学章程文本的编码情况来看，依法自主办学的价值追求共找到参考节点 161 个（参考点覆盖率为 17.07%），共分为 4 个层面的具体价值要求。第一，明确大学拥有独立的法人资格，独立承担法律责任（占比 25.47%）。保障大学的独立法人资格是大学依法独立承担社会责任的前提，也是我国大学当前进行法人化治理改革的重要保障。所谓保障大学的独立法人资格是指承认大学作为非营利性事业组织的独立法人地位，保障大学能够独立进行教学、科研、行政及财务等办学自主活动，独立承担法律和社会责任。第二，明确大学具有依法自主管理的权力（占比 26.09%）。依法自主管理也是大学有效进行自我管理前提，也是当前大学"去行政化"治理改革的重要条件，依法自主管理主要强调了大学是自主办学的非营利性事业单位，大学对学校内部各项事务的管理拥有自主管理权力，不受任何非法干涉。第三，明确大学具有依法独立开展学术研究与交流活动的权力（占比 27.33%）。大学独立开展学术研究和学术交流活动是大学学术繁荣的条件，是大学不断加强国际合作、建设世界一流大学的条件，也是大学依法自主办学价值取向中最为重视的一条价值原则。第四，明确大学具有依法自主设置与调整学科专业的权力（占比 21.12%）。保障大学依法自主设置学科与调整专业是大学人才培养与科学研究的前提，也是一条重要的价值取向。

依法自主办学的价值之所以如此重要，是因为没有自主办学，大学的学术自由就无法真正实现。自主办学的问题一直是我国高等教育领域的一个重点关注对象，从 1985 年《关于教育体制改革的决定》首次提出要"扩大高等学校的办学自主权"到 1999 年《高等教育法》明确提出"高等学校应当面向社会，依法自主办学"，再到 2012《高等学校章程制定暂行办法》实施以来，全国各种类型高校通过章程建设对大学自主办学权力的强调和维护，都说明自主办学已成为政府、社会和大学的普遍共识。大学依法自主办学的价值追求具有十分复杂的办学内涵，仅从权力的视角来看，就包括自主招生权、自主设置学科的权力、自主进行人才培养和自主实施教学的权力、自主评聘教师的权力、自主开展国际合作与交流的权力、自主获取和使用财政自主与社会捐赠财产的权力等。但从根本上来说，强调和维护大学依法自主办学，根本目的在于保障大学能够不受外界的非法干预，维护大学自由探究学术的合法地位，因为从机构的视角来说，学术自由就是大学组织相对于外界干预的办学自主权[①]。从这个意义上来说，大学文化治理之所以要嵌入和维护依法自主办学的价值要素，其根本目的也是为了更好保障大学的学术自由的实现。

（四）积极承担社会责任

强调大学的社会服务与社会责任也是大学章程中比较突出的价值取向。根据41所大学章程文本的编码情况来看，加强社会服务与承担社会责任是当代大学的重要职责和使命，而"积极承担社会责任"的价值要素主要体现为以下两个方面的价值要求。其一，要求大学主动回应社会的发展需求。大学是一个社会组织，当代大学已经不能脱离社会而独立。41所大学章程中都明确提出了大学应对接国家与社会的发展需求，积极参与社会事务，培育社会责任意识的相关要求。其二，要求大学引领社会的发展方向。41所大学章程除了要求大学回应社会的发展需求，还提出了大学应引领社会发展的价值追求，这说明大学文化相对于社会文化来说，不仅仅是适应，也是超越，大学作为社会文化的高地，理应引领社会文化的发展方向。总之，不管是大学对社会发展的适应性要求，还是大学对社会发展的引领性要求，都说明大学应积极主动地树立社会

---

① 谢俊. 大学的学术自由及其限度［M］. 重庆：重庆大学出版社，2012：19.

责任意识，这也是大学文化治理的重要使命。

　　服务社会与承担社会责任的价值追求在大学章程中之所以反复强调，主要是因为，大学之所以能经受沧海变桑田的蛮长时间考验，是因为它拥有强烈的使命感和独特的社会责任，大学的这种"责任和使命"是大学之所以能够穿越千年的历史风云而岿然不移并保持基业长青的文化根源。大学社会责任是大学与社会之间存在各种联系的纽带，是"大学在正确把握自身所具有的资格及资格所赋予并与此相适应的从事某些活动、完成某些任务，并且自觉地从推动社会进步的角度审视自己的行为以及承担相应后果的法律和道德的要求"①。大学存在的合理性首先就在于它能满足社会对于人才的需求，能解决社会问题，能推动人类社会的进步。在当前的大学治理背景下，大学与社会的关联前所未有的紧密起来，没有任何一个大学可以脱离自身的社会责任而空谈治理。正如美国学者德里克·伯克（Derek Bok）在《走出象牙塔——现代大学的社会责任》一书中呼吁的那样："如果大学想要充分认识自己在当今社会中的真正作用和目的，那它就必须审视自己的社会责任。"② 为此，大学必须充分认识到，大学应该为社会服务，但是大学为社会服务是有条件的。当大学与现实社会日益发展为一种亲密的关系时，大学也分享了社会文化中的缺陷，如懒惰、嫉妒、功利、浮躁等，这又不可避免使大学担负起社会发展的"价值评判者"的角色。总之，一个性能良好、结构稳定的大学文化治理系统必然是一个能够有效承担其社会责任的治理系统，大学必须审慎的建构一种负责任的大学治理文化，深度澄清大学教育的价值目的，才能平衡大学与社会之间的复杂关系。

---

① 陶培之.当代中国大学社会责任研究［M］.苏州：苏州大学出版社，2016：20.

② ［美］德里克·伯克.走出象牙塔——现代大学的社会责任［M］.徐小洲，陈军，译.杭州：浙江教育出版社，2001：11.

第三节 主要问题与讨论

从大学章程文本分析的结果来看，大学治理面临着一个复杂的价值选择过程，而育人为本、学术自由、依法自主办学和积极承担社会责任则是中国大学治理的基本价值追求。其中，育人为本价值取向说明要释放大学文化的治理功能，必须立足于人的发展，自始至终不能脱离人才培养的根本目标，大学的各项工作都必须服务于育人为本这个价值核心；学术自由的价值取向说明释放大学文化的治理功能需要考虑大学作为学术组织的特殊性，尊重学术文化生态的多样性与复杂性，积极培育民主、自由的大学治理氛围；依法自主办学的价值取向说明释放大学文化的治理功能必须要维护自身的学术独立性，正确处理好大学与国家（政府）之间的关系，维护大学的学术独立性地位；积极承担社会责任的价值取向说明释放大学文化治理功能必须正确处理好大学与社会的关系，积极建构和发扬负责任的大学文化。换言之，育人是大学文化治理的根本，繁荣学术是大学文化治理的基础，依法自主办学是大学文化治理的保障，实现大学的社会责任是大学文化治理的重要目标，这四种治理价值内在牵连，缺一不可，大学文化治理的内在行动逻辑就是形成一个育人为本、学术自由、依法自主办学和积极承担社会责任的大学文化生态。以此为观测点，结合中国大学治理的实践和学术界对当前中国大学治理现状的经验性检视，不难发现，中国大学主要存在内部管理的行政化、学术本真精神彰显不够、大学自主办学的意识和能力不强、大学社会责任功利化意识等四个方面的问题，这四个问题是客观存在的，值得政府和学界更深层次的商榷、讨论和矫治。

一、大学内部管理的行政化倾向

大学是一个培养人的社会组织，大学的组织目标是人，大学的组织产品也是人，大学的组织文化其实就是大学人的文化。大学最经典办学理念、大学最持久的办学精神、大学最成熟的办学技术总是与怎么培养人密不可分。坚持育人为本的办学理念是任何大学在进行治理的过程中都不能忽视的，这是大学进行文化治理的逻辑起点。因此，关注人、张扬人、发展人的大学文化自然是大学文化选择的题中之义，而没有人、异化人、扭曲人的大学组织文化理应隔离在大学文化选择的视域之外。但是，在当前大学治理的实践中，大学治理实践主要强调物质激励和行为控制，而不太重视大学人的行动自觉，大学育人为本的价值追求逐渐异化，"培养人"的活动逐渐被简化演变为一种"管理人"的活动，大学教学育人呈现出明显的"管理化"倾向。所谓"管理化"，主要是指大学在培养人的过程中，越来越倾向于以管理思维来主导大学教育教学的实践过程，而较少考虑人的多样性与丰富性、异质性和差异性等等。这种思维模式带有很强的政府管制与行政控制性逻辑，其典型特征就是"加强外部控制，强化物质激励措施，以量化评价为标尺，采用统一化管理"①。在高等教育领域，中国大学内部管理行政化的问题是一个较为普遍的问题，也是学界的共识。在政策上，从 1985 年《中共中央关于教育体制改革的决定》到 2013 年《中共中央关于全面深化改革若干重大问题的决定》，从 2015 年《教育部关于深入推进教育管评办分离促进政府职能转变的若干意见》到 2017 年《关于深化高等教育领域简政放权放管结合优化服务改革的若干意见》等多项政策文件都对该问题进行过说明。在学术界，很多知名的高等教育研究专家，如潘懋元、眭依凡、钟秉林、杨德广、王洪才、王建华等人均对其进行过研究和论述，这足

---

① 王洪才 . "双一流"建设与传统路径依赖超越[J]. 高校教育管理，2017（6）：1-7.

以说明大学内部管理行政化倾向是客观存在的，需要认真对待。

大学内部"管理化"的一个重要表现形式就是"行政化"思维方式占据大学管理的主导地位。行政化思维强调的等级制度、权威观念、决策权的集中等价值理念，其本身就具有强大复制能力，很容易引起各机构各部门的竞相效仿，从而派生出更大规模的行政结构及其经营场域，进而进一步强化大学内部管理的行政化思维。在大学内部管理行政化的趋势下，管理者习惯于运用行政思维来处理各项事务，管理者与被管理者之间的隔阂增大。同时，行政化管理思维的增强也使得大学内部的治理结构基本复制了行政组织的内部结构，大学的学院、系、研究所等基层学术组织理所当然地被视为低一级行政组织，学院的院长、系主任、研究所长等常常与行政级别挂钩，并被纳入行政序列，在教学体制上就形成了校长—院长—系主任—教师等级分明的层级结构[①]。大学内部管理"行政取向"正在侵蚀大学的办学初衷，大学治理越来越倾向于以行政力量推进大学的发展和变革，"统一要求、自上而下、行政推动"是其治理的主要逻辑，这无形中强化了行政权力在大学治理中的强势地位，而大学师生的参与权很大程度上被排除在资源配置决策之外，使得大学很容易出现学术权力的旁落或者式微，并不可避免地会出现权力失衡现象，这与大学治理的目标是违背的。正如有学者批评的那样，当前，大学治理范式的主要特点是强有力的行政主管的控制气氛，大学行政管理者的主要作用是对政府负责，像管理公司企业那样管理大学，促进商业价值和实践，不断强化大学为政府即时目标的服务，使管理有了更大的组织空间和可见度，而学术权力却不断失落[②]。

大学内部管理的"行政化"倾向损害了大学作为"学者共同体"的

① 胡建华.大学学术组织科层化分析［J］.探索与争鸣，2015（7）：47-49.
② 王英杰.大学文化传统的失落：学术资本主义与大学行政化的叠加作用［J］.比较教育研究，2012（1）：1-7.

组织属性，使得大学内部的行政力量不断膨胀而学术力量却日渐式微，大学教育极易出现两个行动倾向：一方面，大学更为注重决策的效率而非决策的质量，更为重视秩序建构和行为控制，通过不断增加和设立各种各样的条例、规章、制度等来规范人们的越轨行为；另一方面，大学管理十分看重绩效评价，并将绩效与利益挂钩，通过绩效来管理大学。结果就是：其一，大学规章条例"体量"越来越丰富，大学权力的"差序格局"越来越明显，大学成员"绝对服从"的心理定式越来越突出，但大学师生参与大学治理的积极性却越来越弱；其二，大学教师对科研绩效的关注越来越明显，对功利的追求越来越明显，但无人会以审慎思辨的态度关心大学的发展，甚至不可避免地培养出许多如同北大钱理群教授所批判的那种"精致的利益主义者"，他们为维护"私德"而仅仅关注"圈子"利益或者部门利益，甚至会出现结党营私、权力腐败、学术寻租、潜规则盛行等不良现象，最终结果就是大学文化的异化以及育人、科研和社会服务能力的逐渐降低。大学主要是"学者的大学"，而不是"被管理"的大学，大学工作的基础是知识，面对的是丰富的、多样的、能动的人，大学内部管理"行政化"忽视了大学组织的学术性，也忽视了人的多样性和丰富性。进言之，大学治理反对的不是管理，而是管理的"无人化"，或者说大学治理的核心问题从来都不是通过严格的行为控制和简单绩效激励就能实现的，而是一个立足于人的需要而逐渐优化的一个过程。当然，这也是一个漫长而复杂的过程，需要久久为功。总之，大学治理的视野中不能没有人，不能不养成一种培育"真正的人"的思维，不能不形成一种良好的"育人文化"，这就需要大学治理打破单一固化的管理思维，破除"为了管理而管理"的治理倾向，积极建构一种"管理依靠人""管理为了人"和"管理服务人"的人本管理思维。

二、大学学术本真精神的彰显不足

大学是以追求真理为基本目标的学术型组织，尊崇和保障学术自由既是大学文化繁荣的内在尺度，也是大学治理的基本命题。大学治理需要形成一种崇尚学术自由的文化氛围，而那种压制、抹杀、破坏学术自由的大学文化治理必然是失败的大学文化治理。近些年来，随着信息技术的发展，电脑的大批量复制与网络的大规模传播，作为文化领域的重要活动及存在形态的学术研究也主动或被动地走进了学术"再生产"阶段。同时，为了扩大学术再生产的规模，我国的学术研究尤其是人文社会科学研究逐渐进入"机械化"大生产阶段，进而让我国学术产量猛增，成为世界第一学术论文生产大国。在这一片貌似学术繁荣的背后却隐藏着诸多学术危机，其中最重要的危机就是大学的学术本真精神逐渐失落。在这样的情形下，很多学者开始关注这种现象并进行了系统研究，如王晓升等一批学者认为，这是"无聊的学术研究"，并讽之为"学术表演"[1]；董云川等一批学者认为，这是"异化的学术研究"，并戏谑为"仿真学术"[2]；还有学者则将其称之为"学术生态危机"。这种批判之声的背后都直指大学学术文化的一个本质问题，即大学学术本真精神的彰显不足。

学术本真精神失落的一个重要表现就是当前学界广为关注的"学术资本主义"现象。学术资本主义是一个"舶来词汇"，指的是"大学和专业人员为获取校外收入所做的市场和类市场努力"[3]。学术资本主义遵

---

[1] 王晓升.论学术表演［J］.江海学刊，2016（2）：15-22.

[2] 董云川，李保玉.仿真学术：一流大学内涵式发展的陷阱［J］.江苏高教，2018（08）：1-8.

[3] http：//www.aft.org/pdfs/highered/academic/june04/Rhoad-es.qxp.pdf. Gary Rhoades，Sheila Slaughter. Academic Capitalism in the New Economy：Challenges and Choices.

从的是一种学术商业主义，其价值取向就是将知识看作财富的源泉，获取资源和利益成为大学及其主体的行为准则，彰显出一种明显的功利主义学术观。在学术资本主义逻辑下，学术生产不再追求知识的公共性、普遍性和非牟利性，学者逐渐放弃了对真理的不懈追求，也不再以深刻的社会批判为己任，学术的旨趣让位于学术的利益衡量，学术的乐趣让位于学术的经济得失，学术的盛宴演变成为学术的快餐。英国学者纽曼说："知识无须四处寻找可以依托的外在目的，它本身就是目的。"① 试想，如果大学的学术研究越来越多的关注学术的外在目的，而偏离大学作为知识探究组织的本质追求，那么大学学术本真精神的迷失将不可避免。学术本真精神的迷失使得大学最应珍视真理精神不再神圣不可侵犯，而"逐渐异化为一种符号，象征着花样、光环及其后所隐含的名望、地位与金钱等"②。在这种学术环境的影响下，学者不再专注于学术研究的旨趣与乐趣，不在醉心于发现真知和创造新知，而是为了完成指标并吸引眼球，进而借此达成功利目的，学术界的学术不端和学术失范行为无疑会递增，这将是大学治理的最大灾难和危机。

三、大学自主办学的意识和能力有待加强

大学是一个学术组织，而"学术是什么就应该按照学术自身的逻辑去做，而不应该受经济逻辑和政治逻辑的过度干扰和侵蚀"③。也即说，大学自主办学是保障大学学术自由的前提，也是大学治理的重要价值取

---

① ［英］约翰·亨利·纽曼. 大学的理想［M］. 徐辉，译. 杭州：浙江教育出版社，2001：32.

② 董云川，李保玉. 仿真学术：一流大学内涵式发展的陷阱［J］. 江苏高教，2018（08）：1-8.

③ 李猛. 如何改革大学——对北京大学人事改革方案逻辑的几点研究［J］. 学术界，2003（05）：45-64.

向之一。但是，尽管我国很多大学在章程中都明确了"依法自主办学"的要求，但是绝大多数大学并不具备足够的自主办学意识和能力，而是习惯于跟着政府的指令和规划行事，很少去理性地思考大学应有的使命和职责。当前，中国大学自我办学意识和能力不足的一个重要表现就是中国高等教育管理体制改革过程中经常出现的"放乱收死"现象。1995年国家教委发布的《关于深化高等教育体制改革的若干意见》中就曾毫不讳言的指出，高等教育管理体制在历史上"曾经出现过简单地换'婆婆'和'一放就乱，一乱就收的现象'"①，这也是国家在政策文件中的第一次对这一现象做出的明确指出。事实上，"放乱收死"的现象从来就没有真正解决过，就像一个魔咒一样困扰着中国大学改革与发展的步伐。放乱收死现象的背后说明中国大学治理改革不仅仅是"给大学更多办学自主权"的问题，而是大学自主办学意识和能力有待加强的问题。中国大学的自主办学意识和能力之所以不足，有其深刻的历史原因。中国近现代大学诞生于民族危亡之际，是在强烈的民族国家意识中诞生的，它从一开始就是"政府机构的附属或延伸，天然具有附属性、依附性和顺从性"②。再加上，我国大学的发展时间还短，中国特色的现代大学制度还没有完全建立，这使得我国大学的自主办学意识和能力建设还缺乏必要的组织和制度依托。因此，提升中国大学的自主办学意识和自主办学能力仍需要一个漫长的发展过程。

四、大学社会责任意识的功利化追求

自古以来，大学文化一直作为社会的精英文化和精神支柱而存在和延续，起着引领社会发展方向，矫正社会不良风气的重要责任。大学与

① 国家教育委员会政策法规司.中华人民共和国现行教育法规汇编1990-1995（上）[M].北京：人民教育出版社，1998：584-589.

② 林杰.关系思维中的大学自主办学研究[D].大连理工大学，2016：59.

社会的关系从来就不是依附或者跟随关系，而是一种独立与并行的关系。因此，大学理应承担一定的社会责任。但是，由于社会对大学的期许与大学看待自身的方式之间常常存在着不一致，社会要求大学必须不断地供给有用的知识和高素质的人才，大学则需要社会为其提供宽松的环境和充足的资源投入。在这种价值冲突中，文化定力不强的大学常常会随波逐流，根据社会的风向标而改旗易帜，影响了大学的公众形象，使得"作为文化机构的大学在外在压力下没有能够保持住外在经济、政治等社会实体的大学精神气质，或者说在现实中趋同诸如经济组织、政治利益集团等"①。随着大学与社会联系的逐渐加强，社会文化中的一些不良文化正在侵蚀大学的社会责任意识，导致一些大学的社会责任意识逐渐淡薄甚至异化。其结果是，大学沦为学店，守不住自己的精神追求，动辄"跑部攻关""营织网脉"等惯习思维和行动实践正在解构和消解掉大学的核心使命，使得大学原本神圣、卓越、高尚的社会责任意识逐渐变质并日益"功利化"，变的"盲目跟风"，责任意识越来越匮乏。大学的社会责任意识匮乏，使得大学越来越像企业，大学的管理越与企业趋同，就越可能失去大学作为"社会良心"和"社会动力站"的潜在价值，大学越来越工具性地审视自我，甚至以创造财富的目标，忽视了大学整体的、战略的、长远的社会功能。总之，一个缺乏责任意识的大学很难培养出有责任感的人，一个没有责任的大学也很开展有质量的学术研究。大学是"社会的良心"，但绝不是迎合社会的欲望，现代大学治理应该充分意识自身承担的社会责任，主动建构一种有责任、负责任、担责任的治理文化。

---

① 陶培之.当代中国大学社会责任研究［M］.苏州：苏州大学出版社，2016：
104.

第七章
大学文化治理的文化嵌入方略

　　大学文化治理的关键就在于如何通过有效的"文化嵌入"重塑大学治理的意义，实现大学治理主体思想和行为的转变，进而优化大学治理的最终效果。立足于大学文化治理的行动分析框架，本研究认为大学文化治理应该在以下四个层面开展行动：其一，要树立文化治理的自觉意识，重视大学文化在大学治理中的积极功用；其二，要加强对大学文化的理性选择，并将其嵌入到大学治理的结构与过程之中；其三，要培育良好的大学治理文化，将构建和培育优良的大学治理文化作为大学文化治理的战略抓手；其四，要推进从大学文化到大学治理的文化转化，保障大学文化在"组织—制度—人"构成的复合保障体系中有效地转化为具体的大学治理行动。需要指出的是，强化大学治理的文化自觉、加强大学文化的理性选择、培育良好的大学治理文化与推进大学治理的文化转化等四个层面之间，不是一个线性演进的行动路线，而是一个相互影响、相互联系的"环形结构"，它们是非线性的，彼此之间存在着叠合、交集与对话。换言之，大学文化治理是一个复杂的行动体系，社会环境的变化、大学职能的拓展与治理主体人性因素的存在等都构成了影响和制约大学文化治理的不可知因素，影响着大学文化的嵌入与大学治理的成效。

第一节
重视大学文化的治理效用，强化大学治理的文化自觉

当前大学治理的问题在于，学校把更多的精力放在了治理的制度、权力、技术等层面，而忽视了大学文化的治理功用，导致大学治理过程中某种程度的"文化空场""文化缺位"或者"精神力量不彰"。因此，大学文化治理的第一步就是要重视大学精神的治理效用，强化大学治理的文化自觉。

一、重视大学文化的治理功用

大学文化是大学治理的源泉，为大学治理提供了远航的方向和动力，如果舍弃了崇高的文化追求，仅重视大学外延建设，虽能喧嚣一时，终难行远。因此，大学文化治理的第一步是要在意识上关注大学文化，研究大学文化，重视大学文化的治理效用，并积极运用大学文化的力量改善大学治理的成效。改革开放40年来，中国的高等教育事业获得了重大发展，书写了世界历史上穷国办大教育的奇迹，但中国高等教育的成就与问题并存。有学者指出，中国高等教育发展存在着三个短板：一是高等教育的数量增长快，但有点"虚胖"，质量建设没跟上；二是学校发展快，但悬在半空中，服务经济社会发展没跟上；三是高等教育事业发展快，但是大学的精神文化建设不足，"魂"没跟上[1]。大学的魂没有跟上，根本而言，就是大学的文化建设没有跟上。大学不能失魂，

---

[1] 瞿振元.高职、本科都是高等教育的基础［N］.人民政协报，2018-01-03.

失了魂的大学必然是没有力量也没有方向的大学，失了魂的大学治理必然是没有力量也没有方向的大学治理。清华大学原校长顾秉林曾多次强调，一流大学的本质在于其特有的校园文化，中国在建设世界一流大学的道路上能走多远，最终要看文化建设的成效。中国大学正走在建设世界一流大学的征程中，处于大有可为的战略机遇期，传统以"效率"为核心的大学治理范式随着大学治理诸多问题的显现而呈现出一种必须面对和解决的范式危机，中国大学治理面临的最为紧迫的一项任务就是重视和重塑体现现代大学理念和精神的文化价值体系[①]。

二、强化大学治理的文化自觉

强化大学治理主体的文化自觉意识是大学文化治理的重要步骤。费孝通先生对"文化自觉"的定义是："生活在一定文化中的人对其文化要有'自知之明'，即明白文化来历、形成过程、特色及发展趋向以加强文化转型的自主动力并取得适应新环境、新时代文化选择之自主地位。"[②] 也就是说，文化自觉是人或组织对自身文化的一种自我觉醒、自我反思和理性审视，它是作为治理主体的人全面系统的自我认知过程。对于大学文化治理来说，其治理的成效最终需要通过培养和形成大学治理主体的文化自觉意识来实现，因为"文化自觉驱使大学治理主体感受大学文化，接受大学文化，进而内化大学文化，形成大学治理的共同基本理念，激发大学治理的原动力"[③]。同时，也只有在文化自觉意识比较充分的治理环境中，大学治理主体才能进行清醒的自我认知，明白自

---

① 施晓光.文化重塑：大学治理能力现代化之锥 [J].探索与争鸣，2015（7）：54-56.

② 费孝通.文化自觉的思想来源与现实意义 [J].文史哲，2003（3）：15.

③ 罗婷，万春林.文化建设：大学内部治理的必然选择 [J].江西师范大学学报（哲学社会科学版），2017，50（06）：127-131.

身的长处与短处，优势和特色，并进行针对性的治理。当前，中国大学治理主要是在大学排名、行政命令或官僚权威等外在力量的推动下进行的，其内部力量并未被真正的调动起来，大学治理的各种制度设计就像是"交作业"或者"博名望"，这明显与大学治理的内在要求和组织形象不符合。因此，大学要开展和实践文化治理，就需要强化大学治理的文化自觉，保障大学人对大学治理的理念、目标、机制和过程等形成清醒的文化认知，广泛而深刻的文化认同，进而形成足够的内生动力，推进大学治理整体目标的实现。

第二节　加强大学文化选择，保障大学文化的理性嵌入

大学文化治理的首要问题是，大学需要彰显怎样的大学文化？这其实是一个文化选择问题。大学文化选择不是随意的，也不是盲目的，而是应该立足于大学的现实环境和基本职能，明确大学文化应当立足什么、学习什么、坚持什么、反对什么、引领什么和创新什么。我们认为，大学文化选择至少要坚持以下"三个统一"。

一、合目的性与合规律性的统一

任何治理需要一定的目标导向，漫无目的的治理是不存在的。大学文化治理同样需要一定的目标导向，因此大学文化选择要体现出"合目的性"的一面。同时，大学文化治理也不能忽视大学文化生发演变的内在规律，因此大学文化选择也要体现出"合规律性"的一面。也就是说，在大学文化嵌入的过程中，要体现出"合目的性"与"合规律性"的统一。这包括两层含义。一方面，大学文化选择需要一定的"目标导向"。大学文化治理本身是一种有组织、有意识的集体行动。因此，大学文化治

理必须具有一定的目标导向，这个设置目标和趋向目标的过程就是特定的治理价值有效嵌入的过程。因此，有必要对大学文化嵌入的内容进行必然的"人工干预"，使其呈现出大学治理的"合目的性"，尤其是对一些不良的大学文化有必要进行改造、调整、摒弃、删除和廓清。另一方面，大学文化嵌入需要遵循文化发展的"内在规律"。大学文化可以被影响、被改造、被植入，但是却不能损害大学文化的内在生发规律，不能通过直接控制的方式实施文化嵌入。因为文化经常被认为是引导、培育和进化的，但却不是可以被直接控制和切割的对象，对大学文化的直接控制与切割本身就存在着抹杀个性的治理倾向，这与尊重大学文化的生态多样性是矛盾的。正如哈耶克所说，对于文化我们所能做的就是"像园丁培植其植物那样，经由提供适宜的环境去促成社会的发展，而决不能像手工艺人打造手工艺品那样刻意的雕塑其产品"①。哈耶克的意思无非是证明，文化是不能违背其内在发展规律而强行控制和刻意雕琢的，而是需要根据文化运行发展的客观规律进行"善意"的培育和"合规律"的疏导。

二、保守性与灵活性的统一

大学是保守的组织，也是开放的组织，两种特性在大学身上有着既对立又统一的微妙契合。在大学文化治理的过程中，哪些事情要坚持原则，加强共识，哪些事情要权宜行事，体现差异，必须辨明分明。因此，大学选择怎样的文化是一个十分慎重又需要体现灵活性的过程，文化的选择要体现出保守性与灵活性的统一。所谓保守性，是指大学文化代表着一种崇高的社会文化，对社会文化具有拣选、甄别和引领功能，常常

---

① ［英］冯·哈耶克. 知识的僭妄：哈耶克哲学、社会科学论文集［M］. 邓正来，译. 北京：首都经济贸易大学出版社，2014：204.

作为一种独立的精神与灵魂而存在，表现为对人类终极价值的关怀，对高品位文化的蓄养，对理想主义的追求，尤其是对社会文化的引领。从大学的组织目标和技术来说，大学是一个组织目标和组织技术都较为模糊的有机体组织，大学对环境的敏感程度要远远低于企业，这也内在决定了大学文化选择必然体现出保守性的一面。所谓灵活性，是指大学文化是社会文化的一种存在形式，脱离了一定社会文化的大学文化是不可能形成的，大学必须在适应和坚持传统之间努力保持一种平衡，为了达到这种平衡，大学需要主动去适应社会并且能够控制这种适应[①]。大学有不同的层次和类型，大学文化也有不同的个性特征，对大学来说，适应市场对人才的标准，适应市场的未来发展趋势，适应劳动力市场流动性增强的现实，适应社会分工趋向精细化、复杂化的形势等，这都需要大学根据社会环境的变化和自身的个性化办学特征进行灵活的文化选择。也就是说，在大学文化治理的过程中，不是任何类型的高校都适用于选择统一的价值标准，也不是在任何时候、任何工作中都适宜实行基于文化的治理，有的可在全校的事务范围内开展，有的则只适宜在某一具体工作中应用。正如林砺儒强调，大学校长在处理大学事务的过程中，既要"守法"，同时也要学会"从权"，"凭其原则精神，权宜从事"[②]，这正说明了大学文化选择的灵活性原则。当前，面对文化多元化的时代背景，面对改革开放的深化和经济社会的转型，面对社会文化事业和文化产业之间的失衡，大学文化选择更应体现出灵活性的一面，保障大学在社会多元文化的矛盾激荡中真正承担起引领、辐射和创新社会文化的历史重任。

---

①　Ashby E.Adapting Universities to a Technological Society［M］.San Francisco：Josses-Bass Publishers，1974：1.

②　中央教育科学研究所.林砺儒教育文选［M］.北京：北京师范大学出版社，1984：128.

三、历史传承与发展创新的统一

历史传承与发展创新相统一就是要从大学发展的历史脉络中寻找大学经典的价值理念，并在新的时代背景下对其进行创造性的吸收、改造和转化，使之与大学的组织使命相结合，焕发出崭新的治理功能，激发大学发展与改革的活力。任何大学治理都是历史与现实的统一，从历史中走来的大学自然地带有着它在历史中已经形成的理想信念和精神品格。同时，现实情境中的大学作为社会的一部分存在，又总是要受到社会文化因素的影响和制约。因此，大学文化的选择必然要遵循历史传承与发展创新的相统一的原则。譬如，"西迁精神"是在1956年西安交通大学由上海迁往西安的过程中，生发出来的一种宝贵的精神财富。"西迁精神"概括为"胸怀大局，无私奉献，弘扬传统，艰苦创业"十六个字。从本质上来说，"西迁精神"主要是一种爱国精神，在当前世界一流大学的建设过程中，西安交通大学进一步弘扬和激发"西迁精神"新动能，把"西迁精神"融入大学治理的全过程与全方位，对于凝聚人心、指引办学方向、提升西安交通大学新时期在育人和社会服务上的整体能力、推动西安交通大学一流大学建设的总体格局具有重要作用，这就体现了历史传承与发展创新相统一的文化选择。

第三节　培育大学治理文化，形成大学治理软秩序

正如提升大学的办学质量，离不开质量文化建设，提升大学学术水平，离不开学术文化建设，提升大学的治理水平，自然离不开治理文化建设。所谓大学治理文化，主要是指大学在治理的过程中采信和践行的某种价值观念、思维习惯以及行为方式的总和。大学治理文化与大学

文化治理是一个问题的两个方面，两者之间存在着相互影响、相互转化、相互制约和相互促进关系，因为在深厚的治理文化底蕴的基础上，一所大学的治理会变得更加高效，更加显出人文气息①。从这个意义上来说，塑造良好的大学治理文化的目的是将大学治理过程中的各种越轨或失范行动等扼杀于萌芽之时，形成一种良性的大学治理环境或者说大学治理的"软秩序"，这种"软秩序"与大学治理的"硬秩序"（制度规则体系）等形成相互补充和相互调试关系，共同作用于大学有效治理的实现。基于对大学组织特征和大学治理基本问题的考察，我们认为，大学文化治理应建构一种以参与、包容、沟通、协作和信任为核心的大学治理文化。

一、构建一种参与性的大学治理文化

作为一种典型的集体行动，大学治理的过程也是一个多行动主体共同参与的过程。自从治理的概念产生以来，治理就体现出"多主体性参与"的治理诉求。西方大学治理的实践也证明，共同治理是大学实现有效治理的基本路径，而共同治理的基本原则就是"共同参与"。可以说，大学治理的治理过程不是依靠某一两个人的努力就能实现的，而是需要充分调动不同的大学治理主体的参与意识，这就需要培育一种参与性的大学治理文化。总之，构建一种参与性的大学治理文化，能够鼓励和保障不同的利益相关者积极参与到大学治理的过程之中，以积极的姿态、自觉地行动形成一种"我为人人、人人为我"的和谐治理生境。

二、塑造一种包容性的大学治理文化

大学之大，贵在包容，面对多样而复杂的大学文化生态，塑造一种

---

① 眭依凡，等.大学文化思想及文化育人研究［M］.杭州：浙江大学出版社，2016：109-111.

包容性的大学治理文化是必不可少的。哈佛大学校长艾略特认为："大学是世界上最容不得独裁者的地方，学问总是共容的，只有偶像，而无主人。"①缺包容精神，大学有效治理难以实现。其一，强化包容意识是大学文化多样性的客观要求。大学是多元文化并存的场域，文化多样性是大学文化存在的现实样态。大学文化治理自然不能忽视大学文化的这种多样性，这就要求大学在进行文化治理的过程中，强化包容精神，允许的不同的文化在不同的价值形态和话语体系中多元共存。其二，强化包容意识是克服大学文化部落主义的重要手段。时至今日，"大学已经改变了，它变得更大、更复杂"②，成为一个城邦意义上的"巨型大学"，冲突变得更加复杂，不同的学科、不同的组织机构基于不同的价值追求形成了不同的文化部落，大学治理面临的"文化部落主义"特征越来越明显。所谓"文化部落主义"，是指某一文化部落过分强调自身文化的独特性乃至优越性，错误地认为不同文化类型和文化传统之间必然发生"文明的冲突"，或者坚持不同文化类型和文化传统之间在其基本理念和价值立场上具有绝对的不可通融性。文化部落主义强化了文化冲突，无形间架起了大学不同文化互动和沟通的障碍，阻碍了大学优秀文化的交流和传播。为此，大学治理必须要强化包容精神，营造一种鼓励文化沟通、对话、理解的治理环境，摒弃狭隘的"文化部落主义"，走出部落利益之间的相互拉锯，充分而有效的整合多种文化资源，物尽其才、人尽其用，发挥不同学科、不同专业、不同人群的最大特长和优势，形成协作联动效应，发挥最大的整体优势。其三，包容精神不仅是大学学术昌明不可或缺的营养剂，还是直面和解决大学文化冲突的重要思想武

---

① Richard H, Willson S.American higher education［M］.Chicago：The University of Chicago Press，1961：606-619.

② ［美］克拉克·克尔.大学之用［M］.高铦，等译.北京：北京大学出版社，2008：19.

器。人们常常追忆西南联大在最极端困难的情况下保持刚毅坚卓的办学精神，将清华、北大、南开三所办学风格迥异、政治观点不同的整合在一起有序运转，并产生了诸多世界级的研究成果和卓越人才。大家得出的共识就是：宽容精神是西南联大制胜的法宝和钥匙。正如北京大学王义遒校长所说，与一般高等教育机构不同，大学是众多学科并存共荣的场所，具有学科交叉融合的天然优势，是发展人们包容性的良好土壤。通过学科之间的交流融合营造具有包容性的校园文化是大学的应有责任[①]。总之，在大学文化治理过程中，强化包容精神不是要无视大学治理过程中隐性的价值冲突，而是要在尊重大学文化多样性的基础上，通过构建一种"局部无序、整体有序"的文化环境，提升大学治理的内部活力。当然，强化包容精神并不表示任何文化形态都能在大学校园生存和传播，大学文化治理应重申热爱、审美、批判等治理价值，切忌规划性、功利主义、商品主义等"恶"文化价值的传播，消除不良价值在大学内部的滋长和蔓延，消除不良文化对大学内部文化生态的破坏和消极影响。

三、形成一种沟通性的大学治理文化

面对复杂的价值冲突，大学文化治理除了要强化包容意识，还需要加强组织成员之间的交流与沟通，建构大学人的组织共生意识，形成一种沟通性的大学治理文化。组织管理学的相关研究证明，"组织问题的重心通常是沟通的问题"[②]。在大学治理的过程中，有效的沟通需要借助一定的载体和平台，之所以要实现沟通，主要是因为，大学的一个重要特点是"底部沉重"，大学"底部沉重"的治埋结构和"橄榄型"的治

---

① 王义遒.大学文化要有深沉性和包容性［J］.中国大学教学，2006（04）：10-11.

② ［美］斯诺登.学校领导与管理［M］.李敏，译.上海：华东师范大学出版社，2008：47.

理范型，决定了院系等基层群体是大学治理的中坚力量，基层群体（教师、学生和院系管理人员）对治理的抵制或者消极参与是大学治理失效的重要原因。而调动和增强基层群体的自觉参与意识，首先就在于加强沟通，如学校领导与学术带头人、教师、管理人员的个别沟通以及学校管理部门与二级单位的沟通都是必要的。在大学治理的过程中，"沟通的目的是为了达成某种共识，而共识的基础则是主体间对有效性要求的认可"①。目前，大学已经建立多种多样的有利于大学治理主体进行价值沟通的载体和平台，如教职工代表大会、学生代表大会、二级学院领导座谈会、教授座谈会、青年教师座谈会、学生座谈会等等，但这些沟通渠道是否真正发挥作用还是一个未知数。有学者认为"大学治理过程中互动性的展开并不充分，无论是组织内部还是组织外部，对话、协商、沟通、谈判等形式依然不足"②。这种不足势必会影响各利益相关者参与大学治理的渠道，阻滞大学治理主体的互动关系的加强，这就需要创设和塑造一种有益于交流、沟通和互动的文化氛围，营造一种价值共识的公共行动空间，以推动集体行动的开展。反言之，沟通的缺乏会导致信息的受阻，信息的受阻就会影响到决策的科学性与回应性，进而影响治理的效率和效果，这就在无形之中提高了大学权力运行的风险系数，影响了大学有效治理的实践。因此，大学信息公开建设仍是当前大学治理的一个重要和不容忽视的步骤。

四、彰显一种协作性的大学治理文化

"协同"的概念是由德国斯图加特大学教授，著名物理学家赫尔

---

① ［德］尤尔根·哈贝马斯.交往行为理论［M］.曹卫东，译.上海：上海人民出版社，2004：135.

② 骆聘三.大学治理中协商民主的应用价值及建构路径［J］.湖北社会科学，2019（09）：163-168.

曼·哈肯（Hermann Haken）于 1971 年在《协同学：一门协作的科学》一书中首先提出的。协同就是基于价值认同基础上的配合与协作，其精髓在于将零散的要素组合在一起，并最终形成有价值有效率的一个治理结构和过程。"协同"是自然界和人类社会作为一个整体有效运作的内在要求，绝对没有协同作用的系统状态客观上是不存在的，协同作用使系统在临界点上发生质变，从无序走向有序，从混沌中产生某种稳定结构。在自然界中和人类社会中，协同现象随处可见，如弦乐器的琴身和琴筒配合而形成增大声响的共鸣，电学中振荡电路的共振现象，以及土壤、水、光、温度等因素通过协同作用而使植物有序生长和繁衍等。或者说，整个自然界和人类社会都是作为一个协同系统而存在的。因此，协同不是同一化，不是标准化，不是要实现价值统一，而是使不同的价值主体能够放弃各自的偏见，为某种整体目标而自觉地让渡部分行动权力，以最大效果的达成整体目标。总体来看，协同思想是整合的一种有序状态，也代表着在某种模式支配下事物或者系统产生不同于原来状态的质变过程，包含着分工、有序、多样、配合、协作等多种内涵。罗伯特·阿格拉诺夫（Agranoff Robert）和迈克尔·麦奎尔（Michael Mc Guire）等学者认为，多主体协作是风险社会中人们应对跨越组织与部门边界的公共事务活动的有效途径[①]。大学本身是一个多元文化汇聚的地方，文化生态复杂，价值体系多样，这本身与大学学术自由、兼容并包的价值追求相一致。作为一个整合的行动系统，强化协同精神是缓解大学文化的内部冲突与矛盾，采取一致行动的内在要求。因此，大学文化治理的实质就是大学治理主体的价值协同。或者说，作为整合系统的大学文化治理是以治理主体之间实现价值协同为前提的。在战略思维层面上，就是

---

① Rosemary O，Gerard C，Bingham B.Introduction to the Symposium on Collaborative Public Management［J］.Public Administration Review，2006(S1)：6-10.

要建构和培育一种协作性的大学治理文化，进而把大学内部各种治理力量协同起来，取得"1+1"大于"2"的治理效果。

五、强化一种信任性的大学治理文化

克里斯托弗（Christopher）通过首席审计官的视角研究了公立大学治理，认为企业治理模式具有较少的信任环境，其中更多的是监督和外在奖励，而大学治理则与信任的环境和内在奖励有关①。这说明，大学更需要一种基于信任的大学治理文化。在大学治理的过程中，合作行为的内在驱动和保障便是信任，因为信任是建立和谐关系的元素，能够为"治理文化的累积提供足够的空间，为有利于大学核心使命实现的制度研究创造条件"②，并且"只有在信任的前提下，才能实现共享和共治"③。为此，大学文化治理需要建立一种基于信任关系的治理文化进行更好地保障与实践。当然，信任文化的形成不是一次性的，而是多次性重复博弈的结果，"当信任因积极互惠的结果而得到证明时，就成为另外一种简单经济学意义上的交换"④。进言之，组织中的个体在相互合作的过程中，如果因为信任而得到了其他个体积极的反馈，信任就会成为一种不断累积的文化资本，成为组织文化的重要组成部分，影响组织行动。需要指出的是，大学文化治理要构建的信任性治理文化主要是一种"组织

---

① Christopher,Joe. Governance Paradigms of Public Universities:An international comparative study[J].Tertiary Education and Management，December 2012,18(4):335–351(17).

② 王占军.大学有效治理的路径：知识论基础与实践准则［J］.中国高教研究，2018（09）：37–40.

③ POPE M L.Conceptual Framework of Faculty Trust and Participation in Governance ［J］.New Direction for Adult and Continuing Education，2004，127：75–84.

④ ［美］詹姆斯·马奇、［挪威］约翰·奥尔森.重新发现制度：政治的组织基础［M］.张伟，译.北京：生活·读书·新知三联书店，2011：26.

信任"，而非"个体信任"。何为"组织信任"？弗朗西斯·福山认为，"组织信任是从一个规矩、诚实、合作的行为组成的社会群体中产生出的一种期待"[①]。从实践意义上来说，"组织信任"来源于个人对组织的承诺与意识自觉，是大学治理从文化自在走向文化自为的重要途径。"文化自在"是文化的一种自然存在状态，"文化自为"是一种文化的自觉状态，即个体能够自我价值觉知。"文化自在"不能自己建立或规定自己，完全是为他的，而"文化自为"完全来自自身，亦即由自己建立起来的自在自为的存在[②]。文化从自在状态到自为状态的转化，是指"一种价值观真正内化为主体内在需求、自我意识及实践诉求，自觉外化于行，指导实践的过程"[③]。从组织身份的视角来看，确立组织信任的过程是大学组织成员知觉到组织身份，并促进自我从个人定义为主转变为组织定义为主的过程，也是构建大学组织成员以信任关系为基础的治理结构的过程。

第四节　推进大学文化转化，构建三位一体的保障体系

大学文化治理贵在行动，研究和实践大学文化治理的重要环节就是推进文化转化，保障大学文化能够发挥出应有的治理功能，作用于大学治理的实践过程。那么，到底应该怎样推进大学文化转化呢？我们认为，推进大学文化转化主要应该在组织建设、制度设计与大学人等三个层面

① ［美］弗朗西斯·福山.信任：社会美德与创造经济繁荣［M］.彭志华，译.海口：海南出版社，2001：29.
② 卿文光.黑格尔小逻辑解说：第一卷［M］.北京：人民日报出版社，2017：263.
③ 李姝婧.个体价值视阈下大学生社会主义核心价值观自为转化研究［J］.广西社会科学，2020（03）：172-176.

构成的"三位一体"复合性保障体系内才能予以落实。

一、系统性的组织建设

大学文化治理功能的转化和落地需要依托于系统化的大学组织建设。所谓系统性的组织建设，主要有直接和间接两种方式，即间接性的环境熏染（校歌、校花、建筑、桥梁、文化长廊等标志性实物）与直接性的组织机构引导。

其一，组织环境的熏染与默化。大学的组织环境以一种暗默的方式传递人生观、世界观和价值观，对学生认知起导向和激励作用。大学的组织环境本身其实就是价值观的"外化"，同时，良好的组织环境又对一代又一代的大学人起着"价值观"内化的作用。需要指出的是，大学内部环境在审美、结构、功能上较其他组织的要求更高。大学的组织环境不仅具有使用的功能（第一属性），还具有心灵的功能（第二属性），这种心灵的功能就是大学组织环境本身所具有的文化育人价值。因此，大学的组织设计要重视景观环境序列中的不同视点所引发的视觉效果和心理感受，要善于利用大学英雄、大学传奇、大学典故、大学历史传统、自然水体、历史遗迹及具有建筑艺术价值的建筑物等进行再设计和再优化等，使其不仅具有要实用层面的基本功用，还具有深刻的文化内涵和感染力。总之，大学的一草一物，一砖一瓦都在以无形的方式发挥着潜移默化的文化育人和文化治理作用，良好的组织环境无形中促进和释放着文化的治理功能。

其二，组织机构的引导与推动。文化是精神层面，组织机构是实体层面的，不同类型的组织文化若要发挥出治理的实际效用，没有实体层面的组织保障是不可能实现的。譬如，南北战争之后，美国新兴的资本主义工业经济获得了飞速发展，实用主义哲学和进步主义思潮的兴起，要求大学为国家为社会服务的呼声越来越强烈。范海思校长为了改变威斯康星大学与社会想脱离的现状，在威斯康星大学植入了"州的大学要为州服务"的理念。为了践行这一理念，范海斯校长组织建立大学推广教育部，组建函授教育系、辩论与公共讨论系、综合信息与福利系以及讲座教学系等多个组织机构，这些组织机构不仅知识和技能带给了学生，也通过各种各样的实践教学活动将"为州服务"的理念贯彻到大学师生的教育教学关系之中，使得这一理念成为威斯康星大学不言自明的一种文化传统。直至今天，人们一提到威斯康星大学，自然会想到范海思和他的"直接为州服务"的办学理念，甚至有学者认为，"现在的威斯康星大学依然是范海斯的大学"①。也正是在这一理念的影响下，才使得威斯康星大学从一所不起眼的大学成为美国州立大学竞相效仿的典范，进一步促进了实用主义价值理念在美国高校的传播和美国高等教育的大众化进程。又如，18世纪之前德意志在欧洲是高等教育落后之地，更是文化蛮荒之所，但自18世纪以来，德意志知识分子在理智上爆发，并以其无与伦比的思辨力在世界高等教育史上第一次全面深刻地探讨了大学的知识观、教学观与学习观，形成了当时欧洲最系统最先进的大学发展理念，届时的哥根廷大学为了落实崇尚科学和学术自由的治校理念，相继创建了图书馆、研究所和研讨班等各种落实组织文化的组织载体，最终使得科学理性的现代大学治理观在哥根廷大学落地开花。再如，蔡元培上任北大校长之后，为了植入兼容并包、学术自由的思想，在上任之初就向所有的组织成员昭告了大学的组织使命和组织愿景，并成立了学术委员会负责学术事务，行政委员会管理行政事务，支持北大师生组建各种学术社团及政治团体等，这都是通过组织化的力量来引导和促进新文化、新思想的传播和落地。

---

① Vance M M.Charles Richard Van Hise:scientist progressive[M].Milwaukee:The North American Press,1960:187.

二、合理性的制度设计

在大学治理的"大画卷"中，大学文化能否作用大学治理，不仅需要组织建设与保障，也需要制度的设计与完善，或者说特定的制度设计是文化转化和文化治理功能落地的有效形式。大学治理的制度设计不是空中楼阁，而必须根基于大学的核心价值追求。也就是说，大学治理的制度设计不能与大学文化的基本价值追求脱节，因为没有文化理念支撑的大学制度将日益窒息大学治理的内部活力，导致大学组织运行的平稳运转可能出现"科层制的功能失调"问题，相应的也增加了组织"行为硬化"的风险，影响大学治理的最终效果。因此，从大学文化到大学制度的转化不是随意的、盲目的，而是有序的、合理的，它必须根基于大学精神与理念的引领或辐射。或者说，大学制度设计应当是大学文化的产物和支撑，而不是大学文化的"制约物"或者"对立面"。正如默顿认为，社会价值观决定着社会追求的目标，社会规范规定着为达到目标所采取的手段，一旦文化结构与目标与社会结构或制度化手段之间发生抵触或脱节，就会出现社会失范甚而导致越轨行为等后果[①]。也即说，保证大学文化结构与大学制度化手段的耦合与匹配是防止大学治理越轨行为出现的必要手段，大学文化被建制的过程必须保持核心价值观诉求与制度设计的高度匹配，而鉴别大学文化是否对大学治理治理的实践产生了作用，关键是看行动者对于具体制度的遵行是否源于"内在认同"和"行为自觉"，不能说一套做一套，以致大学所宣扬的价值、理念与精神等与大学治理的具体制度设计出现"两张皮"的现象。

---

① 刘润忠.社会行动·社会系统·社会控制——塔尔克特·帕森斯社会理论述评
  [M].天津：天津人民出版社，2005：8-9.

三、大学人的思想转变

大学文化是大学人的实践活动的结果，大学文化治理的过程某种程度上就是大学人的文化实践的过程。从这个意义上来说，大学文化的治理功能的释放需要依托于大学人，没有大学人的实践活动，没有大学人的共同理解、交往、共享、认知、觉悟，大学文化不可能生成，更不可能对大学治理产生作用。美国组织行为学者温德尔·弗伦奇（Wendell L.French）等人的研究认为，组织发展和转型首先在于实现从文化认知到行为习惯的转变[①]。大学要实现有效的治理，必然也是一个由内而外，由改变大学治理主体的文化认知到转变大学治理主体的行为方式的过程。这说明，大学文化要对大学治理真正产生效用，就必须让大学文化能够入脑入心，成为大学全体成员的共同思维习惯和价值认知，进而才能在行动上影响人、塑造人和改变人。大学文化的治理效用之产生需要根基于人的思想转变，究其原因，不外乎有二。其一，大学文化本身是内在于人的。人的思维、精神和认知模式不可能脱离他所在的社会文化环境而独立，大学文化是大学人的文化，它赋予大学人的组织身份和价值理念，也为大学人"思想的形成、构思和概念化提供了条件"[②]，构成了大学人的思维程序和准则，指引大学人的行为实践。也即说，大学文化存在于大学人的认知体系之中，大学文化嵌入与发挥作用与大学人之间的互动是密不可分的，文化如果不能作用于人，就不能对人的行动产生内在的、能动的积极作用。其二，大学治理的本质是对大学人的治理，没有大学人的充分参与是不可能实现的。大学治理是一个多主体参与的

---

① ［美］温德尔·弗伦奇.组织发展与转型：有效的变革管理［M］.阎海峰，译.北京：机械工业出版社，2006.

② ［法］埃德加·莫兰.方法：思想观念——生境、生命、习性与组织［M］.秦海鹰，译.北京：北京大学出版社，2002：11.

复杂的过程，其行动主体既包括外部利益相关者，也包含内部利益相关者，如政府、企业、社团、家长、教师、学生、管理人员等各种机构和人员。在大学治理的过程中，如果没有把这些治理主体的积极性和能动性调动起来，大学有效治理也就不可能实现。

主要参考文献

［1］［美］罗伯特·伯恩鲍姆.大学运行模式——大学组织与领导的控制系统［M］.别敦荣，等译.青岛：中国海洋大学出版社，2003.

［2］［德］雅斯贝尔斯.什么是教育［M］.邹进，译.北京：生活·读书·新知三联书店，1991.

［3］王冀生.我的大学文化观［M］.天津：天津大学出版社，2014.

［4］［美］伯顿.克拉克，高等教育新论——多学科的研究［M］.王承绪，等译.杭州：浙江教育出版社，2003.

［5］［美］罗伯特·伯恩鲍姆.高等教育的管理时尚［M］.毛亚庆，等译.北京：北京师范大学出版社，2008.

［6］［意］安东尼奥·葛兰西.狱中手札［M］.曹雷雨，等译，北京：中国社会科学出版社，2000.

［7］张朋.托尼·本尼特的文化理论研究［M］.济南：山东大学出版社，2016.

［8］［英］托尼·本尼特.文化、治理与社会［M］.王杰，等译.上海：东方出版中心，2016.

［9］［美］伯顿·克拉克.高等教育系统：学术组织的跨国研究［M］.王承绪，等译.杭州：杭州大学出版社，1994.

［10］张洪涛.法律的嵌入性［M］.南京：东南大学出版社，2016.

［11］［美］马克·格兰诺维特．镶嵌：社会网与经济行动［M］．罗家德，译．北京：社会科学文献出版社，2007.

［12］吴洪福．美国研究大学建构教学与科研关系的行动逻辑研究［M］．北京：科学出版社，2016.

［13］［荷兰］吉尔特·霍夫斯泰德，［荷兰］格特·扬·霍夫斯泰德．文化与组织：心理软件的力量（第二版）［M］．李原，孙健敏，等译．北京：中国人民大学出版社，2010.

［14］［美］理查德·斯科特．制度与组织：思想观念、利益偏好与身份认同（第4版）［M］．姚伟，等译．北京：中国人民大学出版社，2020.

［15］胡建华，王建华，陈何芳，等．大学内部治理论［M］．南京：南京师范大学出版社，2019.

［16］欧阳光华．董事、校长与教授：美国大学治理结构研究［M］．北京：高等教育出版社，2011.

［17］［法］让－皮埃尔·戈丹．何谓治理［M］．钟震宇，译．北京：社会科学文献出版社，2010.

［18］李福华．大学治理的理论基础与组织架构［M］．北京：教育科学出版社，2008.

［19］庄锡昌，等．多维视野中的文化理论［M］．杭州：浙江人民出版社，1987.

［20］吴福平．文化全面质量管理：从机械人到生态和谐人［M］．北京：中国社会科学出版社，2006.

［21］张德．文化管理：对科学管理的超越［M］．北京：清华大学出版社，2008.

［22］［美］罗伯特·G.欧文斯．教育组织行为学［M］．窦卫霖，等译．上海：华东师范大学出版社，2001.

［23］［加］伊安·奥斯丁，［加］格伦·琼斯．高等教育治理：全球视野、理论与实践［M］．孟彦，刘益东，译．北京：学苑出版社，2020.

［24］魏文斌.第三种管理维度：组织文化管理通论［M］.长春：吉林人民出版社，2006.

［25］季诚钧.大学属性与结构的组织学分析［M］.北京：人民教育出版社，2006.

［26］李枭鹰.高等教育选择论［M］.北京：中国社会科学出版社，2011.

［27］［法］埃德加·莫兰.方法：思想观念——生境、生命、习性与组织［M］.秦海鹰，译.北京：北京大学出版社，2002.

［28］任玥.美国公立研究型大学组织文化变迁［M］.北京：高等教育出版社，2016.

［29］孙华.大学公共危机研究［M］.青岛：中国海洋大学出版社，2010.

［30］葛兆光.七世纪前中国的知识、思想和信仰世界（第一卷）［M］.上海：复旦大学出版社，1998.

［31］［美］大卫·科伯.高等教育市场化的底线［M］.晓征，译.北京：北京大学出版社，2008.

［32］李春华.文化生产力与人类文明的跃迁［M］.北京：中国社会科学出版社，2016.

［33］梁漱溟.中国文化要义［M］.上海：上海人民出版社，2005.

［34］郑登云.中国高等教育史［M］.上海：华东师范大学出版社，1994.

［35］朱有瓛.中国近代学制史料［M］.上海：华东师范大学出版社，1987.

［36］安宇.冲撞与融合：中国近代文化史论［M］.上海：学林出版社，2001.

［37］［法］雅克·勒戈夫.中世纪的知识分子［M］.张弘，译.北京：商务印书馆，1996.

［38］张光斗，王冀生.中国高等工程教育［M］.上海：文汇出版社，1995.

［39］许美德.中国大学:1895-1995,一个文化冲突的世纪［M］.北京：教育科学出版社，1999.

［40］刘述礼，黄延复.梅贻琦教育论著选［M］.北京：人民教育出版社，1993.

［41］王昊.近代中国大学校长的文化选择［M］.天津：天津教育出版社，2010.

［42］张意忠.民国大校长［M］.北京：北京师范大学出版社，2012.

［43］张楚廷.高等教育哲学通论［M］.北京：高等教育出版社，2010.

［44］严文清.中国大学治理结构研究［M］.北京：人民出版社，2011.

［45］张健.马克思主义教育思想研究［M］.北京：教育科学出版社，1989.

［46］苏永建.中国高等教育质量保障运行机制及变革研究［M］.北京：中国社会科学出版社，2020.

［47］何东昌.中华人民共和国重要教育文献1949-1957［M］.海口：海南出版社，1998.

［48］李振纲，方国根.和合之境——中国哲学与21世纪［M］.上海：华东师范大学出版社，2001.

［49］丁钢.历史与现实之间——中国传统教育的理论探索［M］.北京：教育科学出版社，2002.

［50］蔡元培.蔡元培教育文选［M］,北京：人民教育出版社，1980.

［51］［法］皮埃尔·诺拉.记忆之场:法国国民意识的文化社会学［M］.黄艳红，等译.南京：南京大学出版社，2015.

［52］赵为民.北大之精神［M］.北京：世界图书出版公司北京公司，2008.

［53］穆子月，许毕基，李子迟.大学校长记:那个年代的大学校

长们［M］.济南：济南出版社，2010.

［54］赵为民.青春的北大［M］.北京：北京大学出版社，2008.

［55］马寅初.马寅初全集［M］.杭州：浙江人民出版社，1999.

［56］赵为民，郭俊玲.精神的魅力2008［M］.北京：北京大学出版社，2008.

［57］杨河.北京大学文化研究［M］.北京：高等教育出版社，2011.

［58］高平叔.蔡元培全集（第7卷）［M］.北京：中华书局，1984.

［59］冯友兰.五四前的北大和五四后的清华［A］.中国人民政治协商会议全国委员会文史资料研究委员会.文史资料选辑（合订本第11卷·第34辑）［M］.北京：中国文史出版社，1986：4.

［60］杨河.海纳百川有容乃大：北京大学文化研究［M］.北京：高等教育出版社，2011.

［61］徐来群.哈佛大学史［M］.上海：上海交通大学出版社，2012.

［62］百强.危机·转机·升机：哈佛大学改革轨迹探究［M］.重庆：重庆大学出版社，2016.

［63］王英杰.美国高等教育的发展与改革［M］.北京：人民教育出版社，1993.

［64］乔玉全.21世纪美国高等教育［M］.北京：高等教育出版社，2000.

［65］文池.北大访谈录［M］.北京：中国社会科学出版社，2001.

［66］谢俊.大学的学术自由及其限度［M］.重庆：重庆大学出版社，2012.

［67］陶培之.当代中国大学社会责任研究［M］.苏州：苏州大学出版社，2016.

［68］［美］德里克·伯克.走出象牙塔——现代大学的社会责任［M］.徐小洲，陈军，译.杭州：浙江教育出版社，2001.

［69］［英］冯·哈耶克.知识的僭妄：哈耶克哲学、社会科学论文集［M］.

邓正来，译.北京：首都经济贸易大学出版社，2014.

［70］中央教育科学研究所.林砺儒教育文选［M］.北京：北京师范大学出版社，1984.

［71］眭依凡.大学文化思想及文化育人研究［M］.杭州：浙江大学出版社，2016.

［72］［美］克拉克·克尔.大学之用［M］.高铦，等译.北京：北京大学出版社，2008.

［73］［美］斯诺登.学校领导与管理［M］.李敏，译.上海：华东师范大学出版社，2008.

［74］［德］尤尔根·哈贝马斯.交往行为理论［M］.曹卫东，译.上海：上海人民出版社，2004.

［75］［美］詹姆斯·马奇，［挪威］约翰·奥尔森.重新发现制度：政治的组织基础［M］.张伟，译.北京：生活·读书·新知三联书店，2011.

［76］［美］弗朗西斯·福山.信任：社会美德与创造经济繁荣［M］.彭志华，译.海口：海南出版社，2001.

［77］卿文光.黑格尔小逻辑解说（第一卷）［M］.北京：人民日报出版社，2017.

［78］刘润忠.社会行动·社会系统·社会控制——塔尔克特·帕森斯社会理论述评［M］.天津：天津人民出版社，2005.

［79］［美］温德尔·弗伦奇.组织发展与转型：有效的变革管理［M］.阎海峰，译.北京：机械工业出版社，2006.

［80］向永胜.文化嵌入对集群企业创新能力的作用机制及协同演进研究［D］.杭州：浙江大学博士论文，2012.